Gabriele M. Paltzer-Lang

HERZ und VERSTAND im VERWALTUNGSRAT

Eine Frau hinterfragt Geschlechter-Unterschiede
40 Gespräche über Leadership

Gabriele M. Paltzer-Lang

HERZ und VERSTAND im VERWALTUNGSRAT

Eine Frau hinterfragt Geschlechter-Unterschiede
40 Gespräche über Leadership

Mit einem Vorwort von Oswald J. Grübel

WEBERVERLAG.CH

Verlag und Autorin danken der Georg und Bertha Schwyzer-Winiker Stiftung sehr herzlich für Ihre Unterstützung der Herausgabe dieses Werkes.

GEORG UND BERTHA
SCHWYZER-WINIKER
STIFTUNG

Impressum

Alle Angaben in diesem Buch wurden von der Autorin nach bestem Wissen und Gewissen erstellt und von ihr und vom Verlag mit Sorgfalt geprüft. Inhaltliche Fehler sind dennoch nicht auszuschliessen. Daher erfolgen alle Angaben ohne Gewähr. Weder Autorin noch Verlag übernehmen Verantwortung für etwaige Unstimmigkeiten.

Alle Rechte vorbehalten, einschliesslich derjenigen des auszugsweisen Abdrucks und der elektronischen Wiedergabe.

1. Auflage 2020
2. Auflage 2022

3. Auflage
© 2023, Weber Verlag AG, Gwattstrasse 144, CH-3645 Thun / Gwatt

Umschlag und Satz: Bettina Ogi, Weber Verlag AG
Fotos Umschlag: Alex Lambrechts

ISBN 978-3-03818-533-8
www.weberverlag.ch

für Edgar

ohne den ich nicht wäre, wer ich heute bin

Inhalt

Vorwort 11
Einleitung 13
Verantwortlichkeit eines Verwaltungsrates nach Gesetz 19

I. TEIL 21

A. VR-Mitglieder und ihre Beziehungen 23
   1. Beziehungen unter den Verwaltungsratsmitgliedern 23
   2. Beziehungen des Verwaltungsrates zum Unternehmen 33
   3. Beziehungen des Verwaltungsrates zum Human Resource Management 47
   4. Beziehungen des Verwaltungsrates zur Öffentlichkeit 52

B. Auswahlkriterien für VR-Mitglieder 61
   1. Diversität 61
   2. Unabhängigkeit und eine andere Perspektive 69
   3. Gesprächskultur 73
   4. Grösse und Zusammensetzung eines Verwaltungsrates 73
   5. Gerechtigkeit und Chancengleichheit 77

C. Unterschiede zwischen Frauen und Männern in der Vor-Arbeit 80
   1. Vorbereitung auf die Sitzungen 80
   2. Diskussionen in Sitzungen 83
   3. Rationales und Emotionales 90
   4. Kritisches Denken und Querdenken 98
   5. Nonverbales 103
   6. Bauchgefühl 106

7. Rolle des Verwaltungsratspräsidenten   111
8. Absprachen im Verwaltungsrat   113
9. Abstimmungen   117
10. Lohndiskussionen   120
11. Entlassungen   126

D. Einzelne Bereiche der VR-Arbeit   130
1. Wahl eines VR-Mitglieds   130
2. Wahl eines CEOs   135
3. Strategie des VR   142

II. TEIL 153

A. Unterschiede zwischen Frauen und Männern   155
1. Radar-Sicht von Frauen und Laser-Sicht von Männern   156
2. Die Mehrfach Rollen von Frauen   158
3. Von Sieg und Wettbewerb getriebene Männer – Frauen wollen Liebe – Männer wollen Sieg   160
4. Firmengründungen von Frauen   163
5. Risiko   164
6. Mut   167
7. Frauen sprechen weniger   169
8. Frauen sprechen vorsichtiger   172
9. Status, Macht und Prestige   174
10. Empathie und Emotionen   177
11. Unterschied im Kindsalter   179
12. Biologisches Geschlecht   180

B. Wirtschaft – Medien – Politik   182
1. Beziehung der Wirtschaft zu den Medien – Angst   182
2. Beziehung der Wirtschaft zur Politik   185
3. Politik als Patriarchat   188
4. Opferrolle von Frauen   190
5. Lohnexzesse – Transparenz   194
6. Kritische Stimmen zur Politik   198

C. Frauenquoten – Abneigung 200
    1. Ich bin gegen Frauenquoten 200
    2. Problem der Qualität 202
    3. Problem der Minderheit 206
    4. Problem der Überreglementierung 208
    5. Beispiel einer Ursache für das Problem 209

III. TEIL 211

Ermutigung für Business-Frauen 213
    1. Selbstverständlich im Verwaltungsrat 213
    2. Proaktiv – Gemischte Netzwerke – Konferenzen 214
    3. Förderer – Mäzen 216
    4. Ohne Gender-Karte 217
    5. Karriereplanung 218
    6. Gute Organisation 221
    7. Perfektionismus – Selbstvertrauen 221
    8. Mehr reden 223
    9. Bewusst anders sein 224
    10. Äusseres Erscheinungsbild 224
    11. Politik im Verwaltungsrat 227
    12. Geliebt werden – Grübeln – Authentizität 227
    13. Erziehung zu Selbstvertrauen – ein Beispiel 229
    14. Kombination von Weiblichem und Männlichem 231
    15. Mitglied einer Kommission 233
    16. Seminare für zukünftige Verwaltungsrätinnen 233
    17. Starke Frauen 233
    18. Möglichkeiten heute 234

Fazit 235
Mein herzlicher Dank 241

Vorwort

Wenn Regierungen eine Frauenquote im Verwaltungsrat von Unternehmen verordnen, dann wirft das viele Fragen auf. Werden Verwaltungsräte von Männern dominiert, die unter sich bleiben wollen? Ist es eine Mindereinschätzung gegenüber Frauen? Wollen Frauen nicht in Verwaltungsräte, weil sie es sich nicht zutrauen, weil sie glauben, dass sie dafür nicht genügend ausgebildet sind, weil sie befürchten, diskriminiert zu werden? Oder gibt es noch viele andere Gründe?

Die Antworten auf diese Fragen und viel, viel mehr erhalten Sie in diesem Buch von Gabriele M. Paltzer-Lang. Es enthält nicht nur die Meinung der Autorin, sondern vielmehr eine sehr reale Untersuchung dessen, was Frauen und Verwaltungsratsmitglieder in einem solchen Gremium erwartet. Wenn Sie also die Absicht haben, sich um ein Verwaltungsratsmandat zu bewerben, dann ist vorher die Lektüre dieses Buches eine Pflicht.

Die Autorin hat in vielen Interviews mit Verwaltungsratsmitgliedern, CEOs und VR-Präsidenten, aufgeteilt zwischen Frauen und Männern, ein realitätsbezogenes Bild dessen erarbeitet, was auf jede Anwärterin und jeden Anwärter auf diesen Job zukommt und worüber sie oder er sich im Klaren sein sollte.

In einem funktionstüchtigen Verwaltungsrat geht es konstant um Themen wie Kenntnisse des Geschäftes, Erfahrung, wie man mit Menschen einzeln und im Gremium umgeht, wie sich ein Verwaltungsratsmitglied gegenüber der Belegschaft etwa in Lohndiskussionen, bei Entlassungen oder bezüglich Regulierungen, aber auch gegenüber den Medien verhält, und wie man seine Meinung durchsetzt.

Heute haben mehr als 50 Prozent aller Frauen einen Universitätsabschluss, aber Verwaltungsräte haben im Schnitt nur einen 20-prozentigen Frauenanteil. Ist es für Männer so einfach, eine stärkere Teilhabe der Frauen zu verhindern – oder sind Frauen so schlau, dass sie gar nicht in ein Gremium eintreten wollen, wo man für die Handlungen des schwächsten Mitglieds mithaftet? Umgeben sich Verwaltungsratspräsidenten nur mit Jasagern, schätzen sie kritische Meinungen und Denken aus Frauensicht überhaupt? Weshalb haben immer wieder grosse Unternehmen Schwierigkeiten mit der Geschäftsleitungs- und CEO-Nachfolge, obwohl die Ernennung der Geschäftsleitung die wichtigste Aufgabe des Verwaltungsrates ist?

Dieses Buch von Gabriele M. Paltzer-Lang beschreibt im Detail die gegenwärtige Situation in grossen und mittleren Verwaltungsräten; es gibt den Lesern einen Leitfaden über wichtige Themen und Verhaltensweisen in solchen Gremien. Und es rät Ihnen, den Mut zu haben, für Ihr eigenes Lebensmodell einzustehen und dieses zu vollziehen.

Oswald J. Grübel

Einleitung

Stellen Sie sich vor, wir würden nur noch von *den* Frauen, *den* Männer, *dem* Verwaltungsrat, *der* Geschäftsleitung, *der* Firma, *dem* Chief Executive, *den* Mitarbeitern oder *der* Gesellschaft sprechen. So als ob jede einzelne Kategorie aus einer homogenen Masse bestehen würde. Angenommen wir täten dies, dann würden wir völlig ausser Acht lassen, dass all diese Gruppen nur dank Menschen überhaupt existieren, nicht aus Robotern und auch nicht aus künstlicher Intelligenz sind, sondern aus einzelnen *Individuen* unterschiedlichster Herkunft, Charaktere, Erziehung, Ausbildung, Kultur, Glaubensrichtung, Alter, Stil und Ausstrahlung. Anders ausgedrückt. Jede Klasse lebt von ihren Mitgliedern und ihres Menschseins. Das führt mich zum Hauptgrund, weshalb ich dieses Buch geschrieben habe. Mich interessieren das Individuum, sein Wesen, seine Arbeit, sein Beruf und seine Ansichten. Die Auseinandersetzung mit dem Menschen bedeute für mich pure Freude und grosse Bereicherung. Das war die treibende Kraft für meine Gespräche mit zahlreichen Verwaltungsrätinnen und Verwaltungsräten. Daraus hat sich nicht nur ein lebhaft erzählendes, oft geradezu unterhaltsames Sachbuch, sondern auch ein kleines volkswirtschaftliches Manifest ergeben mit dem Ziel, die Diversität in einem Verwaltungsrat zu fördern. Weshalb und wie die Frauen davon profitieren könnten, wird von mir im vorliegenden Werk beschrieben.

Gibt es noch andere Gründe, weshalb ich so frohgemut und ohne akademische Ansprüche, dafür mit meinem gesunden Menschenverstand im Sinne des Wortes und gehörig viel «Gwunder» zur Feder gegriffen habe? Lassen Sie mich kurz ausholen, um diese Frage zu beantworten. In meiner Abschlussarbeit im Weiterbildungsstudiengang Master of Advanced Studies in Applied Ethics an der philosophischen und theologischen Fakultät der Universität Zürich habe ich mich mit dem Thema der Vertretung von Frauen in Verwaltungsräten auseinandergesetzt. Ich habe in dieser Schrift die These aufgestellt, dass das unterschiedliche Denken, Urteilen und Handeln von Frauen und Männern ein und relevanter Grund sein könnte, mehr Frauen in einen Verwaltungsrat zu wählen. Ich war überzeugt, damit anstelle der herkömmlichen Argumente der Geschlechtergleichheit und Frauenquote einen anderen Nachweis zugunsten der Erhöhung des Frauenanteils in Verwaltungsräten gefunden zu haben.

Dann war ich von unaufhaltsamer Neugier und Interesse getrieben, verbunden mit der Frage, ob meine These der Verschiedenartigkeit von Frauen und Männern auch in der Praxis bei der Ausübung eines Verwaltungsratsmandats eine Rolle spiele und ihre Anwendung finde. Ich habe über 40 weibliche und männliche Verwaltungsräte persönlich getroffen. In schmucken Büros, grandiosen Sitzungszimmern, eleganten Hotelhallen und sogar am Flughafen, jedenfalls, das Eis zwischen uns war meist schnell gebrochen, und wir konnten oft auch herzhaft miteinander lachen. Die Antwort auf die Unterschiedlichkeit: Ja, sie ist von Bedeutung, interessanterweise aber nur bedingt wegen des Geschlechts, sondern vielmehr wegen der Andersartigkeit jedes einzelnen Individuums.

Ich möchte hervorheben, dass ich die Verwaltungsräte nicht nach einem bestimmten System oder Schema ausgewählt habe. Das jeweilige Verwaltungsratsmitglied hat mich einfach aus irgendeinem Grunde angesprochen. Dies konnte auf Aussagen der Person in den Medien, auf Artikeln, die von oder über die Person geschrieben wurden oder auf ihrem Werdegang beruhen. Dieser Ausgangslage sind zufällig fast gleich viele Begegnungen mit weiblichen und männlichen Verwaltungsräten entsprungen. Die Firmen waren dabei für mich von sekundärer Bedeutung, die Person war wichtig. Meine Gesprächspartner sitzen in börsenkotierten Gesellschaften, in mittleren bis grossen KMUs, in grossen Genossenschaften oder in Familienbetrieben. Vor allem haben die Männer mehrere grössere und kleinere VR-Mandate, die Frauen weniger.

Bei meinen Gesprächen habe ich schnell feststellen müssen, dass eine klare geschlechterspezifische Unterschiedlichkeit der Verwaltungsräte schwierig auszumachen ist. Jeder Verwaltungsrat hat seine eigene Persönlichkeit, seine Meinung, seine Erfahrungen, sein Curriculum und ist mehr oder weniger vorsichtig dabei, sich für stereotype Geschlechterrollen zu erwärmen. Erst bei näherem Nachhaken meinerseits kam das eher Weibliche und Männliche zur Sprache. Das war eine spannende Erfahrung!

Alle meine Diskutanten haben indessen eines gemein: Sie möchten mehr Frauen in ihre Verwaltungsräte wählen. Die Chance für eine Frau, in ein solch verantwortungsvolles Amt berufen zu werden, war demzufolge noch nie so gross wie heute. Verwaltungsrätinnen sind gesucht! Aber ganz so einfach geht es auch für eine Frau nicht vonstatten, denn die Anforderungen an jeden Verwaltungsrat, ob Frau oder Mann, sind immer die gleich hohen. Dazu gehören unter anderem eine gute Ausbildung, eine langjährige Berufserfahrung vorwiegend in leitender Position, am besten als CEO, je nach Firma auch Auslanderfahrung und eine besondere Stärke auf einem Spezialgebiet, welches im Verwaltungsrat um der Diversität Willen noch gebraucht wird. So lautet das allgemeine Credo. Falls die weiblichen und männlichen Bewerber ein annähernd gleiches Profil aufweisen, dann wird heute eindeutig der Frau der Vorrang gegeben, darin sind sich meine Gesprächspartner einig. Ob es sich hier nicht um eine versteckte indirekte Quote handelt, müsste man wohl diskutieren. Meines Erachtens gibt es grundsätzlich keine wirklich gleichen Profile von Bewerbern. Deshalb müsste es immer möglich sein, eine stichhaltige Eigenschaft oder Einmaligkeit des jeweiligen Kandidaten zu finden, durchaus basierend auf expliziten harten und weichen Faktoren, welche seine Wahl als Verwaltungsratsmitglied legitimiert. Das Geschlecht sollte nicht das Zünglein an der Waage sein. Der generelle Diversitätsgedanke spielt dabei die grosse Rolle.

Im *ersten Teil* des Buches nehmen die Verwaltungsräte zu ganz bestimmten Fragen Stellung. Im ersten Kapitel geht es um Fragen zu den Beziehungen des Verwaltungsratsmitglieds innerhalb des Gremiums, zur Firma, zum Human Resource Management und zur Öffentlichkeit. Das zweite Kapitel betrifft Fragen zu Auswahlkriterien für Verwaltungsratsmitglieder, darin eingebunden die Diversität, die Unabhängigkeit und eine andere Perspektive, die Gesprächskultur, die Grösse und Zusammensetzung eines Verwaltungsrates, die Gerechtigkeit und Chancengleichheit. Im dritten Kapitel berichten die Verwaltungsräte über ihre eigenen Erfahrungen bezüglich Unterschieden zwischen den Frauen und Männern in ihrer VR-Arbeit und erzählen, wie eine Verwaltungsratssitzung abläuft und was sich abspielt. Sie berichten über die Sitzungsvorbereitungen, die Diskussionen, das Rationale und Emotionale, das kritische Denken und Querdenken, das Nonverbale, das Bauchgefühl, die Rolle des Verwaltungsratspräsidenten, die Absprachen, die Abstimmungen, die Lohndiskussion und die Entlassung von Mitarbeitern. Im vierten Kapitel beantworten die Verwaltungsratsmitglieder Fragen zu drei ganz bestimmten Bereichen ihrer VR-Arbeit, die Wahl eines VR-Mitglieds, die Wahl eines CEO's und zu den Strategien des Verwaltungsrates.

Im *zweiten Teil* des Buches im ersten Kapitel konzentriere ich mich auf einige von mir ausgewählte tendenzielle Unterschiede zwischen Frauen und Männern, wie sie im Berufsalltag auftreten können. Sie erfahren, was die Verwaltungsräte dazu sagen, und ob sie diese bestätigen oder verneinen. Zur Geschlechterdifferenz gehört beispielsweise eine eher weit gefächerte weibliche Sichtweise, die sogenannte Radar View. Diese resultiert nicht zuletzt daraus, dass Frauen oft mehrere Rollen gleichzeitig ausüben. Dem gegenüber stehen die Männer mit ihrer eher auf ein Ziel gerichteten Perspektive, der sogenannten Laser View. Bei den Männern sind immer noch das hierarchische Denken und das Machen einer Karriere ausgeprägt.. Weiter finden Sie in diesem Buch heraus, was die Metapher des Spiels und das entsprechende Wettbewerbsverhalten der Männer für einen Einfluss auf die Geschäftswelt haben. Firmengründungen von Frauen sind nicht selten eine Folge davon. Sie lesen auch, ob die Frauen mutiger und die Männer risikofreundlicher sind. Ebenso entdecken Sie, ob es ein unterschiedliches Redeverhalten und eine andere Kommunikation der beiden Geschlechter gibt und was die Macht und der Status dabei für eine Rolle spielen. Es ist auch nicht ganz so eindeutig, wer die Nase vorne hat, wenn es um Empathie und Emotionen geht. Und dann erzähle ich anhand des ersten Schultags wie schon in jungen Jahren Mädchen und Buben ein andersartiges Verhalten zeigen. In ein paar wenigen Worten beschäftige ich mich am Schluss des Kapitels noch mit dem biologischen Geschlechterunterschied.

Im zweiten Kapitel lege ich dar, wie die Wirtschaft, ihre Beziehungen zu den Medien und der Politik wahrnimmt und was die Einschätzungen der Verwaltungsratsmitglieder dazu sind. Weiter lesen Sie unter dem Kapitel Politik als Patriarchat, wie eine schleichende Umerziehung der Gesellschaft im Gange ist, vorgegeben von einer kleinen Minderheit. Auch die Opferrolle der Frauen thematisiere ich und tue meinen Ärger kund, ständig als Opfer dargestellt zu werden, welches Unterstützung braucht und gefördert werden muss. Dazu gehört auch, dass allzu oft mit Daten und Zahlen argumentiert wird und die mangelnde Repräsentanz an Frauen sogleich als Unterdrückung und Ungerechtigkeit angesehen und interpretiert wird. Auch die Lohnexzesse und der generelle Transparenzgedanke in der Bevölkerung kommen zur Sprache und auch kritische Stimmen zur Politik generell.

Das dritte Kapitel ist der Frauenquote und dem, was die Verwaltungsratsmitglieder darüber denken, gewidmet. Sämtliche befragten Mitglieder, weibliche und männliche, sind einer Quotenregelung gegenüber kritisch bis strikte ablehnend eingestellt. Ich selbst gehöre zu den absoluten Gegnern einer Frauenquote. Befürchtet wird eine abnehmende Qualität, da die Quantität zu einem Argument im Auswahlprozess und für eine spätere Anstellung gemacht wird und nicht die Qualität, die ausschlaggebend sein sollte für jede Berufskategorie und Stellung. Auch nehme ich zum Problem der Minderheit Stellung. Sie gewinnt immer mehr an Einfluss in der Wirtschaft und auch in der Politik und hat mit ihren Forderungen Erfolg. Oft werden die Ziele durch eine Überreglementierung erreicht und so in die freie Marktwirtschaft eingegriffen. Auch zeichne ich ein Beispiel, wo das Problem im Umgang mit den Frauen liegen könnte: In der Familie selbst.

Im *dritten Teil* des Buches habe ich mich selbst gefragt, wie und mit welchen Mitteln Frauen ermutigt werden könnten, sich noch besser in der Wirtschaft zu etablieren und Gehör zu bekommen. Darunter zählen: Selbstverständlich zu einem Verwaltungsrat gehören, proaktiv sein in gemischten Netzwerken und sich an Konferenzen zeigen, einen Förderer oder Mäzen suchen, nicht die Gender-Karte ziehen, eine vorsichtige Karriereplanung, eine gute Organisation, den Perfektionismus kritisch hinterfragen und das Selbstvertrauen stärken, mehr reden, bewusst anders sein, das äussere Erscheinungsbild nicht unterschätzen, auch Politik betreiben im Verwaltungsrat, die Bedeutung von geliebt werden, das Problem vom Grübeln, den Vorteil der Authentizität, Beispiel an Christine Lagarde nehmen, die Kombination von Weiblichem und Männlichem pflegen, Mitgliedschaft in einer Kommission, Seminare für zukünftige Verwaltungsrätinnen, starke Frauen und ganz am Schluss die Möglichkeiten für Frauen heute.

Für wen ist mein Buch geschrieben? Für alle aktiven Verwaltungsräte, um ihnen aufzuzeigen wie unterschiedlich die Ansichten ihrer Kolleginnen und Kollegen sein können, obwohl alle denselben «Job» machen. Für zukünftige Verwaltungsräte, die gerne einen direkten Einblick erhalten, was sich in der Praxis in solchen Gremien abspielt oder abspielen könnte. Ferner für all jene Personen, die in einen Rekrutierungsprozess involviert sind, also die Verwaltungsräte selber und auch die Headhunters und Grossaktionäre. Die Aussagen und persönlichen Erzählungen sind auch für all diejenigen Personen interessant, die viel mit Verwaltungsräten zu tun haben, beispielsweise die Geschäftsleitungen, die Risiko-Manager, die Compliance-Leute, die Rechtsdienste oder die internen und externen Revisionsstellen. Und nicht zuletzt ist das Buch für alle diejenigen Personen gedacht, die gerne mal hinter einem anonymen Verwaltungsrat einen Menschen sehen möchte, der vielleicht gar nicht so viel anders tickt als wir alle im normalen Alltag, nämlich mit Herz und Verstand.

Zusammengefasst möchte ich mit meinem Buch «Herz und Verstand im Verwaltungsrat» die Leser inspirieren, nicht nur in der Wirtschaftswelt, sondern in ihrem gesamten Leben immer wieder das persönliche Gespräch und den Dialog zum Mitmenschen zu suchen und sich für ihn zu interessieren. Auch soll mein Buch als Aufruf gedacht sein, sich nicht hinter anonymen Computern zu verschanzen, das Digitale für einen Moment ruhen zu lassen, sich Zeit zu nehmen und die Geschwindigkeit zugunsten von persönlichen Begegnungen zu drosseln. Dazu gehört: Fragen, Fragen und nochmals Fragen an sein Gegenüber richten, ihm in die Augen schauen und die Empathie bewusst erleben lassen! Erstaunliches kommt zu Tage und ein persönlicher Gewinn durch unerwartete Entdeckungen ist Ihnen gewiss. So jedenfalls ist es mir ergangen bei all meinen Begegnungen mit den Verwaltungsratsmitgliedern und beim Schreiben dieses Buches. All das wünsche ich auch Ihnen, liebe Leser!

Verantwortlichkeit eines Verwaltungsrates nach Gesetz

Bevor ich Ihnen über meine diversen Gespräche mit Verwaltungsratsmitgliedern berichte, möchte ich kurz zusammengefasst die Verantwortlichkeiten eines Verwaltungsrates nach Gesetz erwähnen. Der guten Ordnung halber!

Gemäss Art. 707 OR besteht ein Verwaltungsrat aus einem oder mehreren Mitgliedern. Falls an der Gesellschaft eine juristische Person oder eine Handelsgesellschaft beteiligt ist, ist sie als solche nicht als Mitglied des Verwaltungsrates wählbar, an ihrer Stelle können ihre Vertreter gewählt werden.

Gemäss Art. 716a OR hat der Verwaltungsrat die folgenden Aufgaben:
1. Oberleitung der Gesellschaft und Erteilung der nötigen Anweisungen.
2. Festlegung der Organisation.
3. Ausgestaltung des Rechnungswesens, der Finanzplanung und -Kontrolle, sofern diese für die Führung der Gesellschaft notwendig ist.
4. Ernennung und Abberufung der mit der Geschäftsführung und Vertretung betrauten Person.
5. Oberaufsicht über die mit der Geschäftsführung betrauten Personen, namentlich im Hinblick auf die Befolgung der Gesetze, Statuten, Reglemente und Weisungen.
6. Erstellung des Geschäftsberichtes sowie der Generalversammlung und die Ausführung ihrer Beschlüsse.
7. Benachrichtigung des Richters im Falle der Überschuldung.

Neben diesen ihm übertragenen Aufgaben hat der Verwaltungsrat in verschiedenen Gesetzesartikeln festgeschriebene *Rechte* und *Pflichten*. (vr-wissen.ch, Das Schweizer Informationsportal zum Thema Verwaltungsrat).

Seine Rechte sind:
1. Auskunfts- und Einsichtsrecht
2. Stimmrecht
3. Weisungsrecht
4. Recht auf Sitzungseinberufung
5. Recht auf Entschädigung
6. Recht auf Anrufung des Richters
7. Recht auf Mandatsniederlegung

Seine Pflichten sind:
1. Sorgfaltspflicht
2. Treuepflicht
3. Gleichbehandlung der Aktionäre
4. Pflicht zur Sitzungsteilnahme
5. Protokollführung
6. Konkurrenzierungsverbot
7. Durchsetzung der Statuten
8. Geheimhaltungspflicht

Der Verwaltungsrat hat eine starke Aufsichtspflicht über die Geschäftsführung und sollte nicht ins Operative eingreifen. Um seiner Aufsichtspflicht genügen zu können, ist es von Vorteil, wenn ein Verwaltungsrat mit möglichst unterschiedlichen Persönlichkeiten, Denkweisen, Erfahrungen und Frauen wie Männern zusammengestellt wird. Ein ausgewiesener Finanzfachmann ist unabdingbar. So ergeben sich ganz natürlich verschiedene Perspektiven und eine grösstmögliche Aufsicht ist gewährleistet. Im Gegensatz zum Verwaltungsrat sollte hingegen die Geschäftsleitung aus einem homogenen Team bestehen, welches am selben Strick zieht und die gleichen Ziele verfolgt. Zusammengefasst: Diversität im Verwaltungsrat und Homogenität in der Geschäftsleitung.

Wie die Unterschiedlichkeit in einem Verwaltungsrat gelebt und erlebt wird, das habe ich in meinen persönlichen Gesprächen herausgefunden. Davon möchte ich Ihnen jetzt im ersten Teil dieses Buches berichten. Es kommen Menschen in ihrer Arbeit zu Wort, eine Erzählung!

I. TEIL

Im ersten Teil des Buches stehen die Gespräche mit den Verwaltungsratsmitgliedern im Vordergrund. Sie äussern sich zu ihren Beziehungen unter einander, zum Unternehmen, zum Human Resource und zur Öffentlichkeit. Auch äussern sie sich zu den Auswahlkriterien für ein neues Mitglied und erzählen, wie sie die Unterschiede zwischen den Frauen und den Männern bei ihrer Arbeit erleben. Auch über die Hauptbereiche ihrer Arbeit nämlich, die Wahl eines Verwaltungsratsmitglieds, eines CEOs und wie sie sich eine Strategie vorstellen, berichten sie.

Der Hintergrund meiner Gespräche war stets herauszufinden, ob sich die weiblichen von den männlichen Verwaltungsratsmitgliedern in irgend einer Art und Weise, durch ihre Aussagen, Meinungen, Behauptungen, Erfahrungen unterscheiden.

Wie Sie gleich lesen werden, gibt es verschiedene Tendenzen von weiblichen und männlichen Merkmalen, aber eine klare Geschlechter spezifische Unterscheidung auszumachen, ist schwierig. Es herrscht vor allem eine lebhafte Diversität und Vielfalt. Das ist gut so und trägt Wesentliches zu einem funktionierenden Gremium bei.

A. VR-Mitglieder und ihre Beziehungen

1. Beziehungen unter den Verwaltungsratsmitgliedern

Frage: *Wie nehmen Sie die Beziehungen unter den Verwaltungsratsmitgliedern wahr? Wie sehr spielt das Zwischenmenschliche eine Rolle?*

Meine Gespräche mit den Verwaltungsräten habe ich jeweils mit dieser Frage begonnen. Wieso? Weil auch ein Verwaltungsratsgremium nichts anderes ist als eine Gruppe von Menschen, die sich zu einer Gemeinschaft zusammengefunden hat und nur durch menschliche Beziehungen, gegenseitiges Vertrauen und individuelle Verhaltensmuster überhaupt existieren kann. Über die Sensibilität und die Wahrnehmung dieser Verbundenheit und das Gefühl der Zusammengehörigkeit in einem Verwaltungsrat haben sämtliche Gesprächsteilnehmer gerne und teilweise ausführlich gesprochen. In einem Punkt sind sich, wie Sie nachstehend lesen werden, sämtliche weiblichen und männlichen Verwaltungsräte einig: Die Beziehungen unter den Mitgliedern, das Zwischenmenschliche und der soziale Umgang miteinander haben eine grosse Bedeutung. Aber es gibt Nuancen.

In einem börsenkotierten, international besetzten Verwaltungsrat braucht es mehr Zeit, um Beziehungen etablieren zu können; man muss aktiv darum bemüht sein, dass sich ein Team bildet. Das ist eine der Aufgaben des Verwaltungsratspräsidenten. Beziehungen entstehen vorwiegend durch das gemeinsame Reisen und Logieren, auch durch die gemeinsamen Mittag- und Abendessen, und natürlich durch die Sitzungen. Der Austausch vor und nach den Sitzungen ist rege; man hat Zeit. Was einerseits dazu führt, dass man produktiver ist, und andererseits eine grössere Zusammengehörigkeit unter den Mitgliedern aufkommen lässt.

Für einen globalen Verwaltungsrat ist für die Diversität wichtig, dass er Mitglieder aus den USA und aus Asien hat. Problematisch wird es dann, wenn diese Leute wegen einer Sitzung für nur einen Tag anreisen müssen und danach gleich wieder zurückfliegen. Besonders in schwierigen Situationen muss ein

Verwaltungsrat im Team funktionieren und für das Unternehmen Zeit haben. Das heisst: auf Führungskräfte eingehen, mit diesen zusammensitzen und Inputs geben. Einem Verwaltungsrat, der von sehr weit weg anreist, kann man aber nicht zumuten, jedes Mal für eine Woche zu bleiben. Eine Lösung des Problems besteht darin, Leute zu suchen, die zwar in den jeweiligen Ländern gearbeitet, gewohnt und Erfahrung gesammelt haben, jetzt jedoch wieder in der Schweiz leben.

Anders sieht es in einem Verwaltungsrat eines regionalen Unternehmens aus. Dort kennen sich die Mitglieder meist schon von ausserhalb des Gremiums und entstammen mehr oder weniger demselben kulturellen Hintergrund; die menschlichen Beziehungen sind evident und manchmal sogar sehr stark. Eine Teambildung entsteht so fast automatisch, auch schon deshalb, weil das eine oder andere Geschäft ausserhalb des Verwaltungsrates getätigt wird. Das ist natürlich manchmal nicht unproblematisch, weil die für das Funktionieren des Verwaltungsrates unabdingbare Unabhängigkeit seiner Mitglieder nicht mehr vollständig gewährleistet ist.

Unterschiede bestehen auch zwischen einem normalen Verwaltungsrat und einem Familien-Verwaltungsrat, wo die Familien mit ihren schon bestehenden persönlichen Beziehungen im Gremium vertreten sind. Für einen aussenstehenden, nicht zur Familie gehörenden Verwaltungsrat ist die Kunst, zu spüren, was im Interesse eines guten Geschäftsprozesses liegt, und als Moderator so einzuwirken, dass eine positive Energie entsteht. Häufig stehen Familiengeschichten dahinter, alte Geschichten über Generationen, Enttäuschungen, Streit, Intrigen; das sieht man den Leuten nicht an. Auch wie die Familienmitglieder sozialisiert worden sind, spielt immer eine wichtige Rolle, im Positiven wie im Negativen. Sind es Söhne, Töchter, Stiefsöhne, Stieftöchter, älterer Bruder, ältere Schwester, Einzelkind, verschiedene Ehen – die Liste könnte beliebig verlängert werden. All diese Familienkonstellationen können zugunsten des Geschäftlichen in einem Verwaltungsrat nicht einfach beiseitegeschoben werden. Wie überall geht es meist um Macht, Geld und Einfluss. Es kann sich für einen externen Verwaltungsrat als schwierig erweisen, klare und harte Aussagen zu formulieren und sich gleichzeitig bei den einen oder anderen Familienmitgliedern nicht unmöglich zu machen. Dazu braucht es viel Menschenkenntnis und immer auch den richtigen Tonfall. Neu eintretende Verwaltungsräte sind sich solcher Situationen meist bewusst; sie nehmen gerade deswegen gerne ein Mandat in einem Familien-Verwaltungsrat an. Aber das Angebot an qualifizierten Kandidaten ist beschränkt.

Die Grösse eines Verwaltungsrates hat auch einen Einfluss auf die Beziehungen. Bei einer Gruppe von zehn bis zwölf Mitgliedern gibt es automatisch sogenannte Untergruppen, die sich organisieren und meistens auch über ihre Meinungsbildung miteinander reden. Eigentlich ist es Sache des Verwaltungsratspräsidenten, dies zu verhindern und Beziehungen unter allen Mitgliedern zu fördern. Und trotzdem kommt es vor, dass sich vereinzelte Verwaltungsratsmitglieder vorgängig absprechen und solche Bündnisse den übrigen Mitgliedern überraschend an einer Sitzung vortragen. Das ist nicht gewünscht. Es ist jedoch ziemlich selbstverständlich, wenn ein Verwaltungsratsmitglied einen Vorstoss machen möchte, er zuerst sondiert, ob seine Idee gut ankommt

Die Geschlechterunterschiede spielen bei den meisten Verwaltungsräten für die Beziehungen keine Rolle. Im Gremium muss es menschlich stimmen, was sich als direkter Motivationsfaktor für das Unternehmen auswirken kann. Dazu braucht es auch soziale Fähigkeiten wie Verlässlichkeit, Glaubwürdigkeit, Einfühlungsvermögen, Toleranz, Belastbarkeit, Frustrationstoleranz, Kritikfähigkeit und Lernbereitschaft. Man muss nicht miteinander befreundet sein; bestehende Freunde in einen Verwaltungsrat zu holen, wird von sämtlichen Verwaltungsräten abgelehnt; das könne nicht gut herauskommen. Was aber nicht heisst, dass nicht mit der Zeit Freundschaften entstehen und die Beziehungen dann bis ins Private reichen können. Eine gesunde Distanz ist auch zugunsten einer Streitkultur trotz allem immer gut. Und wie überall, wo Menschen miteinander interagieren, ist es normal, dass man sich mit dem einen oder anderen Mitglied besser versteht. Ganz bestimmt ist ein Verwaltungsrat aber keine gemütliche Runde, sondern ein seriöses Gremium.

Natürlich ist es angenehm, wenn die Mitglieder eines Verwaltungsrates von den Persönlichkeitsstrukturen her zueinander passen. Das ist dem Nutzen für das Unternehmen förderlich und hat Einfluss auf ein gut zusammenspielendes Team. Dafür spielen unter anderem der respektvolle Umgang und das Empfinden, von seinen Kollegen ernst genommen zu werden, eine grosse Rolle. Es gibt aber auch Mitglieder, die eher distanziert sind, sich vorwiegend auf das Mandat konzentrieren und für Smalltalk weniger zugänglich sind. Andere trennen strikte das Geschäftliche und Private; ihre Beziehungen sind rein professionell. All das zu akzeptieren gehört zu einer toleranten Beziehung untereinander. Solange immer eine klare Verpflichtung zum Wohle des Unternehmens erkennbar ist, stellt es auch kein Problem dar.

Besonders wichtig sind die menschlichen Beziehungen in einem Verwaltungsrat für die Kommunikation. Die Leute drücken sich einfacher und freier aus, wenn sie die Gesichter am Tisch kennen und eine gute Beziehung untereinander haben. Andernfalls kann es sein, dass Hemmungen entstehen und lieber geschwiegen wird.

Verwaltungsrätinnen äusserten sich dazu wie folgt:

Sicherheit – Vertrauen
- ◆ Nur wenn es ihr wohl sei, könne sie sagen, was sie denke, und sie fühle sich in ihrer Rolle sicherer. Die Beziehungen unter den Verwaltungsratsmitgliedern spielten für sie eine grosse Rolle; dazu gehöre auch ein Basisvertrauen in die andere Person. Nur wenn man am gleichen Strick ziehe, miteinander arbeite und gleichzeitig untereinander eine gute Beziehung pflege, könne man das Beste für die Firma herausholen. Aber sie suche keine Freundschaften im Verwaltungsrat.

Freundschaften – Balanceakt
- ◆ Wenn man neu sei in einem Verwaltungsrat, dann nehme man natürlich wahr, dass sich die anderen schon kennen. Als Neue müsse man sich immer zuerst orientieren, Beziehungen ergäben sich dann durch die Zusammenarbeit. Gewöhnlich versuche sie immer zuerst, die Stimmung wahrzunehmen. Mit der Zeit könnten sich durchaus freundschaftliche Beziehungen entwickeln; das könne aber auch problematisch werden. Nämlich dann, wenn man seinem Mitverwaltungsrat wegen der freundschaftlichen Beziehung weniger kritisch gegenüberstehe und ihn eher nicht in Frage stelle. Jemanden, den man nicht so gut kenne und zu dem man ein eher distanziertes Verhältnis habe, ergründe man vielleicht mehr. Positiv sei jedoch, dass man sich bei einem engeren Verhältnis und guter Bekanntschaft eher getraue, etwas zu sagen. Alles in allem versuche man indessen schon, immer professionell und auf einer sachlichen Basis zu funktionieren. Das Beziehungsgeflecht in einem Verwaltungsrat sei stets ein Balanceakt,

welchen jedes Mitglied immer wieder von neuem bewältigen müsse. Ein gut harmonierender Verwaltungsrat sei insbesondere gegenüber der Geschäftsleitung von grossem Vorteil.

Sonderstellung Frau
- In keinem Verwaltungsrat habe sie persönliche Freunde, dies könne aber auch Zufall sein. Es sei schon so, dass es in allen Verwaltungsräten Leute gebe, die sich besser kennen als andere. Sie sei immer die Ausnahmefigur, weil es ja nicht so viele Frauen gebe; das schaffe eine Sonderstellung und fördere das Ausmass an Vertraulichkeit sicher nicht. Das möge heute etwas anders sein, doch früher sei sie die Quotenfrau gewesen und habe sich immer ganz klar als Fremdkörper empfunden. Aber damit habe sie gut leben können. Als dann einmal eine zweite Frau in einen der Verwaltungsräte gewählt wurde, habe sie sich nicht mehr als Quotenfrau gefühlt. Es sei zwar ein subjektives Gefühl gewesen, aber damit sei für sie die Verpflichtung weggefallen, sozusagen die ganze Gattung Frau vertreten zu müssen. Es habe sie entlastet und die Situation für alle entspannt. Generell sei es auch wichtig, dass die Verwaltungsräte dank der Anwesenheit von weiblichen Kolleginnen lernen, dass Frauen genau so verschieden seien wie Männer.

Mittagessen
- Das Zwischenmenschliche spiele eine grosse Rolle und werde oft unterschätzt, insbesondere wenn es darum gehe, Vertrauen zu bilden. Die informellen Gespräche bei einem anschliessenden Mittagessen fände sie wichtig. Einen hohen Wert habe es deshalb, weil man dort die Gelegenheit habe, auch über Privates zu sprechen, um so den Menschen und Kollegen als Ganzes besser zu verstehen und zu erfassen. Natürlich gebe es immer Kollegen, zu denen man mehr Affinität habe, einen anderen Draht, das sei normal. Sie könne nicht sagen, ob sie sich eher zu Frauen oder Männern hingezogen fühle, weil für sie die Persönlichkeit, die Sympathie und vielleicht auch ein ähnlicher Background ausschlaggebend seien, ganz sicher nicht das Geschlecht. Es gebe keine Verbundenheit speziell zu einer Frau, nur weil sie beide in der Minderheit oder eben Frauen seien.

«Bonding»
- Es gebe schon eine natürlich Verbindung und Sympathie, ein gewisses «Bonding», unter Frauen, das sei so.

Verbundenheit
- In einem Verwaltungsrat gebe es von distanzierten bis zu kollegialen Beziehungen alles. Es vereinfache vieles, wenn man sich besser kenne und eine gewisse Nähe und Kollegialität vorhanden sei. Die Folge davon sei auch, dass man etwas vorbesprechen könne, um die Chance zu erhöhen, dass ein Thema oder Geschäft im Verwaltungsrat durchkomme. Alleine sei dies immer schwierig.

Self-Assessments
- Es gebe in den Verwaltungsräten auch die sogenannten Self-Assessments. Dabei handelt es sich um eine Selbstevaluation der einzelnen Verwaltungsratsmitglieder. Sie bewerten ihre Leistung, ihre Stärken, ihre Erwartungen und auch ob sie die jeweiligen Ziele erfüllt haben. Die Resultate werden im Verwaltungsrat diskutiert und jeder hat die Möglichkeit, sich mit seinen Kollegen zu vergleichen. Dort sollte jeder Verwaltungsrat knallhart sagen, wie man etwas empfinde. Es bringe nichts, um den Brei herumzureden oder etwas zu beschönigen. Man könne es ja anständig formulieren; der Respekt gehöre dazu.

Verwaltungsräte äusserten sich dazu wie folgt:

Teambildung – Reisen
- Es spiele für ihn keine Rolle, ob er ein Verwaltungsratsmitglied schon aus der Vergangenheit kenne. Bei einer Neubesetzung versuche er, die Besten aufgrund ihres Curriculums, ihrer Leistungen und Erfahrungen zu analysieren und dann ein Gespräch zu führen. Er ginge sogar so weit, es vorzuziehen, jemanden vorher nicht gekannt zu haben; so gebe es keine Belastungen und auch keinen freundschaftlichen Gefallen, den man zurückgeben sollte. Seine Aufmerksamkeit gelte dem Team. Starke individuelle Persönlichkeiten, die nur auf sich selber schauen, möchte er darin nicht haben. Die Teamfähigkeit eines Ver-

waltungsrates und die Einstellung, die Firma in den Vordergrund stellen und nicht sich selbst, spielten für ihn eine zentrale Rolle. Das Team dürfe durchaus auch kontroverse Elemente beinhalten. Er möchte die Herausforderung und die Diskussion, aber man müsse als Mensch fähig sein, am Schluss einen Teamentscheid zu akzeptieren, auch wenn er nicht den eigenen Ideen entspreche – in dieser Hinsicht könnte es wieder ein Vorteil sein, jemanden schon gut zu kennen. Er investiere viel Zeit für ein Auswahlverfahren, um sicher zu gehen, ein gutes Team formen zu können. Man könne mit ganz einfachen Dingen ein Team bilden. Am Vorabend einer Verwaltungsratssitzung gebe es etwa ein Nachtessen, manchmal mit dem CEO, dann sei es ein Geschäftsessen. Oder auch ohne CEO, wenn man keine entsprechenden Themen habe; dann würde allgemein diskutiert, um das Team zu formen. Der gesamte Verwaltungsrat mache überdies eine Reise pro Jahr; auch dort gebe es Zeit, zwischen Sitzungen und Kundenbesuchen ganz locker zu diskutieren und zu schwatzen. Zusätzlich gehe der Verwaltungsrat in eine zweitägige Retraite, nicht am Hauptsitz, sondern irgendwo in der Nähe an einem abgelegenen Ort, um Strategien zu besprechen und Zeit für informelle Gespräche zu haben. Bei all diesen Reisen und damit verbundenen Sitzungen gehe es ihm stark um das Zwischenmenschliche, weil das für ihn der Kernpunkt eines zu Höchstleistungen fähigen Teams sei. Er komme aus einer 30-jährigen Firmenkultur, die stark auf einer teamorientierten Entscheidungskultur beruhe, das habe ihn natürlich geprägt. Er sei ein absoluter Fan von Teamfähigkeit, aber mit klaren Richtlinien. Ein einmal gefällter Entscheid sei ein Entscheid, der nicht mehr diskutiert würde, und es werde eingeführt, was entschieden wurde.

Zusammenspannen – Machos

- Mit der Zeit würden sich Beziehungen entwickeln, das könne man nicht verhindern. In seinem Verwaltungsrat hätten sich die Mitglieder vorher nicht gekannt. Es sei natürlich nicht gut, wenn zwei Mitglieder immer derselben Meinung seien und man spüre, dass die beiden eine besondere Beziehung pflegten. Er erinnere sich an eine Sitzung, in der ein Verwaltungsrat zu einem Thema eine spezielle Meinung hatte. Es wurde nicht in seinem Sinne entschieden. Zwei Tage später habe er von einem anderen Mitglied einen Anruf erhalten, um dasselbe Thema nochmals anders aufzubringen. Er habe sofort gemerkt, dass die beiden miteinander gesprochen hätten. Das sei nicht offen, und ihm sei echte Transparenz wichtig. Es sei auch nicht gut, wenn sich zwei Frauen in dem Sinne zusammentäten, um gemeinsam eine Idee verteidigen zu müssen. Das sei für ihn ebenso absolut inakzeptabel wie wenn sich Männer als Machos aufführten.

Enttäuschungen – keine Firmenloyalität

◆ Die Beziehungen sollten auf einer so weit wie möglich klaren geschäftlichen Basis funktionieren. Probleme, wie er sie beobachtet habe, seien genau deshalb entstanden, weil es persönliche Beziehungen gab. Entweder seien diese Beziehungen im Verwaltungsrat entstanden, falls sich die Leute vorher nicht gekannt hätten, oder sie seien schon vorher dagewesen und die Leute hätten sich im Verwaltungsrat wieder getroffen. Eine Firma sei eine rechtliche Körperschaft, klar definiert durch das Gesetz, und nicht etwas Persönliches. Ihre Existenz habe einen einzigen Grund, nämlich zu überleben. Eine Firma kenne auch keine Loyalität. Die Leute, die für das Unternehmen arbeiten, zeichneten sich durch ihre Managementqualität und Loyalität aus. Enttäuschung komme in dem Moment auf, wo diese Menschen realisierten, dass die Firma keine Loyalität zeige; dies etwa, wenn sie in Schwierigkeiten komme. Viele Angestellte würden glauben, die Firma sei eine menschliche Person; gerade das sei sie aber nicht. Der Verwaltungsrat sei bei grossen, kotierten Unternehmen nicht der Besitzer, er erhalte lediglich jedes Jahr einen Lohn und sei von Gesetzes wegen verpflichtet, Massnahmen zu treffen, damit die Firma überlebe. Und genau da gingen dann viele dieser menschlichen Eigenschaften, die man schätze, verloren. Wenn also jemand zwanzig oder dreissig Jahre für eine Firma gearbeitet habe und dies richtigerweise, – denn vielleicht hätte er sogar für mehr Geld wechseln können –, auch als Loyalität ihr gegenüber auslege, müsse er bei Schwierigkeiten enttäuscht die negative Erfahrung machen, dass er wie jeder andere, der vielleicht gerade mal zwei Jahre dort gearbeitet habe, auf die Strasse gestellt würde. Es sei unmöglich, 50 000 Angestellte zu kennen, aber man sollte im Grossen und Ganzen wissen, wie gut sie seien und welche ersetzt werden müssten und welche nicht. Dann könne man Letzteren für ihre Loyalität etwas zugestehen. Aber meist sei es eben so, dass eine Firma, die in ernsthafte Schwierigkeiten gerate, zu diesem Zeitpunkt kein gutes Management und keinen guten Verwaltungsrat habe. Deshalb würden diese Unfälle überhaupt passieren.

Dysfunktionalität – Persönlichkeitsstrukturen
- Das Geschäft finde in einem Verwaltungsrat als Diskurs statt. Man unterhalte sich, hinterfrage Dinge, stelle Hypothesen auf und habe Visionen. Da sei es wichtig, in welchen Rollen man miteinander spreche und wie die Rollen gelebt würden. Das Persönliche sei schon sehr wichtig: in einem Verwaltungsrat müsse man auch verstehen und vermitteln können. Da komme es enorm darauf an, wie die persönlichen Beziehungen unter den Verwaltungsratsmitgliedern seien. Sie könnten auch dysfunktional sein, beispielsweise, wenn jemand permanent versuche, dominant aufzutreten und immer recht haben möchte. Das sei nur eine von vielen Persönlichkeitsstrukturen; extrem wichtig scheine es ihm, dass man diese kenne und verstehe. Es müsse eine Art und Weise gefunden werden, miteinander umzugehen, unterschiedliche Meinungen zu erlauben und gleichzeitig auch einen Konsens zuzulassen. All das sei geprägt durch die individuelle Persönlichkeit und Erfahrung, kurz das, was man in einen Verwaltungsrat mitbringe.

Objektivität – Vertrauen
- In einem Verwaltungsrat dürften keine engen Freundschaften bestehen; die Frage der Objektivität müsse gewährleistet sein. Sein Verwaltungsrat mache für die Beziehungspflege dreitägige Camps, wo man sich über die Unternehmenskultur und die Weiterentwicklung austausche. Das beinhalte auch Wanderungen, wo man immer abwechslungsweise mit dem einen oder anderen laufe. So könne man in entspannter Atmosphäre Schwierigkeiten besprechen und positive und negative Erfahrungen austauschen. Der Blick auf den Menschen würde dadurch geöffnet, was durchaus auch ins Private gehen könne.

Man sehe, wie der eine oder andere funktioniere und schaffe so gleichzeitig eine Vertrauensbasis. Wichtig sei einfach, dass sich auch der Verwaltungsrat hinterfrage, was er falsch und besser machen könnte, was er erreicht oder eben auch nicht erreicht habe.

Seilschaften

- Einen offenen und guten Kontakt im Verwaltungsrat und auch mit der Geschäftsleitung zu haben sei sehr wichtig. Wesentlich sei, das Gefühl zu haben, dass man offen und rechtzeitig informiert würde. Wenn Seilschaften entstünden, die den einen besser als die anderen behandelten, dann sei dies für das Team schädlich. Er poche darauf, dass man keine Freunde in den Verwaltungsrat nehmen solle, um sich damit eine Basis zu schaffen; es bestehe sonst die Gefahr, dass sich die anderen sehr schnell ausgeschlossen fühlten. Bei der Beziehungspflege unterscheide man nicht zwischen Frauen und Männern.

Chemie – raue Stimmung

- Die Beziehungen unter den Verwaltungsräten seien unterschiedlich. Dem einen oder anderen könne man plötzlich sehr nahekommen, meist bei einem Abendessen, wenn es in das Persönliche gehe. Er sitze auch in einem Verwaltungsrat, wo er zwei Mitgliedern gar nicht nahekomme, mit ihnen immer noch per «Sie» sei, aber mit allen anderen per «Du». Die Chemie sei einfach manchmal völlig unterschiedlich. Er sei Vollblutunternehmer, folglich sehr kostenbewusst und da könne ein Technokrat im Verwaltungsrat schon geschockt sein, wenn er im Restaurant für einen teuren Wein einen günstigen Preis verlange. Es könne auch eine raue Stimmung geben, sehr direkt, aber immer im Sinne, das Beste für die Firma herauszuholen.

Meinungsunterschiede – Stil – Kultur

- Beziehungen in einem Verwaltungsrat spielten eine grosse Rolle; man sollte auf derselben Wellenlänge sein. Es mache es einfacher, obwohl es immer um die Sache gehe. Der Mensch funktioniere ja auch über Emotionen. Wenn man jemanden persönlich nicht riechen könne, sich aber in der Sache einig sei, könne es trotzdem funktionieren; es würde erst dann schwierig, wenn es Meinungsunterschiede und Abweichungen gebe. Wenn man diese Konstellation realisiere und wisse, dass man zusätzlich dem Kollegen auch emotional nicht nahestehe, dann müsse man extrem sachlich und professionell bleiben. Das übergeordnete Ziel, nämlich das Funktionieren der Unternehmung, müsse stets gewährleistet sein; ansonsten müsse man sich auseinanderdividieren. Bei offenkundigen Kommunikations- und Verständigungsproblemen müsse man sofort Klarheit schaffen, aber mit Stil und Kultur.

2. Beziehungen des Verwaltungsrates zum Unternehmen

Frage: *Welche Beziehungen pflegt der Verwaltungsrat zum Unternehmen?*

Eine Beziehungspflege des Verwaltungsrates zum Unternehmen, zu den Mitarbeitern, ist von fast allen Verwaltungsräten gewünscht – jedoch nicht auf eigene Initiative. Eine direkte Kontaktnahme eines Verwaltungsrates im Betrieb ist unerwünscht und problematisch, weil schlussendlich der CEO für das operative Geschäft verantwortlich ist und der Verwaltungsrat eine Aufsichtsfunktion hat. Eine Beziehungspflege muss auf jeden Fall transparent über die Bühne gehen, via den Verwaltungsratspräsidenten und dann den CEO. Es hilft, wenn der Verwaltungsrat mit der Geschäftsleitung ein gutes Verhältnis hat.

Es gehört zur Verantwortung des Verwaltungsrates, mit der Firma auf Tuchfühlung zu sein, um sie wirklich verstehen zu können. Darin sind sich die meisten Gesprächspartner einig. Es darf dabei kein zu starker Kontakt zu einzelnen Angestellten entstehen, weil man so eventuell mit falschen Tatsachen konfrontiert würde, die nur der eine Mitarbeiter so sieht, aber nicht eine ganze Gruppe oder ein Team. Für den Verwaltungsrat wird es dann schwierig, weil er sich die Frage stellen muss, wie er diese Information weiterverarbeitet. Ist der Mensch einfach frustriert, weil er nicht befördert wurde? Sollte der Verwaltungsrat aktiv werden? War es vertraulich? Ist striktes Heraushalten aus dem Operativen geboten? Oder soll man eventuell doch mit dem CEO sprechen? All das kann gefährlich werden. Abgesehen davon hört man von den Erfolgreichen im Unternehmen meist nichts. Gleichzeitig kann man es einem

Verwaltungsrat nicht verwehren, sich mit Mitarbeitern zu treffen und ihnen zuzuhören; viele Verwaltungsräte möchten nicht nur Kontakt zum CEO und zum Finanzchef haben. Es braucht aber auf jeden Fall Fingerspitzengefühl, und Probleme sollen ja keinesfalls versteckt werden.

Es gibt auch kritische Stimmen zu einer internen Beziehungspflege. Etwas vom Schlimmsten ist es, wenn der Verwaltungsrat den Eindruck erweckt, er unterminiere den CEO – das ist waghalsig. Es muss eine strukturierte Kommunikation geben, sonst führt es zu Spannungen, Gerüchten und falschen Meinungen, was nicht gut ist für das Unternehmen. In diesem Punkt sind sich alle einig.

Eine Kontaktnahme zu den Mitarbeitern kann aber auch einen einfachen Grund haben: Man möchte beispielsweise wissen, wer talentiert ist und eventuell in eine höhere Charge kommen könnte. Insbesondere wenn man einen neuen CEO langfristig intern rekrutieren möchte, ist eine frühzeitige Kontaktnahme zu eventuellen Kandidaten und ein direktes Kennenlernen, ein Sondieren ihres Fachwissens und ihrer Sozialkompetenz, nicht unwichtig. Auch eine Stimmung im Unternehmen oder wie die Firmenkultur gelebt wird, kann man nur erleben, wenn man an die Front geht. Solche Treffen dürfen nicht überinterpretiert werden, sie können Denkanstösse geben und durchaus auch an einer Verwaltungsratssitzung thematisiert werden.

Meine Frage, ob die Gesprächsteilnehmer auch einmal in der Firmenkantine essen oder eine Tasse Kaffee trinken würden, wird eher skeptisch beantwortet. Wie gesagt: Es darf nicht der Eindruck erweckt werden, dass der Verwaltungsrat gegenüber der Geschäftsleitung Misstrauen hegt. Man könnte von einem Angestellten auch leicht instrumentalisiert werden, oder die Mitarbeiter bekommen selber Probleme, wenn sie mit einem Verwaltungsrat direkt sprechen, denn auch sie müssen ja den Dienstweg einhalten. Hinzu kommt, dass in einem Grosskonzern niemand einen Verwaltungsrat in der Kantine erkennen würde – im besten Fall den Verwaltungsratspräsidenten. In einem kleinen Unternehmen ist das anders, da kennt man sich und ist schon fast wie eine Familie.

Wenn ein Verwaltungsrat neu gewählt wird, wird für ihn oft ein Einführungsprogramm erstellt, damit er die Firma kennenlernt. Das heisst etwa in einem internationalen Unternehmen, dass für ihn auf der ganzen Welt Sitzungen zwecks Herstellung von persönlichen Kontakten organisiert werden. So sind die Verwaltungsräte im Unternehmen von Anfang an berührbar.

In Verwaltungsräten wird auch diskutiert, was eine moderne Version eines solchen Gremiums sein könnte. Eine zentrale Rolle bei den Überlegungen spielt, dass man nicht nur aktiv den Kontakt zum Management pflegen sollte, sondern auch zu den Mitarbeitern; das würde helfen, die Kultur und die Geschichte des Unternehmens besser zu verstehen. Eine Aussenperspektive und direkte Feedbacks an den CEO wären darin eingeschlossen. Viele Verwaltungsräte sind für einen ganz neuen Zugang offen. Dazu gehört auch, dass die Mitarbeiter die Pläne und Strategien kennen. Sie sollen wissen, was der Verwaltungsrat für Prioritäten setzt und an welchen Themen er arbeitet.

Die Verwaltungsräte machen selber die Erfahrung, dass die Kontaktnahme zu Mitarbeitern je nach Unternehmen ganz unterschiedlich gehandhabt wird. Gewisse Firmen sind ganz offen und halten zu diesem Zwecke die Verwaltungsratssitzungen bewusst auf der ganzen Welt ab. Es gibt Beispiele, wo der ganze Verwaltungsrat jedes Jahr in eine bestimmte Region fliegt. Jeder Verwaltungsrat geht dann alleine zwei Tage in ein Land, wo eigene Betriebe vorhanden sind, und trifft sich mit Mitarbeitern und Kunden. Dann kommt man wieder im Hauptquartier für ein Update über das jeweilige Land und den Betrieb zusammen; danach erst wird die Verwaltungsratssitzung abgehalten. So kann das Zwischenmenschliche gepflegt und ein natürliches Interesse, was im Betrieb läuft und wer im Hintergrund arbeitet, gezeigt werden. Die Nähe zu Aussendienstmitarbeitern etwa wird aktiv gepflegt und auch deren Koffer mal getragen. Oder ein Verwaltungsrat kann mal im Regen mit schmutzigen Stiefeln auf einer Baustelle herumlaufen. All das spricht sich natürlich in einem Unternehmen herum und hat einen positiven Einfluss auf die Beziehung zu den Mitarbeitern.

Entscheidend in der Beziehung des Verwaltungsrates zum Unternehmen ist, dass er und auch die Geschäftsleitung jeden Tag die richtigen Werte und eine Kultur vorleben, die anständig, vertretbar und für alle Mitarbeiter nachvollziehbar ist. Das ist es, was alle, die ihre tägliche Arbeit verrichten, ob in einer kleinen oder grossen Firma, wahrnehmen. Ein Verwaltungsrat muss stets eine Vorbildfunktion übernehmen und diejenigen, die das nicht tun, sollte man zum Wohle des Unternehmens, der Glaubwürdigkeit und des Vertrauens in die Beziehungen abwählen – das ist meine feste Überzeugung.

Verwaltungsrätinnen äusserten sich dazu wie folgt:

Direkter Kontakt – Angst des CEO
- Sie funktioniere wie eine Spinne im Netz, welches keine Hierarchien habe. Die Spinne sei in der Mitte, baue ihr Netz und gehe dort durch. Sie tue dasselbe und gehe dort durch, wo die Informationen herkommen. Sie möchte Hinweise aus dem Unternehmen direkt hören. Aber dann habe sie plötzlich realisiert, dass der CEO und die Geschäftsleitung Angst bekommen hätten und ihr Vorgehen gar nicht schätzten. Sie habe begriffen, dass sie achtsam sein sollte, diese Leute nicht umgehen dürfe und vor allem alles transparent machen müsse. Um ihr nahezulegen, den direkten Kontakt mit den Mitarbeitern doch bitte zu unterlassen, sei man diskret mit ihr in einem Restaurant essen gegangen und habe sie gebeten, diese Art von Kontaktnahme zu unterlassen. Trotzdem fände sie auch heute noch, dass es mehr Augen und mehr Ohren brauche, um eine Firma zielgerichtet zum Erfolg zu führen. Die Führung sei halt in der Regel noch militärisch geprägt. Das sei weiterhin nicht verwunderlich, denn die meisten Verwaltungsräte seien im Alter zwischen 60 und 70 Jahren.

Anerkennung – Wertschätzung
- Der Bezug zur Basis sei enorm wichtig. In einem ihrer Verwaltungsräte würden sie jedes Jahr einmal die Mitarbeiter bei ihrer Arbeit besuchen. Das würde von den Leuten sehr geschätzt; auch weil die Angestellten ein Hierarchiedenken hätten, fühlten sie sich von ganz oben wahrgenommen und durch diese Begegnung geehrt. Die Mitarbeiter sähen dann, dass auch die Verwaltungsräte ganz normale Leute seien, die man berühren könne. Man müsse mit den Leuten gar nicht viel reden, nur schon die Tatsache, dass ihnen ein Verwaltungsrat die Hand reiche, empfänden sie als Anerkennung und Wertschätzung. Aber von sich aus dürfe man nicht ins Unternehmen gehen, und ganz bestimmt nicht hinter dem Rücken des CEOs.

Softfaktoren – «ruckzuck»
- Natürlich würde sie den Kontakt in einer Firma proaktiv suchen, aber nur auf dem korrekten Weg via Verwaltungsratspräsident und CEO. Sie schaue sich beispielsweise die Risikoorganisation an und bespreche mit ihnen einzelne Themen. Das würde sehr geschätzt. Durch ihre Besuche der verschiedenen Filialen in allen Landesteilen realisiere sie, wie verschieden die Kulturen schon im eigenen Lande seien. In der Südschweiz sei man klar etwas flexibler und weniger «ruckzuck» als in der Deutschschweiz. Für diese Erkenntnis müsse man aber hingehen, sich zeigen, mit den Mitarbeitern reden und sich für sie und ihre Geschichten interessieren. Auch eine Infrastruktur könne Bände sprechen, zum Beispiel in welchem Gebäude welche Angestellten sitzen und aus welchem Grunde sie dort und nicht woanders untergebracht seien. Es gebe ständig viele Zusatzinformationen, die wichtig seien, um das Geschäft in einem Gesamtzusammenhang zu sehen und zu verstehen. Ja, es handle sich meist um Softfaktoren, die im entscheidenden Moment für einen Beschluss im Verwaltungsrat aber relevant und ausschlaggebend sein könnten.

Goldwaage
- Querbeet in einem Unternehmen herumzuwandern sei schwierig, denn jede Bewegung werde beachtet und jeder noch so gut gemeinte Austausch mit einem Mitarbeiter werde auf die Goldwaage gelegt. Sie bekomme auch von Mitarbeitern Mails mit der Frage, ob man einen Kaffee trinken könnte, das gehe ihr dann schon zu weit. Probleme habe sie auch schon gesehen, wenn es unten an der Basis 180 Grad anders sei als was man oben sage. Das sei jeweils eine schwierige Situation. Wenn es um etwas gehe, das brenne, dann kommuniziere sie es schon im Verwaltungsrat. Oft gehe es um Frauen, die schwanger seien, und um deren Karriere. Es könne aber auch einfach eine Sekretärin sein, die mitgenommen aussehe und bei der sie sich nach den Gründen dafür erkundige. Wichtig sei, dass die Mitarbeiter sähen, dass jeder Einzelne ein Teil des ganzen Unternehmens sei und nicht lediglich einer Hierarchie unterstellt, in welcher der Verwaltungsrat das oberste Aufsichtsorgan sei.

«Murren» im Kloster
- Sie mache «management by walking around». Der Grund dafür sei eine Geschichte, die ihr Abt Werlen erzählt habe. Der heilige Benedikt hätte schon gesagt, dass das grösste Problem in den Klöstern das Murren sei. So aber kämen Informationen nie zu demjenigen, zu dem sie eigentlich kommen sollten, sondern nur zu den Mitbrüdern und verpuffe bei denen. Eine schlechte Stimmung sei die Folge davon. Genau das Murren möchte sie direkt hören. Sie möchte wissen, wo der Sand im Getriebe sitze, um ihn beseitigen zu können. Sie wisse, es gebe andere Verwaltungsräte, die einfach führten und direkt mit dem separaten Lift in den fünften Stock führen. So würden die aber nie erfahren, was unter den Mitarbeitern laufe. Ein Baum wachse ja auch von unten und nicht erst ab der Krone; man müsse immer wieder besorgt sein, dass dieser Baum genügend Wasser habe und auch das um ihn herum wachsende Unkraut entfernen.

Firmenkantine – Instrumentalisierung
- Es sei ein ganz wichtiges Zeichen, in einer Firmenkantine essen zu gehen. Natürlich könne man dort kein vertrauliches Gespräch führen. Man spüre dafür den Geist eines Unternehmens, was man bei Personaldiskussionen im Verwaltungsrat gut gebrauchen könne. Aufpassen müsse man, nicht instrumentalisiert zu werden und Einzelanliegen so zu behandeln, als ob das Problem in der ganzen Firma virulent sei.

Privilegien – Autos
- In der Firma werde sehr wohl wahrgenommen, wenn Verwaltungsräte auf gewisse Privilegien beharrten, die es sonst in der Firma für niemanden gebe, beispielsweise einen Parkplatz. Die tollen Autos von Verwaltungsräten seien auch ein wunder Punkt für die Mitarbeiter, wenn es der Firma schlecht gehe.

Hemmungen
- Man habe ganz allgemein wenig Kontakte mit den Angestellten, der Verwaltungsrat pflege diesen ausschliesslich zur Geschäftsleitung. Sie könne sich auch nicht vorstellen, einfach mal in der Kantine essen

zu gehen, das sei schwierig. Im Fernen Osten sei zum Beispiel eine Verwaltungsratssitzung und gleichzeitig ein Firmenjubiläum gefeiert worden. Alle Angestellten seien willkommen und anwesend gewesen, aber nur wenige Leute hätten sich getraut, sich mit den Verwaltungsräten auszutauschen. Sie habe es natürlich versucht und mit einigen Frauen gesprochen. Aber man merke, dass die im Operativen tätigen Mitarbeiter ziemlich weit weg seien vom Verwaltungsrat.

Internes Frauennetzwerk – Politische Korrektheit

◆ In ihrer Firma gebe es ein internes Frauennetzwerk. Sie sei dort eingeladen worden, weil es diese Kolleginnen wundergenommen habe, wer diese Frau sei, die es als Non-Executive Director bis ganz an die Spitze geschafft habe. Interessanterweise seien bei diesem Treffen meistens Fragen zur Vereinbarkeit von Familie und Beruf aufgekommen. Das sei nicht verwunderlich gewesen, denn es hätte sich vorwiegend um Frauen im Alter um die dreissig gehandelt. Die Männer seien als Mitbetroffene virtuell präsent gewesen, weil sich die Frauen freimütig auch über die Rolle ihrer Partner geäussert hätten. In diesem Zusammenhang sieht die Verwaltungsrätin ein grundlegendes Problem. Sie sagt, gewisse Sachen könne man einfach in einem Anstellungsgespräch nicht mehr thematisieren. Man dürfe nicht fragen, wie es in Bezug auf Familie aussehe oder ob eine Kandidatin schwanger sei oder es werden möchte. Das heisse auch, dass ein wichtiger Teil der Entscheidungsgrundlage für ein eventuelles Jobangebot wegbreche. Die Konsequenz sei, dass man die Bewerberin lieber nicht anstelle. Sie fände es viel besser, wenn man offen mit den Frauen und Männern über diese Themen sprechen könnte, insbesondere, wenn man jemanden für ein kleines, spezialisiertes Team suche. Gerade dann sei dies für die Planung, die Kontinuität und für das Funktionieren des Betriebs sehr wichtig.

Affront

◆ Die Verwaltungsratspräsidenten würden die Beziehungen zum Unternehmen gerne monopolisieren. Die schätzten es gar nicht, wenn man beispielsweise mit den Zahlen nicht ganz zurechtkäme und direkt zum Leiter Rechnungswesen gehe und um Erklärung bitte. Das werde als

Affront empfunden. Natürlich sei es ein Schwächezeichen jedes Verwaltungsratspräsidenten, der so reagiere. Man wisse, dass man in ein Wespennest steche, wenn man so etwas tue, und mit Sicherheit am nächsten Tag einen Anruf vom Verwaltungsratspräsidenten oder CEO erhalte. Die würden das gar nicht mögen!

Weisse Tischtücher
- Die Beziehungen zum Unternehmen würden nicht institutionell arrangiert. Man müsse sich dies konkret vorstellen: Man betrete den Haupteingang der Firma, werde von der Dame am Empfang höflich begrüsst und in den Aufzug geschleust, fahre in den obersten Stock und habe mit niemandem Kontakt. Oben werde man wieder von jemandem in Empfang genommen und ins Sitzungszimmer begleitet. Wenn die Sitzung zu Ende sei, gehe es umgekehrt zurück zum Haupteingang. Man treffe überhaupt niemanden. Auch esse man nicht in einer Kantine, was sie sehr wichtig fände. Die Verwaltungsrätin gibt ehrlich zu, dass sie im Nachhinein hätte darauf drängen müssen, dass man mindestens zwei Mal im Jahr den Lunch, den es immer nach einer Sitzung gebe, in der Kantine einnehme – diesen Vorwurf mache sie sich heute. Es komme schon vor, dass man im Unternehmen esse, dann aber in einem abgetrennten Raum mit weissen Tischtüchern, und ohne jede Berührung mit irgendjemandem.

Teambesuche
- Es könne sein, dass Verwaltungsräte für einen bestimmten Bereich im Betrieb zuständig seien, beispielsweise für Forschung und Entwicklung. Diese gingen dann in regelmässigen Abständen zu diesen Teams und liessen sich deren Projekte vorstellen. Sie habe auch schon die Diversität, den Frauenanteil, in solchen Gruppen beanstandet. Und siehe da: ein Jahr später habe es eine Frau dabeigehabt.

Verwaltungsräte äusserten sich dazu wie folgt:

Potentials
- Es gebe ganz bewusst Beziehungen des Verwaltungsrates mit sogenannten Potentials. Das seien Mitarbeiter, bei welchen man das Gefühl habe, sie könnten im Unternehmen eine Karriere machen. Diese Leute würden dann zu einem Nachtessen mit dem ganzen Verwaltungsrat eingeladen. Dann könne man mit ihnen sprechen, Fragen stellen und sich kennenlernen, abtasten und spüren. Das sei natürlich bei einer Belegschaft von 5000 Mitarbeitern nicht mit jedem von ihnen möglich. In solchen Fällen werde meist immer wieder eine Gruppe von 40 Leuten herausgepflückt.

Direktionskantine
- Leider habe er zu wenig Zeit, um in der Firmenkantine essen zu gehen. Wenn er mal dort sei, fände er es spannend und fühle sich richtig als Teil des Betriebes. Es sei ihm sehr daran gelegen, den direkten Kontakt mit den Mitarbeitern zu pflegen, und für die Leute sei es extrem wichtig, dass er sich zeige. Und die Direktionskantine habe er überhaupt abgeschafft.

«Rösslispiel»
- Sich zu exponieren und von den Mitarbeitern wahrgenommen zu werden, sei nicht nur am Hauptsitz, sondern auch draussen in den Ländern absolut wichtig. Das müsse jedoch in dem Sinne geregelt sein, dass nicht jeder Verwaltungsrat einfach herumspazieren und reisen könne. Es müsse eine gewisse Disziplin mit Facetten geben. Wenn ein Verwaltungsrat in ein fremdes Land komme, dann gehe das ganze «Rösslispiel» los, ganz einfach, weil es sich um andere Länder und Kulturen handle. Bei den dortigen Mitarbeitern müsse für die Verwaltungsräte alles perfekt organisiert sein, bis zum Punkt, wo manchmal der ganze Laden stillstehe, um die Ankommenden gebührend zu ehren. Allein schon deshalb könne nicht alle vier Wochen ein anderer Verwaltungsrat hingehen. Man sei offen für Werkbesichtigungen manchmal auch mehrerer Verwaltungsräte ge-

meinsam, jedoch durch den CEO oder Verwaltungsratspräsidenten organisiert.

«Blue color worker» – Hände schütteln
- Wenn man Beziehungen zu den Betrieben in anderen Ländern pflege, dann gebe es auch Veranstaltungen mit Kunden und Regierungsvertretern. Wichtig sei ihm, dass man immer auch Kontakt zum «blue collar worker» (Fabrikarbeiter) suche und schon deshalb die Firmen besuchen gehe. Als Verwaltungsratspräsident gehe er oft alleine auf Reisen, ganz ohne Entourage, ohne Kofferträger, und schaue sich die Fabriken an, habe Kundenkontakte, zu welchen er auch immer die lokalen Mitarbeiter mitnehme. Für die lokalen Mitarbeiter sei es das Nonplusultra, wenn der Verwaltungsratspräsident oder im besten Fall der gesamte Verwaltungsrat zu Besuch käme, das habe einen unglaublichen Wert. Enorm wichtig sei, dass man durch die Fabrik gehe, Hände schüttle, das eine oder andere Wort wechsle und auf die Schulter klopfe. Die Mitarbeiter wüssten, dass er vom Moment an, an dem er lande und bis er wieder wegfliege, für die Angestellten da sei. Das wirke sehr authentisch.

Einzelmaske – Konfusion
- Weil er schon so lange draussen in der Welt als ehemaliger CEO und CFO und jetzt als Verwaltungsrat im Geschäft sei, müsse man ihm nicht sagen, ob ein Betrieb laufe oder nicht. Das rieche und lese er zwischen den Zeilen. Ganz wichtig sei jedoch, dass man den Leuten zu verstehen gebe, dass man als Verwaltungsratspräsident nicht eine operative Rolle habe, sondern Inputs und Probleme an den CEO weiterleite. Wenn man anfange drein zu pfuschen, komme es zu Konfusionen im ganzen Betrieb – da müsse man unheimlich aufpassen. Die Versuchung sei natürlich gross, ins Operative «hinein zu wurschteln», aber da müsse man sich zurückhalten.

Berührungsängste
- In seinem Verwaltungsrat hätten sie auch einen Rechtsgelehrten, der mindestens vier Mal pro Jahr mit dem Rechtsdienst zusammensit-

ze und offene Fragen diskutiere. Auch für den Technikbereich sitze jemand im Verwaltungsrat. Dieser gehe regelmässig in die Forschungs- und Entwicklungslaboratorien und zusätzlich auch Werke anschauen. Alle Verwaltungsräte seien regelmässig in der Kantine anzutreffen, sässen mit den Mitarbeitern ohne gegenseitige Berührungsängste an einem Tisch und sprächen mit ihnen. Man denke weniger in Hierarchien. Aus eigener Erfahrung wisse er, dass auch eine weltweit tätige Firma mit zigtausenden von Mitarbeitern eine Corporate Identity bis ganz nach unten verbreiten könne. Er kenne aber auch Verwaltungsratsgremien, in welchen die Beziehungen zu den Mitarbeitern nicht so direkt und intensiv gepflegt würden. Dort bestehe eine grössere Distanz zwischen dem Verwaltungsrat und der Konzernleitung. Schon gar nicht könne man schnell anrufen, weil man zufällig in einer Region sei, und fragen, ob man den Betrieb besuchen könne. In anderen Unternehmen wiederum sei dies überhaupt kein Problem.

Millionen für Mitarbeiterschulung

◆ Ein gemeinsames Weltbild und Wertesystem zu haben sei ganz wichtig für eine Firma. Dazu diene eine interne Schulung, die alle Mitarbeiter in seinem Unternehmen genössen. Alle 18 Monate besuchten seine zigtausenden Angestellten ein Lager. Klar koste dies einen zweistelligen Millionenbetrag, aber das Payback sei gewaltig. Die Leute, die einen solchen Campus führten, seien selbst entsprechender Nationalität, beispielsweise Chinesen oder Japaner, damit man explizit auf die verschiedenen kulturellen Situationen eingehen könne. Die Leiter würden eng untereinander zusammenarbeiten. Jeder Mitarbeiter sollte in den Firmenrahmen und die Kultur hineinpassen, und wer ganz anders ticke, sollte gehen.

«Sauladen»

◆ Beziehungen innerhalb des Unternehmens seien sehr wichtig. Natürlich käme es auch ein bisschen auf die Grösse der Gesellschaft an. Er habe eine Firma in den USA besucht, deren Hauptaktionär er sei; ein wahrer «Sauladen» sei das gewesen. Er habe direkt gesagt, dass in seinem Betrieb diese Leute «geschasst» worden wären. Seine direkte Art werde von den einen geschätzt, von anderen nicht so sehr.

Montagearbeit – neue Tendenz
- Regelmässig esse er in der Firmenkantine. Ihm sei diese Kontaktpflege wichtiger als anderen Verwaltungsratskollegen. Er sei auch regelmässig auf Baustellen anzutreffen. In einem Audit-Komitee sehe man nur Zahlen, er möchte aber wissen, was in einem Industrieunternehmen hinter den Fragen der Technical Compliance und einem Audit Report stecke und wie dieser zu interpretieren sei. Wesentlich sei ihm, ob das Produkt sicher sei und was die Firma dafür tue. Deshalb habe er zwei Tage einem Monteur bei seiner Arbeit zugeschaut und auch aktiv geholfen. Er glaube, das sei die neue Tendenz, wie man die Arbeit und die Verantwortung in einem Verwaltungsrat angehen sollte. Er stelle fest, dass vor allem bei den jüngeren Verwaltungsratsmitgliedern ein Bedürfnis bestehe, zu erfahren, was im Betrieb passiere. Das sei aber in einem Industrieunternehmen einfacher als in einer Bank.

Preisvergaben – Extrameile
- Sein Verwaltungsrat würde firmenintern verschiedene Preise ausschreiben, die immer mit einer Teamarbeit verbunden seien. So binde man die Angestellten zusammen, und es sei eine Form der Anerkennung und Wertschätzung für sie. Das Aufsichtsgremium sei in den ganzen Prozess involviert, sitze in der Jury und verteile auch die Preise. Die Preisvergabe trage sehr viel zur Firmenzufriedenheit bei und auch dazu, dass die Mitarbeiter gerne einmal eine Extrameile für das Unternehmen laufen. Nebenbei bemerkt sei, dass an Umfragen zur Personalzufriedenheit sich 93 Prozent der Angestellten beteiligten und 88 Prozent davon stolz seien, für diese Firma zu arbeiten. Aber die Extrameile müsse vom Verwaltungsrat und der Konzernleitung vorgelebt werden, sonst funktioniere es nicht. Dies würde man leider in vielen Verwaltungsräten nicht kapieren.

Fussballspiel
- Selbstverständlich gehe er in der Firmenkantine essen, auch spiele er Fussball mit den Mitarbeitern. Meist komme er zu Fuss oder mit dem Velo in den Betrieb. Das seien kleine Sachen, die den Angestellten Eindruck machten.

Lachen
- Als Verwaltungsratspräsident gehe er immer an Personalanlässe, weil er die Atmosphäre spüren möchte. Dort, in Diskussionen und daraus, ob es Fragen gebe oder nicht, ob die Leute lachten, zusammen sprächen, ob die Direktion in einer Ecke und das Personal in einer anderen sitze, nehme er die Beziehung zwischen der Direktion und dem Personal wahr. Es liege ihm viel daran, all dies mitzuerleben, denn sonst sei man völlig isoliert.

Ein Witz
- Es gebe Generalversammlungen, die seien wie eine Landsgemeinde und nur die Hauptaktionäre seien anwesend, besonders bei Familienunternehmen. Aber wenn man an eine Generalversammlung eines Grosskonzerns gehe, wo vielleicht gerade mal fünf Prozent der Stimmen im Raum seien und die anderen elektronisch abgestimmt hätten, dann werde die Generalversammlung zu einem Witz, weil man die Resultate schon zuvor kenne. Dann könne man im Raum nichts mehr bewegen. Er sei überzeugt, dass die Generalversammlungen langsam verschwinden würden; eine Alternative sei aber leider noch nicht gefunden. Das Zählen der Stimmen der Kleinaktionäre sei heutzutage absurd. Aber trotzdem sollte man deren Voten ernst nehmen, weil gerade diese Stimmen eine wichtige politische Aussage seien.

Herumschwirren
- Ein Verwaltungsrat sollte sich vom Tagesgeschäft abheben. Er empfinde es als heikel, wenn der sich in der Firma zeige. Schlussendlich habe er eine Aufsichtsfunktion wahrzunehmen. Als Verwaltungsratspräsident würde er es nicht zulassen, dass einzelne Mitglieder in der Firma herumschwirrten und dort ihre Gedanken, Überzeugungen und

Strategien preisgeben; das habe er schon erlebt, und es sei gefährlich. Dabei würden die Verwaltungsräte vom lokalen Management absorbiert und mit allerlei Wünschen bombardiert, die sie nachher ins Gremium einbrächten. Es gehe nicht an, dass man hinten herum mit dem Management Sachen bespreche. Selbstverständlich hätten alle Verwaltungsratsmitglieder Anspruch auf sämtliche Informationen zum Unternehmen, aber nicht als Einzelmaske. Das müsse kontrolliert und mit Disziplin erfolgen, aber nicht, weil man etwas verheimlichen wolle. Es gehe vielmehr um die Glaubwürdigkeit des Verwaltungsrates als gesamtes Team.

Kein Interesse

◆ An einer Beziehungspflege des Verwaltungsrates zu den Mitarbeitern hätten die Angestellten kein Interesse. Er sei davon überzeugt, dass die Angestellten ganz einfach am Ende des Monats ihren Lohn beziehen wollten und damit zufrieden seien. Die Mitarbeiter interessiere ihre nächste Umgebung im Betrieb, vielleicht noch eine Stufe höher, aber der CEO sei schon weit, weit weg, auch der interessiere sie nicht – und schon gar nicht der Verwaltungsrat.

Glaswände – Portier – Putzdienst

◆ Die Nähe und Erreichbarkeit sei für die Mitarbeiter wichtig. Er sitze in einem Büro mit Glaswänden, wie alle Mitarbeiter im Gebäude. Vorbei seien in ihrer Firma die sterilen Gänge und geschlossenen Türen, wo man keinen Menschen sehe. Auch er teile das Büro mit jemandem. Wichtig sei, dass man diese offene Kultur von oben vorlebe. Ein Unternehmen werde an der Atmosphäre und am Zusammenspiel der Teams gemessen, das seien wesentliche Kleinigkeiten. Auch sei es wichtig, dass man den Mitarbeitern in Abständen immer wieder die Strategie erkläre, was mit einem Workshop verbunden sein könne. Dort werde konkret gefragt, was der einzelne Mitarbeiter zum Betrieb beitrage, weil er doch immer auch ein Teil der Strategie sei. Das gehe soweit, dass auch der Putzdienst und der Portier wissen müssten, was sie zur Strategie beitragen können.

3. Beziehungen des Verwaltungsrates zum Human Resource Management

Frage: *Was für Beziehungen pflegt der Verwaltungsrat zum Human Resource Management (HR)?*

Jedes Unternehmen kann nur existieren, wenn sich Menschen zusammenfinden, sich für eine gemeinsame Sache engagieren und dafür auch entlöhnt werden. Ohne Angestellte kein Betrieb! Die Mitarbeiter stellen demzufolge das grösste Kapital dar und leisten den wesentlichsten Beitrag zum Erfolg ihres Unternehmens. Das HR ist dafür zuständig, dass die Planung, die Steuerung und die Kontrolle dieses Vermögenswertes funktioniert. Weil diese Aufgabe meines Erachtens in jedem Unternehmen von zentraler Bedeutung ist, habe ich meine Gesprächspartner gefragt, was für eine Beziehung der Verwaltungsrat zum HR pflegt und wie das HR in ihrem Gremium vertreten ist.

Eine direkte, institutionalisierte Beziehung zum HR konnte ich in den Gesprächen nicht feststellen. In gewissen Firmen wird der Verwaltungsrat nicht einmal informiert, wenn der HR-Chef kündigt. Und gleichzeitig, überspitzt gesagt, sind die Zeiten, zu denen ein Personalverantwortlicher mit dem Singlehrer verglichen wurde, definitiv vorbei. Deshalb, so nehme ich an, betonen alle Verwaltungsräte, wie bedeutend die Mitarbeiter seien – das Wichtigste im Betrieb. Und trotzdem sind bis heute fast keine direkten HR-Vertreter im Verwaltungsrat sichtbar.

Eine Firma hatte früher einen HR-Vertreter zwar nicht im Verwaltungsrat, aber in der Konzernleitung; Personalfragen wurden immer an ihn delegiert. Man kam dann jedoch zum Schluss, dass die ganze Konzernleitung einschliesslich des Verwaltungsrates für das Personal verantwortlich sei und diese Aufgabe nicht von oben nach unten delegiert werden könne.

Es gibt natürlich immer wieder Verwaltungsräte, die einen HR-Background haben. Jeder in einem Verwaltungsrat – gerade weil die meisten von ihnen operative Erfahrung mitbringen – ist sich bewusst, dass man eine noch so schlaue Unternehmensstrategie haben kann, diese ohne die Mitarbeiter aber nicht funktioniert.

Der HR-Bereich wird in vielen Fällen von Frauen geführt. Sie sitzen dort an Schlüsselpositionen und erreichen dadurch oft die Spitze. Es darf aber nicht sein, dass das HR als ein geschützter Arbeitsbereich für Frauen dargestellt wird. Es kann sein, dass er eher zu den Frauen passt, weil sie dort ihre Stärken ausleben können; sie eignen sich ganz natürlich oftmals besser dafür. Das ist auch gut so, sofern eine solche Karriere von den Frauen bewusst gesucht wird. Überhaupt sollte meines Erachtens heutzutage jede HR-Abteilung gemeinsam von einer Frau und einem Mann geführt werden, damit eine weibliche und eine männliche Perspektive vertreten sind. Zudem sollten bei Anstellungsgesprächen ab einer bestimmten Hierarchiestufe unbedingt beide Geschlechter anwesend sein; schon deshalb, weil man zu zweit über einen Bewerber mehr in Erfahrung bringt. Das würde einen breiteren und offeneren Auswahlprozess ermöglichen, und die Chance, dass die richtige Person angestellt wird, würde rasant steigen.

Gewisse Firmen sind wegen falscher Personalentscheidungen dazu übergegangen, zu einem Schnuppertag einzuladen. Das gibt einen ersten Eindruck, wie Aufgaben gelöst werden und ob eine Interaktion mit dem Team besteht.

Eine ähnliche Methode der Personalrekrutierung unter Hochschulabsolventen ist in den USA schon lange die Regel. Die Studenten werden in ihren letzten grossen Semesterferien vor dem Abschluss als sogenannte «Interns», Praktikanten, angestellt. Wenn die gegenseitige Zusammenarbeit erfolgreich funktioniert, wird den Studenten meist eine fixe Anstellung gleich nach der Vollendung ihres Studiums angeboten.

Zurück zu den Beziehungen des Verwaltungsrates zum HR. Das HR rapportiert in der Regel direkt an den CEO. Es gibt Verwaltungsräte, die ein spezielles Komitee für Personalfragen haben und an deren Sitzungen der HR-Verantwortliche auch teilnimmt. Dann gibt es Verwaltungsräte, bei denen der HR-Chef zwar an den Sitzungen des gesamten Verwaltungsrates eingeladen ist, aber nur als Gast und wenn es diesbezügliche Diskussionen gibt wie beispielsweise die Diversität auf verschiedenen Stufen, die Entwicklung der Frauenquote vor allem in den höheren Chargen, Quervergleiche am Arbeitsmarkt, das Image des Arbeitgebers oder Bedürfnisse für die Zukunft. Das HR ist ein Teil der Unternehmensstrategie und wichtig ist, dass die wesentlichen Themen adressiert und behandelt werden. Dafür sind die verschiedenen Komitees im Verwaltungsrat und am Ende natürlich der Gesamtverwaltungsrat zuständig.

In jedem Verwaltungsrat gibt es Leute, die HR-sensibler sind als andere. Es gibt aber auch solche, die rein auf Finanzen und Technik ausgerichtet sind; es bringt nichts, sie zu HR-Angelegenheiten nach ihrer Meinung zu fragen.

Verwaltungsrätinnen äusserten sich dazu wie folgt:

Direkte Verbindung
- Es sei ganz wichtig, dass man anfange, HR-Leute in den Verwaltungsrat zu wählen. Zumindest sollte es eine direkte Verbindung zwischen ihm und dem HR geben.

Relevanz – Verbesserungspotential
- Viele Verwaltungsräte bezögen das HR nicht besonders ein und fänden es nicht relevant. Hier gebe es einiges an Verbesserungspotential. Sie habe oft erlebt, dass ein Verwaltungsrat für die Nachfolgeplanung nicht viel gemacht habe, was sich natürlich früher oder später räche. Allerdings müsse man auch aufpassen, dass die Nachfolgeplanung nicht zu einem bürokratischen Albtraum werde.

Nachfolgeplanung
- Die wichtigste Ansprechperson für den Verwaltungsratspräsidenten und den CEO sei der HR-Verantwortliche. Eine der undelegierbaren Aufgaben des Gesamtverwaltungsrates sei die personelle Entwicklung des Topmanagements. Es dürfe nicht sein, dass eine personenbezogene Auslegeordnung nur in einem Kompensationskomitee gemacht werde; darüber müsse der ganze Verwaltungsrat informiert sein. Auch die Nachfolgeplanung müsse der Verwaltungsrat an die Hand nehmen.

Runder Tisch
- Sie treffe sich regelmässig mit dem HR-Verantwortlichen, einem Mann, zum Gespräch, weil er sich für Frauen und Diversität engagiere. Sie wolle konkret wissen, was er mache, beispielsweise was die Bedingungen für Frauen seien, wenn sie Mutter würden, und was die Firma dann anbiete. Als Folge davon würde sie einen runden Tisch mit Frauen organisieren, die im Unternehmen in Führungspositionen seien, um dieses Thema weiter zu diskutieren.

Führungsproblem
- Bei ihnen gebe es keine spezielle Beziehung zum HR, denn wenn es um personelle Schwierigkeiten gehe, sei es nicht nur ein HR-, sondern eigentlich ein Führungsproblem. Deshalb sei es wichtiger, in einem Verwaltungsrat ein Mitglied mit Führungserfahrung zu haben als eines mit einem HR-Hintergrund.

Radar – ein Viertel für Mitarbeiterthemen
- Die Themen Mitarbeiter, Mitarbeiterentwicklung, Talententwicklung und Nachfolgeplanung sollten jährlich auf den Radar des Verwaltungsrates kommen, sonst würde man etwas falsch machen. Drei Viertel der Zeit beschäftige sich der Verwaltungsrat mit Investmententscheidungen, ob man eine Firma kaufe oder nicht, eine abstosse oder nicht, wo man investiere. Das sei natürlich wichtig, aber auch sehr männlich geprägt. Nur ein Viertel der Beschäftigung bleibe noch für Mitarbeiterthemen und ein bisschen Markenpflege. Sie würde gerne dem Thema Mitarbeiter ein höheres Gewicht geben; aus ihrer Optik komme dieses zu kurz, vor allem, weil es Firmen gebe, die keine andere Resource haben als den Menschen. Man delegiere dieses Thema zu oft an den operativen Bereich.

Affinität zu Frauenthemen
- Wenn es um eine Neubesetzung in der Geschäftsleitung gehe, werde sie laufend vom HR beigezogen; das interessiere sie eben sehr. Auch der CEO rufe sie an, weil er wisse, dass sie zu Frauenthemen eine besondere Affinität habe. Sie mahne immer wieder, ob man genügend divers sei im Unternehmen, das heisse für sie speziell, ob es genügend weibliche Mitarbeiter habe. Immer wieder würden Frauen sie fragen, ob sie ihnen Zugang zu einer Anstellung in der Firma geben könnte. Schon deshalb habe sie ständigen Kontakt zum HR.

Verwaltungsräte äusserten sich dazu wie folgt:

Vergütungsausschuss
- Als Präsident des Vergütungsausschusses habe man automatisch mehr Kontakt zum HR. Es gebe Extrasitzungen, Vorbereitungen für die Entlöhnung des Topmanagements, schon deshalb habe man eine engere Beziehung zum HR. Einzelne Verwaltungsratsmitglieder hätten auch einen HR-Hintergrund; man suche aber nicht gezielt danach.

Unternehmenskultur – Nachfolgeplanung
- Es komme ein bisschen darauf an, was die Bedeutung des HR in einem Unternehmen sei, das sei sehr unterschiedlich und hänge auch von der Unternehmenskultur ab. Er sei in einem Verwaltungsrat, wo der Unternehmenserfolg eindeutig in der Unternehmenskultur liege, was heisse, die Mitarbeiter wachsen zu lassen, sie zu unterstützen und ihnen ein persönliches Umfeld zu geben. Auch dürften Fehler gemacht werden, nicht zuletzt um daraus etwas zu lernen. All das gehöre zu einer guten Unternehmenskultur. Im Verwaltungsrat seien drei ehemalige Mitarbeiter der Firma, die mit dieser Kultur aufgewachsen seien. Diese Leute seien sehr sensibel, was HR-Fragen anbelange und stehen dem Unternehmen natürlicherweise näher als externe Verwaltungsräte. Grundsätzlich würde er aber schon sagen, dass die Beziehung zum HR via CEO eine Aufgabe des Verwaltungsratspräsidenten als oberster Personalentwickler sei. Eine der grössten Aufgabe sei die Nachfolgeplanung der Konzernleitungsmitglieder.

Gefühl für Leute – Tellerrand
- Das HR sei eine Stabsfunktion. Im Verwaltungsrat hätten meist drei Mitglieder eine langjährige grosse Führungserfahrung und tausende Leute geführt. Das sei, was man brauche: nicht primär HR-Kompetenz, sondern einfach das Gefühl für Leute. Eine Frau sei bei ihm Chefin des HR und auch in der Konzernleitung. Sie sei an der Hälfte der Verwaltungsratssitzungen dabei. Insofern sei das HR schon im Verwaltungsrat vertreten und könne Anliegen vorbringen. Zu den

HR-Leuten habe er eine eigene Meinung: unter 100 von ihnen gebe es aus seiner Sicht etwa fünf, die man gebrauchen könne. Vielleicht seien Leute im HR tätig, die von ihrem Fach zwar eine Ahnung hätten, aber nicht über den Tellerrand hinausschauen könnten.

Rein administrative Aufgabe
- Sie hätten keinen HR-Manager im Verwaltungsrat und auch niemanden, der sich des HRs speziell annehmen würde, obwohl sie eine grosse Firma seien. Das HR sei bei ihnen eine rein administrative Aufgabe.

Bestimmte Traktanden
- Spitzenpositionen für die Geschäftsleitung würden immer klar vom Verwaltungsrat bestimmt. Die HR-Verantwortlichen würden zu bestimmten Traktanden eingeladen. Es sei keine Person im Verwaltungsrat speziell für den HR-Bereich zuständig.

4. Beziehungen des Verwaltungsrates zur Öffentlichkeit

Frage: *Was für Beziehungen pflegt der Verwaltungsrat zur Öffentlichkeit?*

Lassen Sie mich kurz ausholen. Ich bin der Auffassung, dass der Öffentlichkeit vermehrt erklärt werden sollte, wie die Wirtschaft und ein Finanzsystem funktionieren. Sachverhalte in der Wirtschaft, Erfolge, Misserfolge, Prognosen, Ereignisse, Ergebnisse, Entscheidungsgrundlagen, sollten so kommuniziert werden, dass die Menschen sie verstehen, sich eine Meinung bilden und besonders bei Abstimmungen qualifizierte Entscheidungen treffen können. Ein langfristiges Ziel sollte sein, aufklärend Einfluss zu nehmen, wie eine zum Nutzen von uns allen nachhaltige Wirtschaft funktioniert. Dazu braucht es Wirtschaftsvertreter, dazu zähle ich sämtliche Verwaltungsratsmitglieder, die in der Bevölkerung als glaubwürdig, vertrauensvoll und authentisch wahrgenommen werden und persönlich hin stehen, eine Meinung äussern und auch gewillt sind, aktiv den Kontakt zur Gesellschaft zu suchen. Es braucht Personen, ja Persönlichkeiten! Das wäre eine Idealvorstellung der Wirtschaft in ihrer Beziehung zur Bevölkerung.

Leider ist dies im Alltag nicht die Realität und führt mehr und mehr zu Spannungen in der Öffentlichkeit. Ein Beispiel dafür sind die ewigen Diskussionen um die Managerlöhne. Es ist einfach nicht nachvollziehbar, wie sich vereinzelte Manager Saläre in zweistelliger Millionenhöhe auszahlen können, während ihr Unternehmen fast keinen Gewinn macht und der Aktienkurs laufend am Sinken ist. Ich weiss, dass es nur wenige Firmen betrifft, wo die Manager so funktionieren. Aber die Aussenwirkung solcher Handlungen und Entscheidungen ist enorm und vergiftet die Stimmung landauf landab. Dies nicht zuletzt auch deshalb, weil sämtliche Manager medial pauschalisiert und unter den Generalverdacht gestellt werden, ungerechtfertigt hohe Boni und Abfindungen zu kassieren. Ich lese wenig in den Medien, dass es sich dabei fast immer um Einzelfälle handelt und der Leser doch lieber die Ausnahmen nicht verallgemeinern sollte. Also, bitte nicht alle Manager in denselben Topf!

Dieser «bitte-nicht-verallgemeinern»-Kommentar findet fast ausschliesslich medial Anwendung, wenn es sich um Religionen, Migranten, Länder, geschlechtliche Stereotypen handelt, aber nicht, wenn es sich um gierige Einzelfälle in der Wirtschaft handelt. Da wird in den Medien darauf losgeschrieben und Neid gefüttert. Mit der Folge, dass einerseits wirtschafts- und standortfeindliche Vorlagen verlangt werden und andererseits der Staat ins Wirtschaftsleben durch das Erlassen neuer Gesetze eingreift. Das schadet der Wirtschaft. Die Unternehmen werden mit ständig neuen bürokratischen Aufgaben belastet. Die Kosten dafür würden sie lieber für neue Investitionen oder Lohnerhöhungen der Angestellten ausgeben.

Schade, dass die grosse Mehrheit der Unternehmen, welche Grossartiges leisten, vor allem die vielen KMUs in der Schweiz, Opfer derjenigen wird, die durch Gier und Verantwortungslosigkeit der Gesellschaft Schaden zufügen. Der Graben zwischen dem wirtschaftlichen Establishment und der Bevölkerung ist grösser geworden, und viele meiner Gesprächspartner sehen das auch so. Allerdings kann ich denen einen leisen Vorwurf nicht ersparen: Wo sind ihre Stimmen, die sich klar und deutlich distanzieren von wirtschaftlicher Gier? Und wo sind ihre Stimmen, die auf Distanz gehen, wenn die Verantwortung der Führungsriege im Notfall auf die untergebenen Mitarbeiter abgeschoben wird? Ein unaufhaltsamer Steilpass für alle Neider! Nicht zu vergessen, dass Neid eine beispielhaft schlechte Emotion ist. Sie weckt ganz allgemein Unmut, Angst und ein Unterlegenheitsgefühl in der Bevölkerung. In der Schweiz gibt es eine ganze Menge von mutigen, anständigen und verantwortungsvollen Wirtschaftsführern. Wehrt Euch für Eure Kaste und die Wirtschaft!

Konsens besteht bei meinen Gesprächspartnern darüber, dass sich die Verwaltungsräte vermehrt in einer politischen Debatte engagieren sollten, aber nicht als Vertreter der Firma, sondern als Vertreter der Wirtschaft. Eine öffentliche Profilierung auf dem Buckel der Firma ist nicht gewünscht. Denn dabei besteht die Gefahr, einen Spagat zwischen der eigenen Persönlichkeit und Meinung und derjenigen eines loyalen Verwaltungsratsmitglieds machen zu müssen. Oder es besteht das Risiko, dass ein Verwaltungsrat schlicht zu wenig über die wirtschaftlichen Abläufe, das Umfeld und die Regulationen informiert ist und somit eine Teilnahme an einer öffentlichen Diskussion für ihn selber und das Unternehmen kontraproduktiv sein könnte. Grossunternehmen äussern sich üblicherweise sowieso nicht in der Öffentlichkeit; sie überlassen dies den Interessenverbänden, die sie ja schlussendlich finanzieren. In der Öffentlichkeit ist normalerweise der CEO, unter vorgängiger Absprache mit dem Verwaltungsratspräsidenten, die Stimme der Firma.

Was sind die Gründe, weshalb man in der Öffentlichkeit wenig von Verwaltungsräten hört? Erstens gibt es sehr viele ausländische Führungskräfte in Verwaltungsräten und Geschäftsleitungen, was bei einer international ausgerichteten Wirtschaft wie der Schweiz auch sinnvoll ist. Das hat zweitens zur Folge, dass diese Leute im politischen Umfeld wenig verankert sind und sich kaum für die lokale Politik interessieren. Früher führte ein Bankdirektor noch die Kasse des örtlichen Fussballclubs. Diese Berührbarkeit durch die Bevölkerung hat leider abgenommen. Drittens ist der zeitliche Aufwand ein Problemfaktor, die auf Verwaltungsräten und CEOs ruhende Belastung ist enorm. Das macht es ihnen fast unmöglich, ein politisches Engagement zu übernehmen – insbesondere ein Amt in Bern anzutreten, für das man einen Drittel seiner Zeit aufwendet, ist schlicht unrealistisch. Und viertens, ganz einfach, kann man sich mit politischen Tätigkeiten nicht viele Rosen holen.

Das Engagement der Wirtschaftsführer und ihrer Firmen in der Öffentlichkeit ist auch von einem Zeitgeist geprägt. Das heisst, dass Firmen auch eine gewisse gesellschaftliche Verantwortung tragen und nicht nur von ihrem Gewinn getrieben werden sollten. Früher waren die Eigentümer eines Unternehmens, die Aktien hielten, meist private Anleger; es gab nur wenige grosse Investoren. Die Firma fühlte sich ausschliesslich den Eigentümern mit dem Ziel einer möglichst grossen Rendite verpflichtet. Das ist heute anders. Die grosse Mehrheit des Aktionariats besteht aus institutionellen Anlegern, welche via ihr Aktienpaket Einfluss auf die Firma nehmen und diese dazu anhalten, in verschiedensten Bereichen wie Umwelt, Kultur, Erziehung ihre gesellschaftliche Verantwortung wahrzunehmen. Zu diesem Thema habe ich in der NZZ vom 23.11.2018 unter dem Titel «Unternehmen sind keine Wohltätigkeitsvereine» einen interessanten Artikel gelesen. Es wird darin die berechtigte These aufgestellt, dass ohne einen direkten Konnex zum Kerngeschäft der geldgebenden Firma diese nicht Aufgaben übernehme solle, die eigentlich dem Staat zufallen müssten. Beispielsweise, wenn es um die Förderung von Jugendlichen, um Ausbildungsmöglichkeiten oder um den gesellschaftlichen Fortschritt geht. So könne dann plötzlich die Schaffung von gesellschaftlichen Werten über dem Streben nach Gewinn eines Unternehmens stehen. Erste Anzeichen sind vorhanden, vor allem durch Forderungen von linker Seite, dass Gewinnstreben verwerflich sei – eine bedauerliche Entwicklung.

Verwaltungsrätinnen äusserten sich dazu wie folgt:

Stammtischwahrnehmung
◆ Es sei etwas ganz Zentrales, dass die Wirtschaft in der Öffentlichkeit nicht nur durch ihre Geschäftsleitungen, sondern auch durch ihre Verwaltungsräte vertreten ein Gesicht zeigten, weil die Gefahr bestehe, sich in Vorurteilen, in einer Stammtischwahrnehmung oder auf der Stufe von elektronischen Leserbriefen in den Massenmedien zu verfangen. Zerrbilder dominierten. Die Politik fresse die Wirtschaft. Und die Wirtschaft fresse genauso an der Politik.

Chefsache
◆ Wenn es um das Unternehmen selbst gehe, dann sei die Kommunikation nach aussen Chefsache und nur durch eine Person, meist den CEO, wahrzunehmen. Falls sich erweise, dass dieser kein Kommunikationstalent sei, dann sollte der Verwaltungsratspräsident einspringen. Es dürften einfach nie zwei gleichzeitig reden, sonst gebe es ein Chaos.

Monokultur – Champagner
- Die Tuchfühlung mit der Öffentlichkeit sei schon deshalb wichtig, weil sonst die Wirtschaft beziehungsweise einzelne Branchen in einer Monokultur lebten. Das tue niemandem gut, weil man irgendwann diese verabsolutiere. Dies gelte für alle Berufsgruppen von den Theologen bis zu den Investmentbankern. Wenn sie sich nur unter sich bewegten und keinen Bezug zu anderen Berufs- und Gesellschaftskreisen mehr hätten, dann könnten sie durchaus irgendwann, etwas überspitzt formuliert, zur irrigen Überzeugung gelangen, dass der Durst nur mit Champagner gelöscht werden könne.

Mitarbeiterunterstützung für Politik
- Es gebe keine Zweifel, dass man die Wirtschaft und die Politik einander wieder näherbringen müsse. Es gebe auch Initiativen, mit denen Unternehmen Mitarbeiter explizit unterstützten, die in der Politik aktiv sein möchten. Schon aus Eigeninteresse sollte dies jede Firma machen.

Lobbying
- Ein glaubhaftes Lobbying in Bern sei zentral. Es gäbe viele Aussprachen mit Politikern, mit den zuständigen Bundesräten, mit dem Finanzdepartement, mit der Finma und durch ganz verschiedene Kanäle. Es sei jedoch immer ein Balanceakt, was man in der Öffentlichkeit kommuniziere; das Problem sei, dass das Lobbying in der Gesellschaft so negativ konnotiert sei. Es sei immer abzuwägen, ob eine voreilige öffentliche Information am Schluss nicht einen unschönen Anstrich bekommen könnte. Richtig politisch engagieren würde sich ihre Firma nicht, das Konfliktpotential sei nicht zuletzt bei den Kunden zu gross.

Instrumentalisierung der Frau
- Sie wäre einverstanden, sich in Podiumsgesprächen zu engagieren, wobei es auf das Thema ankäme. Nur wenn sie einen zusätzlichen Nutzen bringen könne, würde sie zusagen, und auch für sie müsse etwas zurückfliessen. Auf keinen Fall möchte sie instrumentalisiert werden und

schon gar nicht das Gefühl aufkommen lassen, es brauche unbedingt eine Frau auf dem Podium.

Zwei Ellen in der Öffentlichkeit
◆ Immer wieder erschienen in der Sonntagspresse Listen mit Frauen in Verwaltungsräten und mit unterschiedlichen Angaben zu deren Person. Das ärgere sie, dieses Schaufenster fände sie total kontraproduktiv. Als Frau möchte man nicht ständig öffentlich zur Schau gestellt werden. Sie empfinde es auch als eine Risikostrategie, denn wenn etwas schief gehe, falle sie auch gleich wieder auf. Die Frauen könnten sich im Gegensatz zu den Männern sowieso gar nichts leisten, es würde in der Öffentlichkeit mit zwei Ellen gemessen. Wenn es einem Unternehmen nicht gut gehe und dazu eine Frau als CEO amte, dann würde der Grund dafür mehr bei ihrem Geschlecht als beim Fachlichen gesucht.

Kein Stolz auf Arbeitgeber
◆ In der Schweizer Finanzwirtschaft sei es ein grosses Problem, dass fast niemand mehr hin stehe und auf seine Bank oder seine Versicherung als Arbeitgeber stolz sein möchte. Sie jedenfalls kenne fast niemanden mehr, der mit Stolz sage, er arbeite für eine Bank. Schon deshalb wäre es für das Image in der Schweiz und auch im Ausland sehr wichtig, dass sich die Verwaltungsräte und die Wirtschaft insgesamt mehr in der Öffentlichkeit zeigen würden.

Verwaltungsräte äusserten sich dazu wie folgt:

Dreieck
◆ Die Gesellschaftsordnung bestehe aus einem Dreieck zwischen den Regierungen und dem Parlament, den Firmen und der Gesellschaft als Ganzes. Dieses Dreieck müsse funktionieren, sonst funktioniere die Welt nicht. In der Finanzkrise 2008 habe es nicht funktioniert, und es funktioniere auch heute noch nicht, weil sich jeder Teil sehr opportunistisch benehme. Wenn einer auf den anderen einschlagen könne, dann schlage er zu. Vor allem das Denken der Politik sei sehr kurzfristig geworden. Die Politik könne auf jene, die sie wählten, nicht

draufhauen, und so schlüge sie eben auf die andere Seite, nämlich auf die Wirtschaft. Wegen dieser Gefahr habe ein Wirtschaftsführer auch die Pflicht, sich öffentlich zu äussern.

Schreiner in der Innerschweiz
◆ Es sei eine Kluft zwischen dem wirtschaftlichen Establishment und der Bevölkerung entstanden; dies münde dann in standortfeindlichen Vorlagen. Von der Wirtschaft sollte unbedingt mehr vermittelt werden, dass ein Schreiner in der Innerschweiz schlussendlich davon abhängig sei, ob ein Grosskonzern in der Schweiz erfolgreich arbeite oder nicht. Da gebe es schon einen Druck der Öffentlichkeit auf die Unternehmen und nicht zuletzt auch auf die Verwaltungsräte, sich vermehrt zu engagieren. Dieses Problems sei man sich in der Wirtschaft bewusst.

Ausländer – Spitzenposition – Sportclub
◆ Es sei schon so, dass immer mehr Leute aus anderen Ländern Spitzenpositionen in der Schweizer Wirtschaft einnähmen und Probleme hätten, sich mit dem Ort und der Politik zu identifizieren. Oft würden sie nicht einmal die Landessprache sprechen; er kenne beispielsweise einen IT-Spezialisten eines grossen Unternehmens, der seit vielen Jahren in der Schweiz wohne und kein Deutsch spreche. Solche Leute identifizierten sich meist nur mit der Firmenkultur, aber nicht mit der Kultur unseres Landes. Das fände er schlimm. Solche Expats würden früher oder später in der ganzen Welt weiterziehen. Sarkastisch gesagt, weshalb sollten sie sich also für den Sportclub im Dorf interessieren, wenn ein schickes Fitnesszentrum bei ihrem Arbeitsplatz gleich um die Ecke stehe?

Angst vor Medien
◆ Es gebe Verwaltungsräte, die meinen, sich bei jedem Thema in der Öffentlichkeit melden zu müssen, und andere sehr, sehr gute Verwaltungsräte, die einfach im Stillen arbeiteten. Viele Wirtschaftsleute möchten sich nicht öffentlich äussern, weil sie sonst je nachdem von den Medien auf eine derart massive Art und Weise zerpflückt wür-

den, dass sie sich dies nicht antun möchten. Er denke an die Panama Papers, wo sich die Medien zu Gehilfen eines Dokumentendiebstahls machten. Viele Leute hätten dort ein ganz legal versteuertes Konto und seien trotzdem von den Zeitungen in den Dreck gezogen und vorverurteilt worden – auch ein Grund, weshalb man sich lieber nicht öffentlich äussere. Er selber sei in politischen Gremien in Bern aktiv gewesen. Das sei furchtbar gewesen! Heute hätte es einfach zu viele Politiker, die jährlich 150 000 Franken ohne jeglichen Anreiz verdienten. Man sei bei einem Profiparlament angelangt, wo jeder noch möglichst viele Extrasitzungen abhalten möchte, weil zusätzliche 300 Franken an Sitzungsgeld winken, auch wenn die Sitzung gar nicht nötig wäre.

Gemeinderat – Freiwilligkeit – Bescheidenheit
- Schon von seiner Erziehung her fühle er sich dem Gemeinwesen verpflichtet und sei deshalb Mitglied des Gemeinderates. Das sei seine Art, der Gesellschaft etwas zurückzugeben, weil es ihm so gut gehe. Der Aufwand sei zeitlich machbar, nur so könne er als Selbständigerwerbender sich diese Tätigkeit überhaupt leisten. Abgesehen davon sehe er gerne, was mit dem Geld der Steuerzahler passiere. Die Bildung und das Soziale seien etwas altbacken bei den Damen und der Bau und die Sicherheit bei den Männern angesiedelt – das Emotionale und die Sozialkompetenz sei nun mal bei Frauen vorherrschender als bei Männern. Er fände es gut, wenn Frauen ihre Stärken einbringen und nicht wie ein Mann sein wollten, das wäre völlig verkehrt. Er lebe auf dem Land, und dort gebe es den sozialen materiellen Druck nicht. Somit komme auch das freiwillige soziale Engagement nicht unter Druck, weil man nicht das materielle Momentum in den Vordergrund stelle. All das setze aber auch eine gewisse Bescheidenheit voraus.

Vorkauen – kein persönliches Engagement
- Es gebe CEOs, die sich öffentlich äussern, dann hätten sie jedoch meist einen Stab, der alles für sie organisiere und vorbereite. Gegen diese Art von Bekenntnissen, bei denen ein CEO einfach weitergäbe, was ihm vorgekaut wurde, habe er aber grosse Vorbehalte, das sei für ihn kein persönliches Engagement. Bei der Nominierung von Verwal-

tungsräten schaue er darauf, ob sie irgendwie im öffentlichen Sektor tätig seien, obwohl ihm dies meist Kritik seitens der Investoren einbringe. Das müsse er dann halt verkraften.

Komisches Konstrukt – Chaos
- ◆ Die Wirtschaft im herkömmlichen Verständnis gebe es gar nicht, sie sei ein komisches Konstrukt. Auch die Arbeitnehmervertreter seien ja Teil der Wirtschaft – wer ist die Wirtschaft also? Die Wirtschaft sei ein gesellschaftliches Thema. Wenn man das Gefühl habe, man sollte dafür Verantwortung übernehmen und seinen Beitrag dazu liefern, dass die Diskussionen über gesellschaftliche Themen im Land verbessert würden, dann sollte man auch daran teilnehmen. Und, ganz ehrlich, wenn man bei Betrachtung der Verwaltungsräte in der Schweiz jetzt alle bitten würde, etwas zu diesem gesellschaftlichen Thema zu sagen, ergäbe das ein Chaos und eine Katastrophe.

Podiumsdiskussion – Illusion
- ◆ Es sei illusorisch, dass ein Verwaltungsrat beispielsweise an Podiumsdiskussionen teilnehme. Ein durchschnittlicher Verwaltungsrat wisse zu wenig über das Unternehmen, über das Umfeld und die Regulationen. Die Wahrscheinlichkeit, dass eine solche Teilnahme kontraproduktiv sei, betrachte er als hoch. Also Hände weg von solchen Meinungsäusserungen, bei denen irgendjemand meine, er müsse auch noch etwas sagen. Das sei in den Unternehmen im Übrigen sehr verpönt respektive gar nicht toleriert.

B. Auswahlkriterien für VR-Mitglieder

Frage: *Was sind Argumente, Voraussetzungen und Gründe, jemanden – vielleicht eine Frau, als Verwaltungsrat zu wählen?*

1. Diversität

Ein Hauptargument für eine Berufung in einen Verwaltungsrat ist der Diversitätsgedanke. Ein spezielles Fachwissen und Erfahrung in leitender Funktion sind dabei unabdingbare Voraussetzungen. Durch die Diversität sollen noch fehlende Kompetenzen in einem Verwaltungsrat besetzt werden. Dafür ist ein klares Anforderungsprofil nötig – was braucht man zusätzlich? Einen Biologen, Mediziner, Juristen oder Architekten? Und wie oft braucht man überhaupt dieses Fachwissen? Es wird auch immer wieder darauf hingewiesen, dass allgemeine Lebenserfahrung und die Fähigkeit, ein guter Teamplayer zu sein, wichtig seien. Die möglichen unterschiedlichen Persönlichkeitsstrukturen sollten breit abgebildet sein. Jemand kann ein Gespür haben für Zwischentöne, wo hingegen ein anderer eher ein Draufgänger ist. Es braucht den Skeptiker, der bremst und vorsichtig ist, und jemanden, der gerne Risiko fährt. Nicht zu vergessen ist auch das Aktionariat, welches einen Verwaltungsrat als Gremium prägt. Vor allem grosse institutionelle Anleger möchten ein Wort mitreden und im Verwaltungsrat vertreten sein. Wie auch immer: Die Anforderungen für Frauen wie für Männer sind stets dieselben.

Ein Verwaltungsrat muss mit fähigen Leuten ausgestattet sein. Vor allem aber müssen sie so viel Fachwissen einbringen können, dass ein CEO nicht in Alleinherrschaft hinter ihrem Rücken wirken kann. Das ist nur möglich, wenn genügend Kompetenz im Verwaltungsrat vorhanden und damit die Kontrolle gewährleistet ist. Es gibt Beispiele, wo das nicht der Fall war – mit verheerenden Folgen.

Weil es immer noch weniger Frauen in Führungspositionen in der Wirtschaft gibt, überwiegt das Angebot an Männern als potentielle Kandidaten.

Das wird sich in den nächsten Jahren ändern, denn es sind heute schon über 50 Prozent Frauen, die einen hervorragenden Universitätsabschluss erwerben. Es ist eine Frage der Zeit, bis der Pool von Frauen in leitenden Positionen so gross ist, dass es kein Problem mehr darstellt, genügend Kandidatinnen für Verwaltungsratsmandate zu finden. Abgesehen davon spricht es sich schnell herum, wenn eine Frau gut ist.

Es heisst immer wieder, es brauche zugunsten der Diversität mehr Frauen in den Verwaltungsräten. Dieses Argument ist meines Erachtens nicht fertig gedacht. Es verfängt nur dann, wenn tatsächlich ein Unterschied zwischen den Geschlechtern besteht und die Frauen, weil sie eben Frauen sind, eine Andersartigkeit in den Verwaltungsrat einbringen, die vorher darin noch nicht vorhanden war. Es gibt Studien, die besagen, dass dort, wo es mehr Frauen in einem Verwaltungsrat und in der Geschäftsleitung hat, der Gewinn und die Aktienkurse steigen. Die logische Interpretation dieser Studie ist meines Erachtens, dass die Frauen etwas eingebracht haben, was vorher in diesen Gremien nicht existierte. Denn nur dann kann der Erfolg der Firma mit der Argumentation der hohen Anzahl von Frauen begründet werden. Ansonsten liegt es einfach an guten Geschäftsleitungsmitgliedern und Verwaltungsräten, und der Zufall wollte es, dass es zum Moment der Studie dort mehr Frauen hatte. Den Erfolg des Unternehmens der Präsenz von mehr Frauen zuzuschreiben würde dann hinfällig und die Interpretation der Studie zumindest fragwürdig, oder salopp ausgedrückt akrobatisch. Wahrscheinlich sind nämlich die Inputs von Frauen genau so unterschiedlich wie diejenigen von Männern. Ich werde im zweiten Teil des Buches auf ein paar tendenziell spezifische Unterschiede zwischen Frauen und Männern detaillierter eingehen.

Um das Argument, es gäbe nicht genügend qualifizierte Frauen für einen Verwaltungsrat, zu entkräften, tut die Wirtschaft freiwillig einiges. Beispielsweise hat der Arbeitgeberverband unter den Verwaltungsratspräsidenten von 150 börsenkotierten Firmen in der Schweiz eine Befragung gemacht. Eine Kernaussage, die von vielen grossen Firmen zurückkam war, dass das Thema Frauen im Verwaltungsrat keines mehr und alles gelöst sei. Für die kleineren Firmen ist es indessen teilweise immer noch schwierig. Der Arbeitgeberverband hat im Jahre 2014 eine Liste mit 400 Frauen veröffentlicht, die entweder schon in Verwaltungsräten sitzen oder das Potential hätten, in einen solchen von Firmen mit einem Umsatz von 100 Mio. Franken oder 400 Mitarbeitern gewählt zu werden. Problematisch scheint mir eine solche Liste, weil nicht genau erkennbar ist, nach welchen Kriterien diese Frauen ausgewählt wurden und weshalb andere fähige Frauen es nicht darauf geschafft haben.

Christine Lagarde, die damalige Chefin des IWF, kann die Äusserungen der Männer nicht mehr hören, dass sie gerne eine Frau im Verwaltungsrat hätten, ihnen aber einfach keine geeignete Dame bekannt sei. Davon hat sie genug. Sie hat selber eine Liste mit bestens qualifizierten Frauen erstellt und trägt diese stets in ihrer Handtasche mit. Wenn ein Mann ihr erzählt, dass er keine fachkundige Frau finde, dann zückt sie sofort *die* Liste. Es ist bestimmt kein Zufall, dass seit anfangs 2019 beim IWF, seit Herbst 2018 bei der Weltbank und seit Sommer 2018 bei der OECD alle drei Chefökonomenposten mit Frauen besetzt sind. Und vor Kurzem hat eine Kanadierin in den USA die nach dem Nobelpreis wichtigste Auszeichnung der Ökonomen gewonnen, die John Bates Clark Medal der American Economic Association.

Es gibt auch Verwaltungsräte, die in ihrer Ansicht gespalten sind. Einerseits kann man die eine Hälfte der Bevölkerung, die Frauen, nicht einfach links liegen lassen, und andererseits bestehen unverzichtbare Anforderungen für ein solches Mandat, die jede Frau und jeder Mann erfüllen muss. Das Attribut Frau reicht nicht. Die Männer realisieren auch, dass die Frauen durch ihren Erfahrungshorizont und ihre Andersartigkeit tatsächlich etwas anderes an den Tisch bringen. Es geht ihnen zwar um die Frau, aber dann doch wieder darum, die Besten, egal ob Frau oder Mann, im Verwaltungsrat zu haben. Die Diversität darf einfach nicht auf Frauen reduziert werden. Das ist gefährlich und kontraproduktiv!

Der allgegenwärtige Druck, eine Frau in einen Verwaltungsrat zu wählen, ist enorm, ganz besonders für börsenkotierte Firmen. Die privaten Unternehmen spüren diesen Druck weniger. Die Erkenntnis bei den männlichen Verwaltungsräten, dass sie nicht länger nur unter sich bleiben sollten, wächst stetig. Abgesehen davon hilft es der Reputation jedes Unternehmens, Frauen im Verwaltungsrat und in der Geschäftsleitung zu haben. Aber einen Verwaltungsratsposten neu zu besetzen braucht Zeit, und es fordert manchmal einem Verwaltungsratspräsidenten sogar breite Schultern ab, damit er dem Druck widerstehen kann, bis er die richtige Frau gefunden hat. Wenn beispielsweise eine technisch versierte Asiatin in einem Verwaltungsrat optimal wäre, wird man sie wohl nicht sofort finden – das kann sogar Jahre dauern. Heute ist es aber durchaus so, da sind sich alle Gesprächsteilnehmer einig, dass wenn eine Frau und ein Mann die gewünschten Auswahlkriterien erfüllen, die Frau eindeutig die grösseren Chancen hat, das Mandat zu bekommen.

In der Befragung machte ein Verwaltungsrat den Vergleich mit einem gemischten Forschungsteam und äusserte diesbezüglich eine interessante Beobachtung, die ich Ihnen nicht vorenthalten möchte. In seiner Wahrnehmung sind nämlich rein männlich besetzte Forschungsteams deutlich weniger effizient als gemischte; im Verwaltungsrat nimmt er diesen Unterschied indessen nicht wahr. Er erklärt sich das so, dass es im Bereich eines Verwaltungsrates immer noch Dritte gibt, nämlich die Geschäftsleitung, mit der man sich auseinandersetzen muss. Ein Forschungsteam kennt keine solche Aufgabe.

Dafür besteht bei Wissenschaftsgruppen die Gefahr, dass der Aspekt «recht haben» im Raume steht und zum Hauptthema wird. Man muss recht haben, man muss es richtig machen; da spielt auch die frühkindliche Erziehung mit hinein. Damit ist die Vorstellung jedes einzelnen von richtig und falsch aus seiner eigenen Rolle heraus und auch die eigene Definition, wer man ist, gemeint. In einem Forschungsteam möchte man mit seiner Argumentation gewinnen und die Wahrheit suchen. Der besagte Verwaltungsrat brachte hierzu ein Beispiel, wo man das Gefühl gehabt hatte, auf dem richtigen Weg zu sein: Im Jahr 2006 ging es in Diskussionen um die Frage, ob die USA im Jahre 2007 in eine Rezession fallen würden. Eine Prognose war schwierig und mit Unsicherheiten behaftet, auch wenn man ungefähr die Prognosefehler kennt – wer kann schon in die Zukunft sehen? Trotzdem gab es Leute, die mit Beharrlichkeit eine Meinung vertraten, die rational und zahlentechnisch gar nicht begründbar war. Seine Erfahrung sei, sagte der Verwaltungsrat, dass wenn man in solchen Fällen in einem Forschungsteam einen gesunden Anteil von Frauen habe, dann habe das irgendwie dämpfende Wirkung. Denn sonst habe es in solchen Prognosen etwas allzu Männliches drin, und Männer möchten Leithammel sein. Der Verwaltungsrat gab zu, dass er nicht recht wisse, wie er es ausdrücken solle. Ich glaube, wir alle verstehen aber, was er meinte!

Weiter gab er zu bedenken, dass die Männer domestiziert würden; sie könnten ihren Trieb, dominieren zu wollen, nicht mehr richtig ausleben. In gemischten Teams werde der Mann vernünftiger, im Sinne davon, dass er sich nicht einen Blödsinn erlauben oder etwas Dummes erzählen könne. Da schwinge, wenn man sich nichts vormachen wolle, bestimmt eine sexuelle

Komponente mit. Ein Mann möchte neben einer Frau schlicht nicht dumm erscheinen. Die Hauptwahrnehmung des Verwaltungsrates war, dass in Anwesenheit von Frauen der ganze Diskurs zielgerichteter und vernünftiger werde. Die Argumente würden ausgewogener gewürdigt; man komme schneller zum Ziel, und die Diskussion verlaufe sich einfach nicht so schnell. Das sei seine Erfahrung.

Verwaltungsrätinnen äusserten sich dazu wie folgt:

Qualifikation – Erneuerung
◆ Für ein Verwaltungsratsmandat muss die Qualifikation an erster Stelle stehen. Zudem sollte sich ein Verwaltungsrat alle fünf bis zehn Jahre erneuern. Das gelte übrigens auch für den Bundesrat.

Filz
◆ Wenn ein Verwaltungsrat nach objektiven Kriterien und nicht im Filz ausgewählt würde, dann gäbe es automatisch mehr weibliche Mitglieder. Die Kultur müsse geändert und die Leute nach Fähigkeiten ausgesucht werden.

Unabdingbare Kompetenzen
◆ Die Diversität in einem Verwaltungsrat sei sehr wichtig. Aber es gebe Kompetenzen im Finanz- und Personalbereich, die einfach unabdingbar seien. Diese Profile müssten immer vertreten sein, und der Rest sei auf das Unternehmen massgeschneidert zu suchen. Der Druck sei da, eine Frau zu wählen. Aber es dürfe nicht irgendeine Frau sein, sondern auch sie müsse ins Team passen.

Männernetzwerk
◆ Es sei halt immer noch so, dass circa 90 Prozent der Verwaltungsräte aus einem Männernetzwerk stammen; meistens seien es altgediente Persönlichkeiten mit sehr viel Erfahrung. Gerechterweise müsse auch gesagt werden, dass die Männer in ihren Verwaltungsräten Frauen suchten, aber da böten sich vorwiegend zwei Probleme. Erstens fehlten einfach Frauen in den Führungsetagen, die geeignet für einen Sprung

in den Verwaltungsrat wären. Und zweitens überlegten es sich diejenigen Frauen, die den Rucksack hätten, zwei Mal, ob sie wirklich in einem grossen börsenkotierten Unternehmen in den Verwaltungsrat möchten. Sie fragten sich, ob sich der Zeitaufwand lohne, denn solche Mandate seien mit vielen Reisen und Abwesenheiten von Zuhause verbunden. Einer Frau mit Familie falle ein solcher Entscheid besonders schwer.

Finanzielle Unabhängigkeit
- Sie möchte nicht einfach einen Verwaltungsrat absitzen, sondern ihren Beitrag leisten. Sie bleibe, solange sie etwas einbringen, bewirken und dabei sich selber sein könne. Sie sei nicht auf das Geld angewiesen und deshalb unabhängig.

Teamfähigkeit
- Entscheidend sei, dass es in einem Verwaltungsrat eine Vielzahl von Persönlichkeiten mit unterschiedlichen komplementären Fähigkeiten habe. Das Wechselseitige müsse nicht zwingend auf die Frauen und Männer bezogen sein. Wichtig sei vielmehr die Fähigkeit, in einem Team gut zusammenarbeiten zu können, hart zu sein in der Sache, aber nie gegen eine Person gerichtet.

Weibliche Angestellte und Kundinnen
- Die Diversität in einem Verwaltungsrat sei etwas Grundsätzliches. Für ein Gremium sei es einfach wichtig, dass verschiedene Hintergründe Einfluss hätten, Naturwissenschaftler, Techniker, Ingenieure, Ökonomen, Geisteswissenschaftler, Junge, Ältere, Unternehmer und natürlich auch die unterschiedlichen Geschlechter. Die Vorteile der Diversität seien hinreichend bekannt. Bei einem Unternehmen, das mehr Frauen als Männer beschäftige und mehr Kundinnen als Kunden habe, sei dies ein triftiger Grund, dass dementsprechend Frauen im Verwaltungsrat seien.

Objektiver Geschlechterunterschied
- Sie sei schon immer eine Verfechterin von gemischten Teams gewesen. Die Unterscheidung von Frau und Mann sei für sie einfach das Offensichtlichste. Die Diversität sei in jedem Sinne zu eng gefasst, wenn man es nicht einmal schaffe, die objektive Unterscheidung von Frau und Mann miteinzubeziehen – wo sonst sollte man denn anfangen?

Politischer Druck
- Alle ihre männlichen Kollegen hätten gerne mehr qualifizierte Frauen. Sie habe noch nie gehört, dass politischer Druck im Spiel sei. Auch weil viele Investoren und Angestellte weiblich seien – in Asien seien es über 50 Prozent Frauen –, hätten einfach alle erkannt, dass sie vertreten sein möchten.

Verwaltungsräte äusserten sich dazu wie folgt:

Was zeigt man und was nicht
- In grossen, global engagierten Unternehmen habe er schon x-mal beobachtet, dass es für Frauen schwirig sei, die nicht aus der Wirtschaftsumgebung kämen, dort nie in irgendeiner Form operativ tätig gewesen seien und dadurch nicht wüssten, wie ein globales Unternehmen ticke, sich in einem solchen Verwaltungsrat zurecht zu finden. Sie verstünden nicht, was präsentiert würde, sie könnten nicht zwischen den Zeilen lesen, weil sie einfach nicht mit der beruflichen Umgebung vertraut seien. Nicht nur die Frauen, auch die Männer müssten doch wissen, was vor einer Verwaltungsratssitzung ablaufe und wie diese vom Management vorbereitet würde. Denn gerade im Management liefen die Diskussionen heiss, und man überlege sich, was man dem Verwaltungsrat zeige und was nicht. Letzteres nicht aus bösem Willen, sondern weil man sich darauf fokussiere, was die Rolle des Verwaltungsrates sei und was dieser wissen müsse.

Aktiver CEO und CFO

- Die Diversität gehe so weit, dass man einen aktiven CEO und aktiven CFO im Verwaltungsrat haben möchte. Der CFO müsse zusätzlich auch ein Unternehmen geleitet haben.

Stufe zwei oder drei

- Unerlässlich sei die Erfahrung mit Gremien, noch bevor man in einen Verwaltungsrat gewählt würde. Wenn eine Frau nur auf Stufe zwei oder drei gearbeitet habe, fehle diese Erfahrung. Er sage klar nein, wenn eine Frau die fachliche und berufliche Erfahrung aus guten Gründen nicht machen konnte und sie versuche, diese im Rahmen eines Verwaltungsratsmandats nachzuholen.

Zehn Mitarbeiter

- Eine Frau, die irgendwo auf einer Bank gearbeitet und dort eine IT-Abteilung mit zehn Mitarbeitern geleitet habe, sich selbstständig mache und dann glaube, sie sei für ein Verwaltungsratsmandat geeignet, realisiere nicht, dass diese Leistung und Erfahrung dafür einfach nicht genügen. Das reiche aber natürlich auch für einen Mann nicht.

Besser sein – branchenfremd

- Die Diversität sei auch deshalb bedeutsam, weil wenn man beispielsweise in einem Verwaltungsrat einer Bank nur Banker sitzen habe, diese zwar viel Sachverstand hätten, sich dann aber höchstwahrscheinlich alle untereinander bekämpfen würden, weil jeder besser als der andere zu wissen glaube, was richtig sei. Bei solch einem Verwaltungsrat möchte er kein CEO sein, weil ihm jeder dreinreden würde. Deshalb sei es wesentlich, branchenfremde Leute mit anderen Betrachtungsweisen und ohne Scheuklappen in einen Verwaltungsrat zu wählen.

Chance für Frauen

- Heute schaue jeder mit Sicherheit, ob und wie das weibliche Geschlecht in einem Verwaltungsrat vertreten sei. Frauen mit dem richtigen Profil hätten also unendliche Chancen. Aber klar sei, dass es nicht genüge, einfach Frau zu sein.

Bindung als Faktor
◆ Er sehe die Diversität nicht nur auf die Geschlechter bezogen, es könnten auch Leute aus einem anderen Bildungsumfeld sein. Eine Bindung müsse aber da sein, und da sehe er Schwierigkeiten, etwa wenn es einen Verwaltungsrat aus China, einen aus den USA, einen aus Deutschland und einen aus der Schweiz gebe. So bringe man nie eine Bindung zustande. Es dürften nicht einfach Individuen sein, die ausser sich für eine Sitzung zu treffen miteinander nichts zu tun hätten. Man sollte einen «overlap» haben. Das sei die Kunst bei der Zusammenstellung eines Verwaltungsrates: man müsse etwas Minimes miteinander teilen. Die Sprache sei dabei auch ein wichtiger Faktor. Er habe sich bewusst entschieden, Leute auszusuchen, die Deutsch sprechen. Man könne in der Muttersprache einfach besser miteinander reden, weil so keine Feinheiten wegen der Sprache verloren gingen. So spüre man auch relativ schnell, wenn etwas nicht rund laufe.

Faulheit im Männerklub
◆ Er sehe die mögliche Tendenz, dass ein Männerklub mit der Zeit untereinander nicht mehr so kritisch sei. Eventuell würden die Mitglieder solcher Gremien mit der Zeit auch etwas faul. Man sei schon fast wie Komplizen, und es sei gut möglich, dass das Komplizenhafte verschwinde, wenn Frauen dabei seien und die Gruppe besser funktioniere.

2. Unabhängigkeit und eine andere Perspektive

Noch bis vor nicht allzu langer Zeit hat man sich gegenseitig im Verwaltungsrat gekannt, sei es aus der gemeinsamen Schulzeit, dem Militär, den Vereinen und Clubs. Man ist vorsichtig miteinander umgegangen, wollte sich nicht auf die Füsse treten, denn entweder sitzt man noch zusammen in anderen Verwaltungsräten, oder man hofft, eventuell für ein weiteres Mandat angefragt zu werden. Das Ganze nennt sich Filz, und selbiger ist überwiegend männlich geprägt; die Männer schützen sich gegenseitig. Heute jedoch sind nicht Beziehungen gesucht, sondern Qualifikationen. Und genau da haben die Frauen einen grossen Vorteil. Sie sind freier und auch finanziell unabhängiger und gehören nicht zu einem männlichen Verwaltungsratsnetzwerk. Vielleicht ändert sich das, wenn in ein paar Jahren auch Frauen mehrere Mandate innehaben. Das wird sich weisen.

Die Unabhängigkeit eines Mitglieds eines solchen Gremiums wird oft auch daran gemessen, ob jemand ein *interner* oder *externer* Verwaltungsrat ist. Bei den *internen* Verwaltungsräten handelt es sich meist um Leute, die im Betrieb schon in leitender Funktion gearbeitet haben und in den Verwaltungsrat aufgestiegen sind, oder die bei Tochtergesellschaften die Holding vertreten. Die *externen* Verwaltungsräte hingegen sind nicht direkt mit der Firma verbandelt. Beide Arten haben Vor- und Nachteile. Einem internen Verwaltungsrat kann betreffend Geschäftszahlen und betriebsinternen Abläufen nichts vorgemacht werden. Er hat internes Knowhow, interne persönliche Beziehungen und kann jederzeit direkt im Betrieb nachfragen. Sein Nachteil ist, dass er als befangen oder im Extremfall als «blind» gelten könnte. Der Vorteil eines externen Verwaltungsrates ist, dass er eine unvoreingenommene Sicht der Dinge hat und unabhängiger ist. Das Fehlen eines direkten Zugangs zum Unternehmen ist nicht negativ. Unter den Frauen sind die meisten als externe Verwaltungsräte aktiv. Sie nehmen dies ausschliesslich positiv wahr, weil gerade diese Tatsache ihre Unabhängigkeit stärkt. Auf jeden Fall ist das Zusammenspiel zwischen internen und externen Verwaltungsräten sehr wichtig.

Nebst der Unabhängigkeit der Frauen empfinden die einen Gesprächspartner, dass die Frauen ganz klar eine andere Perspektive und Komponente einbringen, während andere das überhaupt nicht so sehen. Eine Frau auszuwählen, nur, weil sie einen anderen Denkansatz mitbringt, das haben die meisten Verwaltungsräte noch nie gesehen oder erlebt. Und trotzdem sind sich viele von ihnen einig, dass die Frauen schon ein bisschen anders denken als die Männer; sie können es aber schwer artikulieren oder präzisieren. Die Frauen sind meistens weniger berechnend und unabhängiger. Es kann, muss aber nicht sein, dass sie mehr Wert auf die menschlichen Aspekte legen als ihre männlichen Kollegen, woraus aber nicht geschlossen werden darf, dass Frauen stets für das Soziale und die Empathie und die Männer für das Geschäft verantwortlich sein sollen. Frauen sind zudem sensibler für das Ästhetische, was vom PR bis zum Marketing nutzbringend sein kann. Das wurde mir öfters gesagt und kann ein zusätzlicher Grund sein, eine Frau in den Verwaltungsrat zu wählen. Beispielsweise können Frauen eher pragmatisch ein Produkt von seinem verstaubten Image befreien, kreativ mit Farben und Formen umgehen und so die restlichen Verwaltungsräte auf Ideen bringen, auf die sie vorher gar nicht gekommen wären. Wichtig ist indessen, dass sich auch Frauen durchsetzen und ihre Meinung sagen können.

Andere Sichtweisen im Verwaltungsrat zu haben, sollten eine Voraussetzung sein, wenn es um Fragen zu Ertrag, Kosten und Risiko geht. Diese unterschiedlichen Perspektiven sind selbstverständlich nicht Geschlechter gebunden, aber bestimmt eine Bedingung für ein erfolgreich funktionierendes Team

Verwaltungsrätinnen äusserten sich dazu wie folgt:

Problem Externer

◆ Aus eigener Erfahrung wisse sie, was das Problem eines externen Verwaltungsrates sei: Er müsse sich den Kontakt innerhalb der Firma erst einmal erschaffen, dieser sei nicht naturgemäss gegeben. Zusätzlich könnte das Vorhaben eines externen Verwaltungsrates, eine aktive Beziehungspflege im Betrieb aufzubauen, vom Verwaltungsratspräsidenten und vom CEO als Misstrauensvotum verstanden werden. Ein interner Verwaltungsrat habe immer den Vorteil, dass er unauffällig zu seinen Kollegen gehen und darum bitten könne, dass ihm etwas erklärt werde.

Pro und kontra Externer

◆ Es ergebe sich der klassische Kompromiss zwischen den internen und externen Verwaltungsräten. Die Externen seien deshalb wichtig, weil es mit ihnen keine Vetterliwirtschaft und keine Verbandelungen gebe; sie seien neutral und objektiv. Dies sei richtig. Aber sie verfügten natürlich über viel weniger Informationen als die internen Verwaltungsräte. Die externen Verwaltungsräte hätten ganz wenige Kanäle in das Unternehmen hinein, und es bestehe eine Informationsasymmetrie. Aber das seien die beiden bekannten Probleme im Verwaltungsrat.

Vorteil einzige Frau
◆ Sie nehme aus ihrer Unabhängigkeit und Meinungsfreiheit heraus oft eine andere Perspektive ein. Sie sehe es als Vorteil, die einzige Frau im Verwaltungsrat zu sein. Das gehe auch soweit, dass sie sich frei entscheiden könne, mit ihren männlichen Kollegen noch ein Bier trinken zu gehen, sie müsse es aber nicht. Nicht zu den «Kumpels» zu gehören sei für sie nie ein Nachteil gewesen – sie geniesse ihre Unabhängigkeit.

Heikle Sachen
◆ Weil sie eben zur Sache eine viel grössere Distanz habe, sehe sie sich als externes Mitglied im Vorteil. Sie bringe von aussen eine andere Perspektive ein und getraue sich auch, etwas Unangenehmes anzusprechen. Abgesehen davon glaube sie, dass heikle Sachen zu benennen sowieso für eine Frau einfacher sei als für einen Mann. Auf die Frage nach dem Grund sagte sie unverblümt: «Weil wir es mit Charme machen!»

Verwaltungsräte äusserten sich dazu wie folgt:

Zu viele Interne
◆ Er sei der festen Überzeugung, dass nie die Mehrheit der Verwaltungsräte von intern kommen, sprich ehemalige Firmenleute sein dürften; das wäre nicht gut. Der Verwaltungsrat habe ja schon per Gesetz eine Oberaufsicht, und diese geriete durch zu viele Interne aus dem Gleichgewicht.

Interne und Externe
◆ Als externer Verwaltungsrat urteile er aus einer Aussenperspektive und könne ganz andere Optionen in die Diskussion einbringen. Seine Anregungen müssten natürlich mit Innenleben gefüllt werden, und dafür seien dann die internen Verwaltungsräte und die langjährigen Mitglieder zuständig, weil sie ja die Firma in- und auswendig kennen.

3. Gesprächskultur

Die männlichen Verwaltungsräte sind sich einig und haben es auch immer wieder selber erlebt, dass sich die Gesprächskultur in einem Verwaltungsrat ändert, sobald Frauen mit dabei sind, und zwar zum Positiven. Das Gesprächsklima ist nicht mehr rau und aggressiv, man greift sich nicht mehr so stark an und wird auch weniger persönlich. Die Männer unter sich zeigen oft ein Konkurrenzverhalten; es geht knallhart hin und her. Da wird schon einmal etwas klar gesagt: «Du hast nicht verstanden, wie das Geschäft funktioniert.»

Im Beisein von Frauen wird der Umgangston der Männer eindeutig anständiger, höflicher und rücksichtsvoller, das Verhalten ist respektvoll und die Atmosphäre anders, ja definitiv besser. Natürlich sind die Diskussionen mit Frauen durchaus auch intensiv, aber nicht aggressiv; im Gegenzug werden die Entscheidungsmöglichkeiten grösser. In einer Diskussion spielen dank den Frauen andere Komponenten eine Rolle und ein breiteres Feld wird abgesteckt. Ob sich eine Frau in einem Verwaltungsrat wohlfühlt, hängt stark vom Zusammenhalt des Gremiums ab. Je besser dieser ist, desto angenehmer ist es für die Frau.

Aber weshalb beweisen die Männer mehr Anstand, wenn Frauen zugegen sind? «Ganz einfach», sagte ein Verwaltungsrat: «Weil die Männer so erzogen worden sind. Es geht gesitteter zu und her.»

4. Grösse und Zusammensetzung eines Verwaltungsrates

Der typische Verwaltungsrat in der Schweiz besteht immer noch zu circa 80 Prozent aus Männern. Der Frauenanteil ist jedoch stetig am Steigen. Der Anteil von neuen Frauen im Verwaltungsrat ist von 28 Prozent (2017) auf 37 Prozent (2018) gestiegen. (Handelszeitung Management, 10.7.2018, Stefan Mair).

Die Grösse eines Verwaltungsrates spielt in verschiedener Hinsicht eine Rolle. Je grösser er ist, desto weniger nimmt der Einzelne seine Verantwortung wahr; es ist so einfacher, die Verantwortung auf das Plenum abzuschieben. In einem kleineren Verwaltungsrat kommt der Einzelne mehr zum Tragen; man ist interaktiver und entscheidungsfreudiger.

Eine optimale Zusammensetzung von grossen Verwaltungsräten erweist sich als schwieriger, wenn nicht fast unmöglich. Zu oft sind verschiedene Mandatsträger untereinander wegen ihres Einsitzes in anderen Verwaltungsräten verflochten; die Gefahr eines Filzes besteht. Ein grosser Verwaltungsrat ist nicht per se schlecht, aber das Risiko, dass es zu Selbstherrlichkeiten und Selbstgefälligkeiten kommt, ist vorhanden. Man möchte einander nicht auf die Füsse treten, und das Risiko des gegenseitigen Abnickens ist nicht auszuschliessen.

Damit es zu einer ausgewogenen Vertretung der Frauen in einem Verwaltungsrat kommt, sollten mindestens drei Frauen vorhanden sein. Damit stechen sie nicht mehr automatisch aus dem Gremium heraus. Bei zwei Frauen steht immer ein unausgesprochenes Bonding im Sinne von «wir zwei Frauen sollten zusammenspannen und ein Team sein» im Raum. Mit drei Frauen fällt dieser Druck automatisch weg.

In der Schweiz haben wir das Problem, dass wir ein kleines Land mit überdurchschnittlich vielen grossen Unternehmen und wenig Leuten sind, die sich für Verwaltungsräte in börsenkotierten grossen Firmen im Prinzip eignen. In einem grösseren Land gibt es schlicht eine grössere Anzahl von fähigen Leuten; aber dieses Problem hat jedes kleine Land. Es ist auch der Grund, weshalb es heute immer mehr ausländische Verwaltungsräte gibt.

Abgesehen davon ist der Markt der Verwaltungsratsmandate auf eine Männerlaufbahn fokussiert. Mit der geforderten Führungserfahrung auf der ganzen Welt ist das viele Reisen verbunden, was für eine Frau mit Familie sehr schwierig ist und noch schwieriger wird, wenn der Ehemann dieselben Karrierepläne hat. Es ist fast schon unmöglich, wenn nicht der eine oder andere zuhause arbeitet.

Verwaltungsrätinnen äusserten sich dazu wie folgt:

Vorteil mehr Frauen
- ◆ Wenn ein Verwaltungsrat sehr intim sei, dann sei jede Frau, die zusätzlich hineingewählt werde, ein Support und sehr willkommen. Man sei nicht mehr die einzige Frau, die eine Frage stelle, man sei zu zweit und könne auch mehr bewirken, was als alleinige Frau manchmal schwierig sei. Diese Machtdemonstrationen der Männer seien schon auffällig.

Machtspiele
- Sie sei oft dagesessen und habe sich gesagt, sie müsse jetzt einfach anständig sein und zuhören. So habe sie aber auch nichts bewirken können, und ob anwesend oder nicht spielte dann keine Rolle. Sie habe viel gelernt, und heute passiere ihr das nicht mehr, schon, weil sie jetzt älter sei, mehr Erfahrung und eine andere Glaubwürdigkeit habe. Heute blicke sie durch diese Machtspiele, die politischen Dimensionen und die jeweiligen Eigeninteressen. Früher habe sie sich gar nicht vorstellen können, dass im Verwaltungsrat jemand sitze, der nicht zuerst für das Beste zugunsten der Firma und der Mitarbeiter schaue, sondern zuerst an sich selber, an seinen Machterhalt und an ein nächstes Verwaltungsratsmandat denke. Das sei Neuland für sie gewesen.

Irrelevant Anzahl Frauen
- Für sie sei es irrelevant, wie viele Frauen es in einem Verwaltungsrat habe. In ihrer beruflichen Karriere, im Studium im Ingenieurwesen und dann in der Finanzbranche, sei sie in den verschiedensten Gremien immer die alleinige Frau gewesen. Sie wisse nicht einmal, ob es angenehmer sei, wenn es mehr Frauen habe. Sie habe einmal in einer Non-profit-Organisation mitgearbeitet, wo mehr als die Hälfte mit Frauen besetzt gewesen sei. Dort habe sie das Gefühl gehabt, dass die Diskussionen und Entscheidungen viel langsamer vor sich gingen. Man hatte Zeit und sei nett zueinander gewesen. Man sei eindeutig keinem Druck des Kontrollierens und des Marktes ausgesetzt gewesen. Das hingegen gehöre im Geschäftsleben zum täglichen Brot.

Alleine als Frau
- Alleine als Frau sei es sehr schwierig. Wenn sie nicht jemanden finde, der den Ball des von ihr Gesagten aufnehme, dann fänden die Kollegen schnell, dass ihre Idee vernachlässigbar sei. Eine Frau alleine im Verwaltungsrat stehe unweigerlich unter Beobachtung und setze sich meist selber unter besonderen Leistungsdruck. Sie möchte logischerweise den Job doppelt oder drei Mal so gut machen als ihre Kollegen.

Verwaltungsräte äusserten sich dazu wie folgt:

Dynamik

◆ Wenn mindestens zwei Frauen im Verwaltungsrat seien, dann gebe es eine andere Dynamik. Einerseits sei die Möglichkeit für einen Austausch nur unter Frauen aus bestimmten Überlegungen vorhanden, und andererseits bekämen unterschiedliche geschlechterspezifische Betrachtungen eine andere Qualität.

Grosse Figur

◆ Die Frauen in den höheren Etagen im Job seien es immer schon gewohnt gewesen, alleine in der Runde zu sitzen. Wenn man einen hochkarätigen Verwaltungsrat habe, wo jeder für sich schon einmal eine grosse Figur gewesen sei, dann treffe dies auch auf jede Frau zu. Er sehe allerdings keinen grossen Unterschied zwischen einer oder zwei Frauen im Verwaltungsrat. Er glaube auch nicht, dass Frauen alleine im Verwaltungsrat dies als Nachteil empfänden. Er schaue sowieso nicht auf die Anzahl der weiblichen Mitglieder in einem Verwaltungsrat, sondern auf die Diversität, weil diese die Leistung eines Teams automatisch heraufschraube und sich die einzelnen Verwaltungsräte auch wohler fühlten.

Vielverwaltungsrat

◆ In den letzten Jahren sei immer wieder kritisiert worden, dass Verwaltungsräte zu viele Mandate hätten. Für ihn würde diese Einschätzung dann virulent, wenn eine Firma in Schwierigkeiten gerate und der Verwaltungsrat schlicht zu wenig Zeit habe, sich ausserordentlicher Probleme anzunehmen. Abgesehen davon könne ein Vielverwaltungsrat gar nicht wissen, was los sei, wenn er so viele Mandate habe. Dazu komme auch noch das Gesetz in der Schweiz, welches dem Verwaltungsrat eigentlich viel mehr Verantwortung aufbürde als er tragen könne. Vor allem in den Medien stelle man den Verwaltungsrat so hin, als müsste er genauso viel wissen wie die Geschäftsleitung. Das tue das Gremium nicht und das könne es auch nicht, schon gar nicht mit lediglich fünf Sitzungen im Jahr.

5. Gerechtigkeit und Chancengleichheit

In vielen meiner Gespräche kam immer wieder das Gerechtigkeitsargument als Grund dafür auf, mehr Frauen in einen Verwaltungsrat zu wählen – oder zumindest dafür besorgt zu sein, dass das weibliche Geschlecht nicht markant untervertreten ist. Die Gesellschaft besteht mehr oder weniger je zur Hälfte aus Frauen und Männern. Der Grundtenor ist durchaus, dass diese naturbedingten Unterschiede in einem Gremium wie dem Verwaltungsrat irgendwie berücksichtig werden sollten.

Viele Verwaltungsräte finden, dass man aus diesem Frauen-Pool, also der Hälfte der Gesellschaft, die bestens Qualifizierten und Ausgebildeten nicht links liegen lassen dürfe, nur, weil sie allenfalls Kinder kriegen und für die Familie schauen. Dieser Pool muss genutzt werden. Für die Frauen müssen Bedingungen geschaffen werden, unter denen sie sich zu den Besten entwickeln und dementsprechend in leitende Funktionen kommen können. Aber die Entscheidung, welche Entfaltung in Beruf und Familie eine Frau für sich wählt, soll bei ihr und ihrer Umgebung liegen. Niemand darf Druck ausüben, der freie Wille jeder Frau und jedes Mannes ist zu respektieren. Das ist oder wäre Gerechtigkeit.

Ein ganz anderes Problem im Zusammenhang mit der Gerechtigkeit kann das Anforderungsprofil darstellen. Meistens leitet sich dieses nämlich vom aktuellen Stelleninhaber ab, der üblicherweise ein Mann ist. Die gewünschten Eigenschaften sind deshalb stark auf Männer zugeschnitten. Da ist es kein Wunder, wenn Männer das Profil besser erfüllen. Deshalb ist es dann fast scheinheilig, zu betonen, dass das Geschlecht egal sei, man nehme einfach den Besten, wenn die Auswahlkriterien lediglich auf das männlich geprägte Anforderungsprofil ausgerichtet sind.

Der Gerechtigkeitsgedanke hängt auch immer eng mit der Chancengleichheit zusammen; eine echte Chancengleichheit führt schlussendlich zur Gerechtigkeit. Nur sind leider schon ab unserer Geburt die Lebensumstände, unter denen wir aufwachsen, schicksalshaft und ungleich. Chancengleichheit würde heissen, dass jeder Mensch die Möglichkeit hätte, sich so viel und so lange zu bilden, wie er benötigt, um ein gutes, erfüllendes und freies Leben führen zu können. In der Schweiz kann jeder Mensch sein Studium frei auswählen und mit einer minimen Gebühr studieren. Jede Frau kann heute den

Beruf wählen, den sie gerne möchte – jeder Mann übrigens auch. Abgesehen davon gibt es unzählige Berufsförderungsprogramme speziell für Frauen, um ihnen die männlichen Berufsdomänen näher zu bringen und ihnen die Möglichkeit zu geben, sich für einen männlich geprägten Beruf zu entscheiden. Dass sich die Frauen trotzdem immer noch mehrheitlich für traditionell eher weibliche Berufsrichtungen wie Ärztin, Biologin, Apothekerin, Lehrerin, Anwältin, Flight Attendant, Krankenpflegerin und nicht für technische Berufe wie Ingenieur, Pilot, Techniker oder Mechaniker entscheiden, hat nichts mit Ungerechtigkeit zu tun, sondern mit der Chancengleichheit und der Freiheit eine Berufswahl zu treffen. Das wird meines Erachtens viel zu wenig honoriert und nicht klar genug kommuniziert. Ich bin doch selbst dafür verantwortlich, eine Chance zu packen oder eben nicht. Die Hauptsache ist, dass sie verfügbar ist und frei wählbar.

Von einem Beispiel aus der Praxis erzählt mir eine Professorin. In der Wissenschaft stelle sich die interessante Frage, weshalb so viele gut qualifizierte Frauen überproportional aus dem akademischen Bereich austreten. Das habe überwiegend mit der Familienplanung zu tun in die die Frauen kommen, wenn sie promoviert haben. Denn sobald die Frauen mal 30 Jahre alt sind, dann verschärfe sich das Thema Kinder. Und dazu komme, dass in der Schweiz viele gut verdienen und die Frauen dadurch ihr Pensum reduzieren können. Die Professorin habe zwei Doktorandinnen gehabt und mit denen auch schon weitere Pläne geschmiedet. Dann wurden die schwanger und wollten nur noch 20 bis 30 Prozent arbeiten. Damit könne man natürlich keine wirklich akademische Karriere weiterbetreiben. Die Chancengleichheit für eine akademische Laufbahn sei ihnen jedoch gegeben gewesen. Aus freien Stücken hätten sich die Frauen aber dann anders entschieden. Wohlverstanden trotz Möglichkeiten einer externen Kinderbetreuung im Institut selbst.

Die Resource «Frau» sollte jedenfalls nicht verschwendet werden. Wenn es in einer Firma 40 Prozent Frauen hat, in den Führungsetagen 20 Prozent und im Verwaltungsrat noch 10 Prozent, dann stellt sich die Frage, ob in dieser Kette nicht wertvolles menschliches Kapital verschwendet wird. Im Unternehmen sollte sichergestellt werden, dass keine künstlichen Blockaden kreiert werden, dass die Möglichkeit für Teilzeitarbeit besteht und auch Krippenplätze vorhanden sind, und zwar ebenso für Frauen, die nicht unbedingt Karriere machen möchten. Es wird in der Öffentlichkeit oft das Bild zementiert, dass alle Frauen die Karriereleiter hochsteigen möchten. In der Realität, wie das Beispiel der zwei Doktorandinnen zeigt, ist das schlicht nicht so. Um es aber nochmals zu sagen: Alle müssen die Chance haben, das zu tun, was ihnen und ihrem Lebensziel entspricht.

C. Unterschiede zwischen Frauen und Männern in der Vor-Arbeit

Frage: Wie muss man sich eine Verwaltungsratssitzung vorstellen? Unterscheiden sich die Frauen und die Männer in einer Sitzung?

1. Vorbereitung auf die Sitzungen

Die Frauen und die Männer kommen sehr unterschiedlich vorbereitet zu einer Verwaltungsratssitzung; die Frauen sind in der Regel besser vorbereitet. Das kann damit zusammenhängen, dass sie weniger Mandate und deshalb mehr Zeit haben, sich vorzubereiten. Auch könnte es sein, dass die Frauen finanziell unabhängiger sind und ein Verwaltungsratsmandat zum Hauptberuf machen. Abgesehen davon würde es sofort auffallen, wenn eine Frau nicht vorbereitet wäre und die Unterlagen nicht gelesen hätte. Sich dem Risiko auszusetzen, sie verstehe nichts – das möchte keine Frau.

Die Vorbereitung der Männer auf eine Verwaltungsratssitzung ist mannigfaltig. Ungefähr 50 Prozent der Männer sind gar nicht vorbereitet oder haben, wenn überhaupt, die Unterlagen nur sehr flüchtig gelesen. Aber das kommt mit der Zeit an die Oberfläche, spätestens dann, wenn der Betreffende plötzliche eine Frage stellt, die bereits in den Unterlagen beantwortet ist. Das gibt es anscheinend recht häufig, und spätestens dann müsste ein Verwaltungsrat selber merken, dass er die Unterlagen besser studieren müsste. Einem Profi-Verwaltungsrat mit unzähligen Mandaten kann indessen schlicht die Zeit fehlen, sich auf jede einzelne Sitzung intensiv vorzubereiten. Wenn dem so wäre, dann müsste er meines Erachtens den einen oder anderen Verwaltungsratsposten abgeben, schon aus seinem Verantwortungsgefühl heraus.

Die Geschäftsleitung beeinflusst die Agenda der Verwaltungsratssitzung, weil sie ja im Tagesgeschäft tätig ist und es «à fond» kennt. Meist stehen ungefähr zehn Punkte auf der Traktandenliste, und es ist für ein Verwaltungsratsmitglied fast nicht möglich, sich in alle Themen intensiv und fundiert «hineinzuhängen». Je nach Verwaltungsrat kann es vorkommen, wenn man ein oder zwei Traktanden erfolgreich durchbringen möchte, dann muss man dafür mindestens einen Tag Arbeit aufwenden – nur schon, um genügend Hintergrundinformationen aus den Unterlagen herauszupflücken, oder wenn man, was offenbar zwar selten vorkommt, noch einen Verwaltungsratskollegen dazu kontaktieren möchte.

Ich war erstaunt zu hören, dass es beispielsweise Sitzungen gibt, wo ein Verwaltungsrat 300 Seiten Unterlagen erhält und für deren Lektüre ein bis zwei Tage Zeit hat. Das ist ja doch ziemlich intensiv! Die Präsentationen der Geschäftsleitung sind auch nicht bei allen Verwaltungsratsmitgliedern gleich beliebt, vor allem, wenn sie Themen betreffen, die bereits in den Unterlagen vorhanden sind, die jeder gelesen haben sollte. Das wird als Zeitverschwendung angesehen, auch deshalb, weil die Verwaltungsratssitzungen sowieso meistens zu lange dauern. Es gibt Verwaltungsratspräsidenten, die möchten von der Geschäftsführung keine PowerPoint Präsentationen mehr ansehen. Aus Effizienzgründen bevorzugen sie deren wichtigste Anliegen an den Verwaltungsrat in Worten zusammengefasst vorgetragen zu bekommen.

Verwaltungsrätinnen äusserten sich dazu wie folgt:

Frauen besser vorbereitet
- Ganz klar seien die Frauen besser vorbereitet als die Männer, dies übrigens nicht nur an Verwaltungsratssitzungen, sondern ganz allgemein.

Aus dem Stand heraus
- Eine Frau, die nicht vorbereitet sei, ausser wenn ihre Welt zusammengebrochen war, habe man noch nie erlebt. Jenen Typ Manager, der das Gefühl habe, es reiche völlig, aus dem Stand heraus zu sagen, was ihm spontan zu einem Thema einfalle, gebe es bei den Frauen einfach nicht.

Gute Vorbereitung unabdingbar
- Die Frauen kämen besser vorbereitet zu den Sitzungen. Bei den Männern sei es unterschiedlich, die einen seien gut, die anderen schlecht vorbereitet. Sie selber stelle an sich den Anspruch, sehr gut vorbereitet zu sein. Wenn man keine Angriffsflächen bieten, seine Interessen

durchsetzen und wirklich Einfluss haben möchte, dann sei eine gute Sitzungsvorbereitung unabdingbar.

«verdammt» gut vorbereitet
◆ Aus der Presse habe sie schon viele Informationen erhalten. Vor allem wenn man etwas gegen den CEO durchbringen möchte, dann müsse man schon «verdammt» gut vorbereitet sein. Das könne man aber für die ganzen Sitzungsinhalte gar nicht; bei allen anderen Traktanden lasse man sich einfach informieren. Es gebe klare Strategien bezüglich der Reihenfolge der Traktandenliste; oft würden wichtige Punkte ans Ende der Tagesordnung gestellt. Dann seien die Leute schon müde und möchten ihren Zug erwischen. Es komme dann zügig und ohne grosse Diskussionen zu einer Abstimmung. Dies sei aber eine alte, bekannte Strategie.

Nicht Geschlechter spezifisch
◆ Es sei typenbedingt, ob jemand gut vorbereitet sei oder nicht. Es gebe Leute, die immer seriös vorbereitet seien und solche, die hineinflattern und meinten, sie wüssten es schon. Sie habe nicht das Gefühl, dass ein geschlechterspezifischer Unterschied bestehe.

Verwaltungsräte äusserten sich dazu wie folgt:

Tatkräftig im Berufsleben
◆ Ob eine Sitzungsvorbereitung mit dem Geschlecht zu tun habe, sei für ihn zweitrangig, für ihn liege der Punkt ganz woanders. Es komme nämlich darauf an, ob die Leute noch aktiv in einem Job seien oder ob sie quasi als Verwaltungsrat Karriere machten. Diejenigen, die aktiv in einem Job seien, kämen im Durchschnitt besser vorbereitet, denn wer noch tatkräftig im Berufsleben stehe, möchte es auch im Alltag so haben, dass jeder gut vorbereitet sei. Diesen Anspruch hege er automatisch auch an einen Verwaltungsrat. Bei den etwas «älteren Semestern», die vielleicht vier oder fünf Verwaltungsratsmandate und zusätzlich noch ein kleines Team hätten, welches ihnen gewisse Sachen

vorbereite, habe er schon zu oft gesehen, dass sie ein bisschen schlechter vorbereitet seien (er lachte dazu herzlich).

Top – gute Position
◆ Er könne nicht sagen, dass Frauen besser vorbereitet seien. Er stelle ganz allgemein fest, dass eine Frau, die top sei und eine gute Position erreicht habe, generell besser arbeite als ein Mann. Denn sich durchsetzen zu können, das sei seine Überzeugung, sei für eine Frau viel schwieriger.

Verschlossene Couverts
◆ Die Frauen seien sehr, sehr gut vorbereitet. Es gebe Verwaltungsräte, die mit noch verschlossenen Couverts an die Sitzung kämen und überhaupt nichts gelesen hätten.

Gleich schlecht
◆ Kurz und bündig sage er, alle Verwaltungsratsmitglieder seien gleich schlecht vorbereitet.

2. Diskussionen in Sitzungen

Einigkeit herrschte bei allen Gesprächsteilnehmern, dass die Frauen ihre Voten sachlicher, konziser und präziser und mit weniger Worten vorbringen als die Männer. Sie melden sich, wenn sie zu einem Thema etwas zu sagen haben und drücken klar aus, was sie gut und was schlecht finden, auch wenn es unpopulär sein kann. Sie verstecken sich nicht hinter etwas und zeigen eine konsequente Haltung. Ihre Aussagen haben Hand und Fuss.

Fragen stellen die Frauen kritisch und pickelhart, bis sie die Zusammenhänge verstanden haben, alles jedoch ohne wertenden Charakter. Die Männer überlegen es sich zwei Mal, ob sie eine kritische Frage stellen möchten, denn zu gross ist die Angst vor einer Blamage. Die Männer genieren sich einfach manchmal, einen stark abweichenden Standpunkt einzunehmen. Zu viel steht für sie auf dem Spiel, wenn sie weiterhin zum vielumworbenen Männernetzwerk gehören möchten.

Interessanterweise finden die meisten Frauen, dass sie in einer Sitzung mehr Fragen stellen und mehr Voten abgeben als die Männer. Doch die Wahrnehmung der Männer ist anders, sie finden, dass sich beide Geschlechter in etwa gleich viel an den Diskussionen beteiligen. Bei den Frauen wie bei den Männern gibt es jene, die gar nie etwas sagen, die ewigen Schweiger. Es braucht in einem solchen Fall einen starken Verwaltungsratspräsidenten, der das Mitglied irgendwann ersucht, den Verwaltungsrat zu verlassen.

Ob sich jemand mehr oder weniger an Diskussionen beteiligt, hat auch mit seiner Persönlichkeit, seinem Wissen und seiner Kompetenz zu tun. Es gibt Menschen, die von Natur aus selbstsicherer sind und sich gerne zu Wort melden. Lange Einwände, vor allem Wiederholungen von schon Gesagtem, sind unbeliebt und machen ungeduldig. Gegenüber einem Mann, der dies tut, ist man aber toleranter als einer Frau gegenüber. Frauen, die viel und lange reden, sind oft neu in einem Verwaltungsrat und möchten sichergehen, dass man sie ernst nimmt und realisiert, dass sie jetzt auch am Tisch sitzen.

In eine Diskussion können auch andere Sachen als nur das Geschlecht hineinspielen. Einerseits etwa, wenn ein Verwaltungsrat einen Aktionär vertritt. Dann hören die Kollegen schon etwas genauer zu. Bis man aber wirklich komplett gegen diesen Aktionär geht, braucht es detaillierte Diskussionen. Schlussendlich ist eine Persönlichkeit im Verwaltungsrat und nicht der Aktionär. Andererseits gibt es kulturelle Differenzen, die ein Verwaltungsratspräsident umschiffen muss. Wie macht man das? Es gibt Vorsitzende, die ihre Meinung bereits im Vornherein stark einbringen; andere wiederum sehen sich eher als Dirigent und lassen die Diskussionen für eine gewisse Zeit laufen. So hat jeder Verwaltungsrat Gelegenheit, sich zu äussern. Der Dirigent bringt seine Meinung erst etwas später ein. Dies, weil es Kulturen gibt – vor allem die asiatische –, die Mühe haben, gegen den Primus zu intervenieren. Europäer und Amerikaner haben da jedoch nie Hemmungen, «die kommen rein und bumms fertig!» Einen Asiaten, einen Afrikaner oder auch ein Mitglied aus dem Mittleren Osten muss man etwas anders behandeln; über dieses Sensorium muss ein Verwaltungsratspräsident verfügen. Asiaten melden sich auch weniger und sind kaum nach aussen orientiert, sie sind eher abwartend. Man muss sie fast auffordern, etwas zu sagen, etwa im Sinne einer Ermutigung, dass der Verwaltungsrat doch diese oder jene Erfahrung gemacht, dort und dort gearbeitet habe, und was er darüber sagen könne.

Die Asiaten gehen einfach ganz anders miteinander um als wir Westler. Aber gerade diese kulturellen Unterschiede müssen in eine Diskussion miteinbezogen werden.

Natürlich haben immer einer oder zwei Verwaltungsräte mit ihren Voten ein grösseres Gewicht. Diese Stellung haben sie sich über Jahre erarbeitet, und es kann sie eine Frau oder ein Mann innehaben. Diejenigen mit dem grössten branchenspezifischen Wissen haben mit ihrer Meinung eben eine grössere Wirkung und Akzeptanz.

Verwaltungsrätinnen äusserten sich dazu wie folgt:

Hemmungen – Blösse
- Männer hätten oft Mühe, sich zu melden, wenn sie in einer Sitzung etwas nicht verstanden hätten. Sie möchten auch keinem Kollegen auf die Füsse treten. So seien Verwaltungsräte nach einer Sitzung schon zu ihr gekommen und hätten ihr gedankt, dass sie die eine oder andere Frage gestellt habe – er hätte sich dies nicht getraut. Männer möchten sich keine Blösse geben und stehen in ihrer beruflichen Tätigkeit oft in Abhängigkeit zu anderen Verwaltungsräten. Frauen seien diesbezüglich viel freier, gerade weil sie nicht zu diesen männlichen Netzwerken gehörten.

Ansteckend für Männer
- Die Frauen zeigten schon mehr Mut, etwas anzusprechen. Sie mache die Beobachtung, dass in einem Verwaltungsrat, wo es mehr Frauen habe, die Männer automatisch anfangen würden, auch mehr Fragen zu stellen und echt Freude daran hätten.

Stinkender Fisch
- Die Frauen seien vielmehr diejenigen, die auch etwas zu Ende denken und von Anfang an einen stinkenden Fisch auf den Tisch legen würden. Die Männer wischten eher etwas unter den Tisch, im Sinne von es komme dann schon alles gut.

Gleiche Sprache – Unterbrechen

♦ Wenn man möchte, dass einen die anderen Verwaltungsräte verstehen, müsse man sich anpassen und die gleiche Sprache sprechen. In ihrem Verwaltungsrat führe man auch viele Telefonkonferenzen mit manchmal bis zu 20 Teilnehmern durch. Am Ende einer solchen Konferenz habe sie ein Kollege angerufen und gefragt, ob sie eigentlich merke, dass sie in den Diskussionen ihre Sätze nie fertig machen könne. Heute sei sie darauf sensibilisiert und scheue sich nicht, direkt zu sagen, dass sie noch nicht fertig sei und bitte nicht unterbrochen werden wolle. Das sei ein wertvolles Feedback gewesen. Gleichzeitig sei ihr bewusst geworden, dass auch sie manchmal andere Leute unterbreche, das vermeide sie jetzt.

Gehör – konkrete Vorschläge

♦ Je konkreter man in einer Diskussion sei, desto mehr kriege man auch Gehör. Sie bringe ein Beispiel: Wenn man in einer Sitzung einfach sage, man sollte auf die verschiedenen Kulturen, mit denen man geschäftliche Beziehungen pflege, Rücksicht nehmen, dann sei dies keine dauerhafte Instruktion. Wenn man aber sage, man sollte genügend Fonds haben, die für die Bedürfnisse von anderen Kulturen geeignet seien, dann sei dies etwas Konkretes und könne umgesetzt werden.

Hemdsärmlig

♦ Wenn sie früher etwas gesagt habe, dann habe sie ihr Dossier beherrscht. Heute getraue sie sich auch mal schon zu reden, wenn sie nur ein bisschen hemdsärmlig verstanden habe, worum es gehe. Das hätte sie früher nie gekonnt.

Einen Ruck geben

♦ Sie äussere sich viel zu Traktanden. Aber das sei ein Lernprozess gewesen, den sie erst einmal durchstehen musste. Sie sei lange immer in einem Männergremium in der Minderheit gewesen. Sie habe zuerst realisieren müssen, dass es falsch sei, wenig zu reden, weil man dann schlicht weniger wahrgenommen würde. Aber man müsse sich dafür selbst einen Ruck geben.

Lange Diskussionen
- Wenn kritische Einwände an einer Sitzung nicht auf fruchtbaren Boden fielen, dann müsse man selber abwägen, ob sie für die Sache wirklich wichtig seien oder ob man eine lange Diskussion lieber bleiben lassen möchte. Die Hauptsache sei, dass man es gesagt habe, auch wenn es vorerst keinen Anklang gefunden habe.

Machtdemonstration
- Im Verwaltungsrat gehe es sehr oft auch um eine Machtdemonstration – wer habe wie viel gesagt, und wer habe wie viel durchgebracht. Das sei schade, weil es dann nicht mehr nur um den Inhalt gehe.

Mission
- Frauenspezifische Beiträge in einem Verwaltungsrat zu leisten, empfinde sie als Mission. Das könne bei einer Beförderungsliste sein, auf welcher sich keine Frau befinde, oder auch bei Broschüren, wo nur Männer abgebildet seien. Da würde sie sich mit Bestimmtheit melden, deswegen sei sie schlussendlich auch in den Verwaltungsrat gewählt worden.

Verwaltungsräte äusserten sich dazu wie folgt:

Streitkultur – Fragemodus
- In einem Verwaltungsrat brauche es eine extrem gute Streitkultur; das beinhalte, zu akzeptieren, dass jemand eine andere Meinung haben könne. Es gebe Firmen, die seien eher harmoniegetrieben. Er beobachte, dass die Männer nach einem Streit meist zum Bier übergingen und den Zwist rational beilegten. Frauen suchten eher nochmals die Auseinandersetzung, möchten das Problem zusätzlich diskutieren und neu wälzen. Die Frauen würden eher grübeln, das Vergessen eines Streits falle ihnen schwerer; vielleicht seien sie auch nachtragender. Dafür würden sie eher im Fragemodus an einer Diskussion teilnehmen – das fände er auch gut. Denn man komme auch so zum Ziel, und erst noch ohne kostbares Geschirr zu zerschlagen. Die Diskussionen hätten für ihn keine geschlechterspezifische Relevanz.

Angriffig – Hilfe vom Staat
- Dass zwei Frauen in einer Sitzung persönlich angriffig würden, habe er noch nie erlebt, wohl jedoch unter Männern, wenn zwei Alphatiere aufeinander losgingen, weil jeder dem anderen zeigen wolle, dass er besser sei. Er habe einmal miterlebt, wie der eine zum anderen gesagt habe, er habe alles aus dem Nichts selber erschaffen und ihm, dem anderen, hätte ja der Staat geholfen.

Früher und heute anders
- Die Männer kommunizierten heute anders als früher, weniger angriffig. Vielleicht sei dies auch altersbedingt. Als er jung gewesen sei, habe man dem Professor noch die Stirne bieten wollen und die Auseinandersetzung mit ihm gesucht. Heute sei dies überhaupt nicht mehr so. Man sei sehr konstruktiv und nett miteinander, aber durchaus nicht unkritisch.

Keine dummen Fragen
- Weil Frauen in einem Verwaltungsrat in der Minderheit seien, versuchten sie, dies wettzumachen, indem sie mindestens genauso viele Fragen stellten wie die Männer. Das käme unterschiedlich an. Eine Frage könne als schlau ausgelegt werden, und wenn man nicht wisse, wie diese zu beantworten sei, dann schlagen die Stimmung und das Klima um – zumindest bei jenem, der sie beantworten sollte. Das sei nicht eine spezielle Frauensache, aber Frauen könnten Fragen stellen, die Männer unter Umständen nicht stellen würden, ganz nach dem Prinzip, dass es keine dummen Fragen gibt, nur dumme Antworten. Der Mann wäge jedes Mal ab, wie er eingeschätzt würde, wenn er diese Frage stellte: Ist sie professionell, oder denken die anderen, ich bin ein Idiot? Die Angst, sich eine Blösse zu geben, sei gross. Frauen hätten nach seiner Erfahrung einfach weniger Bedenken, Fragen zu stellen.

Militantes Auftreten
- Frauen können in Diskussionen ein militantes Auftreten haben, so, dass es peinlich werden könne. Peinlich in dem Sinne, dass die anderen Verwaltungsräte sagten, sie hätten genug. Eine Kämpfernatur

brauche jedes Mal mehr Zeit zum Sprechen und baue gleichzeitig drei Thesen zusammen. Dann sei das Funktionieren eines Verwaltungsrates gestört. Ob es bei den Frauen mehr angriffslustiges Verhalten gebe, müsste untersucht werden. Das gibt es auch bei den Männern.

Knall – Toleranz

- Die Frauen reagierten toleranter auf komische oder falsche Aussagen. Die Männer reagierten auf Männer viel heftiger, und dann komme es bisweilen zum Knall. Die Toleranz und das Verständnis für eine andere Sichtweise sei seitens der Frauen viel grösser als die der Männer. Das sei ein eindeutiger Vorteil der Frauen. Wenn Männer nicht derselben Meinung seien, dann würden sie oft heruntergemacht oder auch ausgegrenzt.

Ein bisschen mitreden

- Frauen würden zu Themen sprechen, bei denen sie sich sicher fühlten. Männer hätten die Tendenz, bei allem ein bisschen mitzureden, auch wenn sie es nicht immer grundlegend verstanden hätten.

Nichts verlieren

- Eine Frau könne sich einfach mehr leisten und dabei nichts verlieren. Sie hätte eine andere Art zu intervenieren und sei schlicht unabhängiger in den Diskussionen.

Wettrennen – Albtraum

- Die Männer würden mehr reden in den Diskussionen. Man müsse ja etwas sagen, um sein Honorar zu rechtfertigen, und möchte auch zeigen, dass man kompetent sei. Aber wehe, wenn ein anderer einen Gedankengang schon vorher formuliere! Das sei manchmal wie ein Wettrennen. Dauerredner seien ein Albtraum, denen stelle er das Wort ab. Die Frauen kommunizierten zurückhaltender, da gebe es meist gar nichts mehr anzufügen.

Unabhängig freier Geist
- Eine direkte Kommunikationspflege und das Kind beim Namen zu nennen sei seine persönliche Passion. Aus innerer Überzeugung sei er ein unabhängiger, freier Geist; diese Einstellung habe er aus seiner Erziehung mitgekriegt. Nichts sei ihm wichtiger als die Unabhängigkeit. Aber die Unabhängigkeit würde Schritt für Schritt durch ständig neue Regulierungen torpediert.

Abendessen
- Wichtige Themen würden gar nicht im Verwaltungsrat besprochen, sondern beim Abendessen tags zuvor, beim Mittagessen oder in der Kaffeepause.

Alphabet – Schweizer Kantone
- Anstatt Sitzungen halte er viele Telefonkonferenzen ab. Das funktioniere nur, wenn sich alle gut kennen. Zuerst lasse er immer Fragen zu den einzelnen Traktanden beantworten, dann erst gehe er zur Meinungsbildung über. Er habe ein variierendes System, wer wann reden dürfe: entweder in alphabetischer Reihenfolge, zuerst die Frauen und dann die Männer, oder die Schweizer Kantone vom Westen nach Osten oder Süden nach Norden. Es brauche dieses Schema, damit die Leute nicht das Gefühl hätten, er könne die Mitglieder durch Aufruf der Voten in ihrer Meinung manipulieren.

3. Rationales und Emotionales

Das rationale Denken, das Argumentieren mit Zahlen und Fakten wird eher den Männern zugesprochen, das emotionale Denken, das gefühlvolle und fürsorgliche Begründen eher den Frauen. In der Tendenz stimmen diese Ansichten, jedoch reichen sie nicht, um von klaren Geschlechterunterschieden bei Diskussionen im Verwaltungsrat zu sprechen. Fast jeder Verwaltungsrat hat ein bisschen vom einen und vom anderen. Es gibt schlicht kein belastbares Schema für *die* Frauen und *die* Männer. Was zählt sind die Persönlichkeit und das Individuum; es geht immer um die Einschätzungen von unterschiedlichen Menschen.

Die einen Frauen sehen sich als Empathieträger in einem Verwaltungsrat, andere eben gerade nicht. Auch einige Männer möchten nicht mehr als emotionslos gelten und schliessen sich gerne den traditionell weiblichen Qualitäten an. Ein Umdenken oder die Offenheit zuzuhören, wie die Frauen denken und argumentieren, wird mehr und mehr bei beiden Geschlechtern beobachtet und als Nutzen für die Diskussionen, Entscheidungen und schlussendlich für das Unternehmen gewertet.

Interessant scheint mir, dass es in Diskussionen vorkommen kann, dass die Akten mit Emotionalität angegangen werden. Die Gefahr besteht darin, wenn man den rationalen auf Fakten basierten Pfad verlässt, man dann verloren ist, weil ein sauberes Raster fehlt. Das heisst jedoch nicht, dass man unmenschlich argumentiert. Man muss immer Optionen einbringen können, die nicht unbedingt rational sein müssen, dafür eher kulturell oder historisch bedingt sind. In jeder Diskussion, ob faktenbasiert oder nicht, sollte man indessen die Grösse haben, einzugestehen, etwas falsch gesehen zu haben und deshalb seine Meinung zu ändern.

Einig sind sich die meisten Verwaltungsräte, dass es essentiell ist, die Zahlen, die Fakten, lesen und verstehen zu können. Zahlen enthalten wesentliche Aussagen und dienen deshalb als Argumentationsgrundlage. Voraussagen sind trotz Zahlenverständnisses immer schwierig, insbesondere für Unvorhergesehenes mit massiven Folgen für ein Unternehmen. Ich denke da beispielsweise an den Frankenschock, die Ukraine-Krise, den Arabischen Frühling oder aktuell die Auswirkungen des Corona Virus. Da ist anzunehmen, dass dieser neue Krankheitserreger Folgen für die Wirtschaft nicht nur in China, sondern auf der ganzen Welt hat. Ehrlicherweise muss man sagen, wer hätte diese Krankheit vorhersehen können, das wäre schon fast «Kaffeesatzlesen»! Trotzdem, in Diskussionen im Verwaltungsrat ist das zwischen den Zeilen lesen ein wichtiges Rechtfertigungsargument und darum die Erfahrung in einer Konzernleitung so wichtig. Weil man dort lernt, was gesagt wird und – noch wichtiger – was eben nicht, zu interpretieren. Dafür muss man im operativen Geschäft tätig gewesen sein. Die meisten meiner weiblichen sowohl als männlichen Gesprächspartner nahmen die Befähigung, zwischen den Zeilen lesen zu können, für sich entschieden in Anspruch.

Die Männer finden, dass Frauen in Diskussionen oft eine andere Art des Zugangs beweisen. Sie würden zum Beispiel soziale Aspekte, die die Mitarbeiter, die Gesellschaft oder die Umwelt betreffen könnten, hinterfragen. Auch sind die Intuition und der Fairnessgedanke bei den Frauen ausgeprägter. Männer konzentrieren sich eher auf Zahlen und Fakten, wobei aber auch Frauen sehr analytisch argumentieren und strukturiert sein können und gar nicht nur auf der emotionalen Seite funktionieren.

Verwaltungsrätinnen äusserten sich dazu wie folgt:

Andere Perspektive
- Zwischen den weiblichen und männlichen Verwaltungsräten gebe es hinsichtlich rationaler oder emotionaler Argumente keinen Unterschied. Für sie sei jedoch unabdingbar, sich in die Perspektive des anderen versetzen zu können, das sei das A und O. Sie selber empfinde sich nicht als mit viel Empathie ausgestattet.

Mitmenschen – Fürsorge
- Frauen seien mehr auf Beziehungsthemen zum Mitmenschen sensibilisiert und kämen damit besser klar. Wenn ein Kollege schlecht aussehe, abwesend wirke und sich im Umgang nicht wie sonst benehme, dann würden die Männer eher wegschauen und denken, das würde sich schon regeln, der habe nur eine schlechte Nacht gehabt. Frauen gingen während oder nach der Sitzung auf diese Person zu und fragten, was denn los sei mit ihm. Oder sie sprächen mit dem Präsidenten und würde ihn bitten, sich um den Kollegen zu kümmern.

Stakeholder
- Es gebe Entscheidungen, die klar auf Zahlen basierten und rational seien. Je nachdem wie man die einzelnen Abschreibungen mache, könne man zwischen einem Gewinn oder Verlust, einer roten oder schwarzen Null im Jahresabschluss entscheiden. Dann gebe es auch Entscheidungen, die zwischen den Zahlen getroffen würden. Beispielsweise bei der Frage, wenn man jetzt das oder jenes beschliesse, folge danach die Einschätzung, wie dieser Entscheid bei den Kunden, bei den Aktionären und nicht zuletzt in der Bevölkerung ankäme.

Zwischen den Zahlen
- Sie lese immer zwischen den Zahlen. Mehr Frauen als Männer würden dies ihrer Ansicht nach so handhaben.

Kein Unterschied
- Sie empfinde keinen Geschlechterunterschied bei rationalen und emotionalen Argumentationen. Der Unterschied sei eher fachbezogen.

Rollenmuster – Erwartungen
- Eine Frau getraue sich eher die emotionale Kompetenz und das Fürsorgliche in vielen Konstellationen einzubringen und tue dies auch. Ob dies genetisch bedingt sei oder ihre Sozialisation? Für sie sei es eher die Sozialisation. Aber diese würde mit der Zeit verflachen; je mehr nämlich diese Rollenmuster und Erwartungen an eine Frau abnähmen, desto weniger würden sie das typisch Weibliche verkörpern.

Unternehmenskultur
- Extrem wichtig sei für sie, wie man mit diesen Zahlen und Fakten umgehe, und ob diese auch im Einklang damit stünden, wie man mit seinen eigenen Leuten und den Kunden umgehe. Die Unternehmenskultur sei unendlich wichtig für den Erfolg des Unternehmens. Die Frauen hielten durch kritische Fragen viel mehr den Finger darauf, wenn die Zahlen präsentiert würden. Auch bei Firmenübernahmen möchten eher die Frauen wissen, was für Menschen im Betrieb integriert werden müssten und ob sie zur eigenen Kultur passten.

Breiter Denken
- Vieles sei diffus und nicht fassbar. In ihrem Verwaltungsrat würde ganz genau geschaut, wo die Trends seien und was es heisse, wenn diese grosse Tendenz zu Regulierungen weiter zunehme. Am Schluss würde es sich irgendwie in Zahlen übersetzen lassen, aber am Anfang nicht. Es sei schon so, dass die Frauen einfach breiter denken und Aspekte heranziehen würden, die nichts mit Zahlen zu tun und an die die Männer nicht gedacht hätten.

Personelles
- Man schaue immer mehr nicht nur die Zahlen an, also das Rationale, sondern ebenso das, was dahinterstecke. So komme man unweigerlich auch auf das Personelle, weil am Schluss immer die Frage komme: «Haben wir das richtige Management? Stimmt die Führung als Gesamtheit, sind sie ein gutes Team, oder haben wir dort ein Problem?»

Zwischenmenschliches
- Die Stimmungen und das Zwischenmenschliche seien Sachen, die meist von den Frauen aufgebracht und die auch als zusätzlicher Wert im Verwaltungsrat wahrgenommen und geschätzt würden.

Verhalten von Männern
- Heute getrauten sich Männer auch etwas Emotionales zu kommunizieren, was vor zehn Jahren noch nicht der Fall gewesen sei. Das Verhalten von Männern habe sich im positiven Sinne gewaltig verändert. Das Standesdenken und das Positionen Abstecken seien merklich weniger vorhanden. All das habe bestimmt mit der Anwesenheit von Frauen im Verwaltungsrat zu tun.

Fachwissen
- Dank ihrem Fachwissen in Kunstfragen, das einen erheblichen Mehrwert für den Verwaltungsrat darstelle, seien ihre Kollegen kunstaffiner geworden. Früher sei es meist um den Wert oder den Kauf und Verkauf von Kunstwerken gegangen. Heute interessierten sich die Mitglieder mehr auch für deren Inhalt, für deren Geschichte und für Leihgaben rund um den Globus.

Motivation
- Bei auf Zahlen basierenden Entscheidungen würde sie sich schon fragen, ob das überhaupt möglich sei: Kann die Person das, was man aufgrund der Zahlen von ihr verlangt und kann man sie auch so motivieren, dass es am Schluss funktioniert? Oder geht das zusammen mit etwas anderem, das wir auch noch verlangen wollen, aber eigentlich

gar nicht kompatibel wäre? All das jetzt auf etwas Frauenspezifisches zu konzentrieren, finde sie schwierig.

Rationales
- Für sie stehe ganz klar das Rationale im Vordergrund.

Verwaltungsräte äusserten sich dazu wie folgt:

Zugang vom Mensch her
- Sein Zugang sei immer primär vom Menschen und nicht von den Fakten her. Er frage sich, wie gewisse Leute gewisse Sachen beurteilten; wie weit jemand unter Stress sei; wie weit sich die Leute, die in der Risikobewältigung tätig sind, auch diesbezüglich mit ihren Mitarbeitern befasst hätten; wie weit diese Leute den Druck absorbieren könnten, den man auf sie ausübe. Das Menschliche sei bei ihm ein absoluter Schwerpunkt, und das präge ihn auch. Das sei über die Jahre gewachsen, und er führe auch so. Die «Spreadsheet Junkies» der Finanzinvestoren könnten damit aber absolut gar nichts anfangen.

Moderne Führungskräfte
- Die emotionale Seite sei bei modernen Führungskräften wesentlich ausgeprägter entwickelt, das habe sich geändert. Nicht mehr nur Frauen würden sich zu emotionalen Themen melden.

50 Slides!
- Zwischen den Zahlen lesen zu können sei extrem wichtig. Wenn Leute mit 50 Slides kämen, höre denen niemand zu, und aufgrund einer solchen Präsentation einen Entscheid zu treffen sei katastrophal. Eine Botschaft müsse der Ehefrau, dem Geschäftspartner und auch einer Putzfrau in einem Satz erklärt werden können.

Mensch vor Zahlen
- Er funktioniere viel mehr mit Emotionen. Zahlen seien wichtig, aber der Mensch stehe im Vordergrund.

Fakten basierend – reine Spekulation

◆ Es sei ihm oft zum Vorwurf gemacht worden, dass er rein geschäftlich und auf Fakten basierend argumentiere. Er sei aber nach wie vor überzeugt, dass dies auch richtig gewesen sei. Denn daraus entstehe eine gewisse Logik, die besage, dass man anhand dessen, was man wisse, etwas jetzt so und so machen müsse. Man könne nicht irgendetwas anderes machen, weil das dann reine Spekulation wäre.

Frauen sehr rational

◆ Die Frauen erlebe er als eher weniger sozial als die Männer; sie seien sehr rational. Dies eventuell auch, weil sie nach seiner Erfahrung eine weniger grosse Beziehung zu den Leuten im Betrieb hätten.

Harte und weiche Fakten

◆ Ein generelles Problem bestehe darin, dass sich die Welt so unglaublich an harten Fakten orientiere und weiche Faktoren in der Regel zu kurz kämen. Er bringt das Beispiel eines Assessments, welches sich in der ersten Phase nur um Mathematik und Statistik drehe. Das könne man messen. Aber dadurch würden all diejenigen Leute rausgesiebt, die eventuell über herausragende Softfaktoren wie emotionale Intelligenz und soziale Kompetenz verfügten, die man zwar nicht messen könne, aber doch sehr wichtig wären. Er habe das Gefühl, dass in der Schweiz dieser sachlich-fachliche Aspekt völlig überbewertet würde, gemessen an dem, was man brauche.

Ehefrau

◆ Es gebe Schwingungen, die die Frauen anders aufnähmen als die Männer. Es bringe ihm immer viel, mit seiner Ehefrau zu reden und auf ihren Input und ihre Ideen zu vertrauen, an die er gar nie gedacht hätte, wenn er Leute kennenlerne. In den meisten Fällen sei sie richtig gelegen.

Argumentation wie Männer
- Wenn weibliche Elemente emotionaler oder sprachlicher Natur in eine Diskussion einflössen, sei dies sehr geschätzt. Wenn sie hingegen argumentierten wie die Männer es tun, komme das meist nicht gut an.

Pragmatische Ideen
- Frauen seien emotionaler. Das gehe so weit, dass sie die Verpackung eines Produktes genauestens im Hinblick darauf studierten, wie sie auf den Konsumenten wirke. Mit einfachen, pragmatischen Ideen würden sie eine ganz andere Perspektive auf den Markt und das Kundenverhalten einbringen. Das habe in seinem Verwaltungsrat gefehlt.

Moralische Aspekte
- Frauen würden schon eher den moralischen Aspekt in eine Diskussion einbringen, beispielsweise wenn es um Steueroptimierungen gehe. Obwohl alles legal wäre, seien die Frauen meist dagegen, weil sie es einfach nicht richtig fänden. Die Männer sähen das rational, vor allem, wenn man Millionen legal sparen könne.

Rosarotes Arbeitszeugnis
- Er vergleiche das zwischen den Zeilen Lesen mit einem Arbeitszeugnis; da töne doch meist alles rosarot. Wenn man keine Ahnung habe, wie es zu interpretieren sei, dann denke man sofort, dass man diese Person anstelle sollte. Wenn man jedoch die Methodik von Arbeitszeugnissen kenne und realisiere, dass da ja vier oder fünf Dimensionen fehlten, dann überlege man sich eine Anstellung ernsthaft. Auf den Verwaltungsrat bezogen heisse dies, dass man spüre, ob Informationen fehlten und ob die Geschäftsleitung sie habe und nicht herausgeben möchte. Das sei eine der wichtigsten Aufgaben eines Verwaltungsrates.

4. Kritisches Denken und Querdenken

Das kritische Denken und das Querdenken oder, wie es die Amerikaner nennen, das Out-of-the-Box-Denken, sind alle eng miteinander verwandt. Es geht immer darum, einen Einwand, eine andere Position, eine neue Idee oder auch etwas Unangenehmes auszusprechen und zu thematisieren. Dafür braucht es Mut, Unabhängigkeit und ein gesundes Selbstvertrauen.

Überall gibt es Querdenker, Frauen wie Männer, und jeder beansprucht es ein bisschen für sich. Ein kritisches Denken sollte eigentlich zur Rolle jedes Verwaltungsrates gehören und auch aktiv ausgeübt werden. Der Verwaltungsrat muss nicht nur sich selbst kritisch hinterfragen, er muss dies ebenfalls bei der Geschäftsleitung tun. Dafür braucht es starke Alphatiere, die mit solcher Kritik auch umzugehen wissen. Jasager und Abnicker sind in einem Verwaltungsrat am falschen Platz.

Eine gesunde Unabhängigkeit ist zentral. Diese Eigenschaft wird oft den Frauen zugeschrieben, weil sie nichts verlieren können. Wenn sich die Frauen einmal in einen Verwaltungsrat eingearbeitet haben, dann stellen sie oft mehr und kritischere Fragen als ihre männlichen Kollegen.

Ein Verwaltungsrat machte mich auf das Beratungsgeschäft aufmerksam. Dort ist das kritische Hinterfragen vor allem von anerkannt Gewohntem und auch die Fähigkeit, einen unkonventionellen Weg zu gehen, enorm wichtig. Das fällt den Frauen im Allgemeinen leichter, und deshalb sind sie in diesem Tätigkeitsgebiet phänomenal gut. Sie können die Männer so richtig aus dem Konzept bringen. In den Diskussionen geht es meist um richtig oder falsch. In so einer Situation kommt der Mann schnell in eine Konkurrenzsituation, wo es ihm mehr darum geht, ob er recht hat, während die Frauen dies elegant umgehen.

Zu viel kritisches Denken ist in einem Verwaltungsrat dann aber doch wieder nicht erwünscht. Es kann sich als schwierig erweisen, weil man mit unendlich vielen Unterlagen und beeindruckenden Präsentationen eingedeckt wird und unter einem hohen Teamdruck steht. Wenn die Geschäftsleitung mit einem Projekt in den Verwaltungsrat kommt, dann hat sie das normalerweise bereits stundenlang überdacht, diskutiert, eventuell auch mit Experten besprochen und hat auf alles eine Antwort bereit. Da braucht es schon viel Mut, gewichtige kritische Einwände vorzubringen; viele Mitglieder wagen dies nicht und trauen es sich nicht zu. Am ehesten ist ein Querdenken auf dem jeweiligen Fachgebiet des einzelnen Verwaltungsrates möglich, weil er sich dort auf sicherem Boden fühlt. Die Gefahr besteht, wenn ein Verwaltungsrat durch sein ständiges Hinterfragen in den Sitzungen viel Zeit in Anspruch nimmt und so das Team stört, dass er irgendwann die Unterstützung seiner Kollegen verliert. Plötzlich wird er als Querulant angesehen und es könnte ihm nahegelegt werden, den Verwaltungsrat zu verlassen.

Es gibt Frauen, die gerade wegen ihrem Out-of-the-Box-Denken in einen Verwaltungsrat gewählt werden. Sie kommen dann zumeist nicht aus der Branche und bringen einen ganz anderen Lebenslauf und ein unübliches Anforderungsprofil ins Gremium ein, beispielsweise einen breiten kulturellen, philosophischen oder politischen Horizont. Ihre ganz eigene Perspektive wird zum Thema und von den Verwaltungsräten allseits geschätzt. Besonders Kommunikationsexperten sind beliebt in Verwaltungsräten und können allem Anschein nach viel bewirken. Ein branchen- oder fachfremdes Mitglied kann sich ein Verwaltungsrat aber nur erlauben, wenn er die Finanzen und das Recht fachlich bereits bestens abgedeckt hat, weil das die Kompetenzen sind, an denen später Verantwortlichkeiten festgemacht werden.

Es gibt Verwaltungsräte, die zu einem Thema extra eine kritische Stimme von aussen engagieren. Diese Person muss eine grosse Erfahrung auf dem jeweiligen Gebiet haben, um dem Verwaltungsrat bei der Analyse und eventuellen Entscheidungen zu helfen.

Mittlerweile ist in den Verwaltungsräten alles so furchtbar formell geworden, vor allem bei den Versicherungen und Banken. Und dadurch ist auch die unternehmerische Dynamik zum Teil verlorengegangen. Das heisst, dass der Spielraum für Out-of-the-Box-Denken und gewagte, offene und kreative Ideen und Projekte automatisch eingeschränkt ist.

In einer Familien-Aktiengesellschaft werden die externen Verwaltungsräte ganz selbstverständlich als Querdenker betrachtet; sie sind für diese Rolle angestellt. In einer grossen börsenkotierten Firma mit riesigen Umsätzen, tausenden von Arbeitsplätzen und gewaltigen Themenkomplexen, die an jeder Sitzung abgehandelt werden, fehlt hingegen ganz realistisch betrachtet einem externen Verwaltungsrat die Kapazität, sich als Querdenker einzubringen.

Eine gesunde Balance zwischen kritischen Denkern und Querdenkern und dem, was in einer Sitzung realistisch vertretbar und machbar ist, ist in jedem

Verwaltungsrat nötig. Dafür braucht es Persönlichkeiten, Frauen und Männer, die im richtigen Moment wissen, ob sich das Vorbringen einer anderen Sichtweise, sprich sich zu exponieren, lohnt und erfolgversprechend und zum allgemeinen Nutzen des Unternehmens ist und ob dadurch schlussendlich auch das Funktionieren des ganzen Teams im Verwaltungsrat nicht gefährdet wird.

Verwaltungsrätinnen äusserten sich dazu wie folgt:

Ganzheitlicher
- In einem Nominations- und Kompensationsausschuss sei es besonders schwierig, kritische Fragen zu stellen. Sie denke oft einfach anders als ihre Kollegen, ganzheitlicher und umfassender. Sie frage oft, ob das, was beschlossen werde, in das Gesamtbild des Unternehmens passe. Die Frauen hätten eine natürliche Tendenz, sich mit jenen Fragen zu beschäftigen, ob im HR-Bereich, der Führung oder der Kommunikation, die für börsenkotierte Firmen extrem wichtig sind.

Informationsasymmetrie
- Kritische Fragen könne man besser stellen, wenn man auch interne Informationen habe. Oft werde man mit derart viel Zahlenmaterial und einem dermassen grossen Stapel Papier zugeschüttet, dass es aufwendig und schwierig sei, die relevanten aus den nicht relevanten Daten herauszufiltern. Manchmal bestehe auch eine bewusste Absicht seitens des Verwaltungsratspräsidenten und des CEOs, möglichst viel Zahlenmaterial zu liefern, was auf eine Informationsasymmetrie zwischen dem CEO und den Verwaltungsräten hinauslaufe. Als Verwaltungsrat müsse man, wenn man die Zahlen zu sehr thematisiere, auch befürchten, dass die Kollegen einem einen Mangel an entsprechendem Wissen unterstellen.

Konkurrenz
- Sie vermute, dass sie gerade wegen ihres Querdenkens nicht in einen bestimmten Verwaltungsrat gewählt wurde, obwohl alle fachlichen Qualifikationen für sie gesprochen hätten. Vielleicht wäre sie auch eine zu starke Konkurrenz gewesen.

Steuerung des Sitzungsablaufs
- Wenn es ein Verwaltungsrat sei, der einfach Themen durchwinken möchte, dann sei das kritische Denken lästig. Man versuche den Sitzungsablauf über die Agenda zu steuern, und es bestehe erst beim Traktandum «Frage und Antwort» die Möglichkeit, sich kritisch zu äussern. Manche täten dies sowieso am liebsten erst nach der Sitzung. Die Frage sei, weshalb man in das Gremium gewählt wurde: weil man etwas eben in Form kritischer Einwände beizutragen habe, oder weil man einen gewichtigen Namen trage. Wenn man einen Mehrwert im Verwaltungsrat schaffen möchte, dann müsse dieser für das Querdenken offen sein, solange es nicht penetrant sei.

Verwaltungsräte äusserten sich dazu wie folgt:

Keine Ahnung
- Es gebe einen Unterschied zwischen kritischen und solchen Fragen, bei denen man eindeutig merke, dass die Person nicht verstanden habe, um was es gehe und von was man rede. Das sei dann eher peinlich; es werde offenkundig, ob ein Mitglied jemals im operativen Bereich tätig gewesen sei. In Extremfällen sei es die Aufgabe des Nominationsausschusses, mit dieser Person zu reden und ihr zu sagen, man sei zum Schluss gekommen, dass ihre Beiträge minimal seien. Es gebe auch Mitglieder, die selber realisierten, dass sie nichts beitragen könnten. Er habe auch schon erlebt, dass Verwaltungsräte sich absichtlich neben ihn setzten, damit er ihnen erklären könne, um was es gehe.

Kritische Kundin
- Zu einer Verwaltungsratssitzung habe er extra eine Kundin als aussenstehende, mit dem Produkt vertraute Querdenkerin eingeladen, um direkt von ihr zu erfahren, was sie davon halte. Sie sei die Verantwortliche für die Ausstattung von öffentlichen Immobilien gewesen. Offen und direkt hätte sie gesagt, die Qualität des Produktes sei grossartig, aber das Design und die Farben seien altbacken und verstaubt. Sie würde für ihre Institutionen nie bei ihnen kaufen.

Störenfried
- Querdenker würden immer stören. Aber es müsse positiv stören, im Sinne, wo man sich frage: «Haben wir schon mal an das gedacht?» oder «Haben wir uns die Auswirkungen genau überlegt?»

Am Vorabend
- Eine Verwaltungsratssitzung könne bis zu sechs Stunden dauern, mit einer Präsentation nach der anderen. Im besten Falle stelle man eine Frage, um im Protokoll erwähnt zu sein. Breite Diskussionen fänden höchstens noch beim Nachtessen am Vorabend statt, also eigentlich im informellen Teil.

Recht haben
- Es könne vorkommen, dass sich ein Querdenker nicht an einen Prozess halte, weil er immer recht haben möchte. Er spreche aus eigener Erfahrung von einem Verwaltungsrat, der Mühe gehabt habe, eine Entscheidung zu akzeptieren. Der sei wie ein Klotz am Bein und selber frustriert gewesen. Aber trotzdem sage er, dass es in gewissen Bereichen für kritische Denker Platz haben müsse.

«Stunk» machen
- Er sei sich nicht sicher, ob er absichtlich einen Querdenker in seinen Verwaltungsrat wählen würde. Wenn es dann darauf hinauslaufe, dass jemand eher «Stunk» mache, dann lieber nicht. Wenn man ihn jedoch ins Gremium integrieren könne, dann schon. Durch »Stunk» verliere man viel wertvolle Zeit.

Auf Kopf den schlagen
- Das Querdenken gebe es in seinem Verwaltungsrat, aber man schlage sich nicht auf den Kopf. Als Ökonom sei man schon mal für diese Funktion prädestiniert.

5. Nonverbales

Um was geht es, wenn man vom Nonverbalen in Sitzungen spricht? Damit sind Beobachtungen gemeint, die sich anfangs nicht in Worten ausdrücken lassen. Es sind Wahrnehmungen mit den Augen, die einen qualitativen Charakter haben und stark auf Erfahrungen beruhen. Kurz: Es geht um die Körpersprache.

Wie kann sich Nonverbales in Verwaltungsratssitzungen zeigen? Es kann sich darin manifestieren, ob jemand gut oder schlecht aussieht, wie jemand am Tisch sitzt und mit wem er Augenkontakt pflegt. Wer wo sitzt, ist ebenfalls ein wichtiger Punkt: Sitzt der Verwaltungsrat auf einer Seite und die Geschäftsleitung auf der anderen, wird man im Voraus platziert oder gibt es eine freie Platzwahl? Spricht jemand immer zur gleichen Person, kann dies eine Body-Aversion bedeuten. Lächelt jemand oder schaut er grimmig? Langatmiges Sprechen und nicht zum Punkt Kommen wird mit Augenverdrehen der anderen kommentiert und kann auch heissen, dass er einen völligen «Käse» erzählt. Wenn sich jemand nach vorne biegt, möchte er meist etwas sagen. Auch Kopfschütteln, Räuspern, nervös auf dem Stuhl Herumrutschen, die Mimik – das sind alles Zeichen, dass etwas nicht stimmt. Wenn sich zwei in einer harten Diskussion plötzlich nicht mehr anschauen oder die Stimmen stärker werden, macht dies die Anwesenden im wahrsten Sinne des Wortes hellhörig. Das ständige auf das Handy Schauen oder E-Mails Lesen wird von den anderen Mitgliedern als Affront empfunden. Es zeigt ein unkonzentriertes Verhalten, Gleichgültigkeit und Abwesenheit und wirkt störend.

Das Nonverbale ist enorm wichtig. Das ist wohl die Ursache, weshalb sich die Videokonferenzen nie richtig durchgesetzt haben. Man hat immer nur die Person im Bild, die gerade spricht, nie das ganze Gremium. Die ganzheitliche physische Präsenz aller Teilnehmer und somit auch ihre Körpersprache sind nicht sichtbar. Weil dies aber so wichtig ist, müssen Verwaltungsräte viel reisen. Eine Stimmung und insbesondere das Nonverbale sind unmöglich auf einem Bildschirm zu verfolgen, wenn jeder genau weiss, wann er im Zentrum und unter Beobachtung steht – nämlich nur dann, wenn er spricht.

Generell nehmen sämtliche Verwaltungsräte das Nonverbale umfassend wahr, insbesondere bei denjenigen, die man gut kenne. Auch möchten alle diese Früherkennungsmerkmale ansprechen, gerade weil sie ebenso wichtig sind wie das Verbale. Das kann direkt während einer Sitzung sein und als Einladung verstanden werden, eine Diskussion neu zu entfachen, und es kann so eine interessante Dynamik auslösen. Oder es kann auch nachher bei einem gemeinsamen Essen geschehen. Die Hemmschwelle, Ungewohntes zu thematisieren und zu verbalisieren sinkt mit der Erfahrung und dem Alter. Die Meinungsbildung wird durch die nonverbale Kommunikation beeinflusst. Darüber waren sich die meisten Gesprächsteilnehmer einig.

Verwaltungsrätinnen äusserten sich dazu wie folgt:

Schlecht aussehen
- In den Sitzungen sei meist die Geschäftsleitung mit dabei, da beobachte sie sehr genau. Es sei schon vorgekommen, dass jemand kein Wort gesagt habe, obwohl es Themen im Kernbereich dieser Person betroffen habe. Sie schaue, wie das Team funktioniere und zusammenspiele, oder ob der CEO eine Show abziehe. Schon mehrfach habe sie erlebt, dass ein CEO schlecht ausgesehen und bei jedem Treffen zwei Kilo weniger gewogen habe. Dann würden sie oder der Verwaltungsratspräsident mit ihm reden gehen.

Am Fenster sitzen
- Sie sitze bewusst am Fenster, damit sie die Leute gut vor sich sehe und beobachten könne, was die Gesichter sagten. Sie spreche das Nonverbale auch manchmal an, aber ohne jemanden blosszustellen, im Sinne von sie habe das Gefühl, er sei nicht ganz einverstanden oder überzeugt, und was los sei.

Nur Geschäftliches
- Wenn jemand schlecht aussehe, werde es oft von den Frauen zum Thema gemacht und den Gründen nachgegangen. Eventuell werde auch Hilfe durch einen Coach angeboten. Das passiere meist beim gemeinsamen Essen nach der Sitzung und auch nur auf einer lockeren Ebene, denn eigentlich möchte man sich nur so weit involvieren, wie es das Geschäftliche erlaube.

Situationsbezogen
- Sie glaube, es sei menschlich, dass man durch das Nonverbale beeinflusst würde. Aber es gäbe Situationen, wo man standfest bleiben und Momente, wo man realisiere müsse, alleine dazustehen und es besser sein lasse.

Nadel fallen hören
- Das Nonverbale seitens der Männer sei unglaublich. Wenn eine Frau etwas sage, dann könne man eine Nadel fallen hören. Die Männer hörten ganz genau zu, um zu sehen, ob die Frau etwas Wichtiges zu sagen habe. Und wehe, es gebe nur irgendwo eine kleine Argumentationslücke, dann reagieren Männer oft wie ein Terrierhund. Natürlich gebe es auch Männer, die wohlwollend seien, weil sie wüssten, dass von Frauen gute Beiträge kämen. Aber es existiere auch der Typ Mann, der neidisch sei und fände, die Frauen beanspruchten zu viel Raum. Und dann gebe es noch eine Gruppe von Männern, die mit unangebrachten Bemerkungen dazwischenfunkten.

Verwaltungsräte äusserten sich dazu wie folgt:

Kein «Mimosentreffen»
- Wenn jemand beispielsweise passiv würde und einfach nichts mehr sage, dann frage er ihn explizit, was seine Meinung sei. Ein Verwaltungsrat sei kein «Mimosentreffen», man sei bezahlt, um eine Meinung zu haben und sie auch kundzutun.

Blickkontakt
- Man müsse die Leute lesen können, sonst habe man die Hälfte der Kommunikation verpasst. Beobachtungen nonverbaler Natur beeinflussten ihn insofern, als er dann versuche, das Thema nochmals anders zu adressieren und anders zu argumentieren. Er suche bewusst den Blickkontakt zu den Mitgliedern, manchmal auch um sie aufzuwecken.

Coach
- Er arbeite selber mit einem Coach, der an Sitzungen komme und ihm nachher ein Feedback gebe. Der Coach mache aber auch Interviews mit allen anderen Verwaltungsräten und nachher einen Workshop mit dem gesamten Gremium. Das Ziel sei, die Stärken zu steigern und die Schwächen zu erkennen. Das Wissen um die Schwächen und vor allem das Lernen, damit umzugehen, helfe viel.

Beeinflussung
- Er sei sich gewöhnt, zu referieren. Deshalb könne er dabei sehr gut beobachten, was ringsherum passiere. Er sehe bei jedem Einzelnen, was er für eine Meinung habe, das sei hochinteressant. Die Entscheidung würde dann zumindest unbewusst dadurch schon beeinflusst.

Keinen Einfluss
- Das Nonverbale nehme er schon wahr, seine Meinung könne davon jedoch nicht beeinflusst werden. Es gehe immer um die Firma und nur um das Beste für sie.

Kursbesuch
- Weil man das Nonverbale lernen könne, besuche er in London extra Kurse dafür.

6. Bauchgefühl

Das Bauchgefühl ist schwierig zu verbalisieren, eben weil es ein Gefühl ist und aus dem Bauch herauskommt. Aber der Verstand läuft mit; es ist ein Zusammenspiel von denken und fühlen, das sich nicht so leicht voneinander trennen lässt. Im Bauch laufen nämlich genauso viele Nervenstränge zusammen wie im Kopf – ein klares Indiz dafür, dass auch wichtig ist, was im Bauch passiert. Das ist rational und empirisch bewiesen.

Ein Bauchgefühl haben Frauen wie Männer. Es wird immer mehr an Sitzungen thematisiert, wenn auch mehrheitlich zuerst von den Frauen. Es gibt Männer, die im Nachhinein einer Frau zum Ausdruck bringen, wie froh sie seien, dass sie das Bauchgefühl angesprochen habe, aber ebenso solche, die sich nicht recht getrauen, es zu artikulieren. Doch um eine Entscheidung zu treffen reicht das Bauchgefühl nicht aus – es muss mehr Fleisch am Knochen haben, und es müssen Fakten beigezogen werden. Man kann auch von faktenbasierten Bauchentscheidungen sprechen. Da spielen zum Beispiel Scheingenauigkeiten in Tabellen mit Eintrittswahrscheinlichkeiten eine Rolle oder das Politische, wenn plötzlich Enteignungen stattfinden oder Aktien blockiert werden sollten. Oder wenn plötzlich nicht mehr ein Schweizer Gericht, sondern ein ausländisches entscheidet. Auch Hackerangriffe sind immer mehr ein Problem. Doch am Ende beruht alles auf dem Vertrauen der Beteiligten und wohlabgewogenen Bauchentscheidungen, die letztendlich ausschlaggebend sein können.

Wenn in einer Sitzung die Fakten stehen, aber der Bauch dabei klemmt, eine Entscheidung zu treffen, dann muss man sich dies eingestehen. Das kann auch als Auslöser für Besorgnis interpretiert werden und eine falsche Entscheidung nach sich ziehen. Dieses Problems sind sich eher die Frauen bewusst, weil sie einfach wissen, dass einer Frau ein falscher Entscheid weniger verziehen wird als einem Mann. In solchen Situationen sollte ein definitiver Entscheid vertagt werden, bis Klarheit herrscht. Es kann nämlich auch sein, dass Meinungsbildungen aus einer Euphorie und Begeisterung heraus entstehen, also auf weitgehend guten Gefühlen basierend. Dabei ist bestimmt Vorsicht geboten und schon deshalb eine Verschiebung des Entscheides angebracht. Das sehen die meisten Verwaltungsräte so. Aber diese zusätzliche Bedenkzeit ist nur möglich, wenn kein Zeitdruck besteht und ein Beschluss nicht am selben Tag erwartet wird.

Wenn sich die Chancen und die Risiken in etwa die Waage halten, dann entscheidet meist das Bauchgefühl. Natürlich wird so lange wie möglich versucht, es zu rationalisieren, um genau herauszufinden, was dahintersteckt. Wenn man dann den Ursprung gefunden hat, kann dieses Gefühl zum Positiven gewendet werden. Insbesondere bei Personalentscheidungen ist es wichtig, dass die Intuition und die Ratio einander ergänzen, denn das sind die wichtigsten Entscheidungen überhaupt.

Verwaltungsrätinnen äusserten sich dazu wie folgt:

Mehr Gehör
- Die Wahl eines neuen CEOs habe angestanden. Sein Curriculum und Assessment habe für einen bestimmten Kandidaten gesprochen, also sei seiner Nomination nichts im Wege gestanden. Sie habe als einziger Verwaltungsrat eingewendet, dass ihr Bauchgefühl sage, von einer Anstellung abzusehen. Sie sei von den männlichen Verwaltungsräten überstimmt worden, der CEO wurde angestellt. Nach ein paar Monaten habe es grosse Probleme mit ihm gegeben. Das positive Fazit für sie sei, dass ihrer Stimme im Verwaltungsrat seit dann viel mehr Gehör geschenkt worden sei.

Bestätigung
- Das Bauchgefühl habe ihr immer im Nachhinein im Positiven und Negativen recht gegeben, sei es bei Entlassungen, bei Neueinstellungen oder bei Zukäufen. Je älter man werde, desto mehr wisse man zudem, was gehe und was nicht.

Risikoträger
- Eine letzte Gewissheit habe man nie, auch nicht beim Bauchgefühl. Insbesondere im Finanzbereich könne man keine Prognosen machen. Zu viele unvorhersehbare Ereignisse beeinflussen die Kurse und Umsätze. Die Frage sei dort vielmehr, ob man das sorgfältig abgewogene Risiko tragen könne. Wenn dies der Fall ist, müsse man aus dem Bauch heraus entscheiden, ob man dieses eingehen will.

Schweizer Medien
- Wenn sie zwei gleich gute Argumentationen höre, dann folge sie ihrem Bauchgefühl. In einem grossen internationalen Verwaltungsrat würde es allerdings komplexer, etwa, weil die Zahlen schon stimmen könnten, aber ein Mitglied in der Schweiz lebe und sein Bauchgefühl auch durch die täglichen Informationen aus den Medien beeinflusst werden. Gefühle sind eben schwierig zu artikulieren und noch schwieriger zu messen.

Aspekt zu spät
- Es gebe schon immer wieder Situationen, wo man im Nachhinein denke, man hätte intervenieren müssen. Sie möchte dabei aber nicht vom Bauchgefühl sprechen, sondern mehr davon, dass sie nachher denke, dieser oder jener Aspekt hätte ihr noch in den Sinn kommen und von ihr erwähnt werden sollen.

Auseinanderpflücken
- Wenn ihr Bauch nicht mitspiele, dann frage sie sich, was los sei. In so einer Situation sollte man das Rationale nochmals auseinanderpflücken, bis der Bauch auch zustimme.

Verwaltungsräte äusserten sich dazu wie folgt:

Wo der Schuh drückt
- Am Schluss werde immer aufgrund von Fakten entschieden, aber der Zeitpunkt des Entscheidens enthalte ein Bauchgefühlelement. Wenn er merke, dass der Verwaltungsrat nicht bereit sei, sich hinter etwas zu stellen, dann sei seine Aufgabe, das Gespür zu haben, jetzt nicht etwas durchzuboxen. Dann führe er Eins-zu-Eins-Gespräche mit allen Verwaltungsräten, um herauszufinden, wo der Schuh wirklich drücke.

Geschäft wirklich verstehen
- Das Bauchgefühl habe immer mit dem Betrieb zu tun. Nur wenn man das Geschäft wirklich richtig verstehe, gebe es ein Bauchgefühl. Wenn man es nicht verstehe, dann möge man wohl auch ein Bauchgefühl haben, aber die Wahrscheinlichkeit, dass dieses falsch sei, liege sehr hoch.

Selber denken
- Das Bauchgefühl sei eher das, was man selber denke, also aus der Überlegung heraus, wie es wäre, wenn man die Situation zuliesse, und wie sich diese weiterentwickeln würde. Wenn man glaube, die Sachlage entwickle sich gut, dann habe man ein gutes Bauchgefühl. Aber wenn man eben glaube, es entstünden Konflikte, es könne nicht so weitergehen und das Problem müsse man lösen, dann habe man auch

ein Bauchgefühl, welches besage, dass es nicht gut weitergehen würde und man etwas unternehmen müsse.

Widerwillig
- Bei Entscheidungen habe er oft ein Bauchgefühl, welches ihm etwas anderes sage als beispielsweise rechtliche Überlegungen. Manchmal stimme er zu, aber widerwillig. Es sei ihm auch schon passiert, dass er nachträglich gedacht habe: «Hätte ich doch nur auf mein Bauchgefühl gehört, auf meine innere Überzeugung, auch wenn ich der Einzige gewesen und bei den anderen nicht gut angekommen wäre.»

Aus dem Busch
- 90 Prozent seiner Entscheidungen beruhten auf dem Bauchgefühl. Er spüre schon am Anfang einer Sitzung, wo etwas klemme und wer mit wem schon in einem Hinterzimmer gesprochen habe; das realisiere er bereits, wenn er den Sitzungssaal betrete. Deshalb sei es für ihn ganz wichtig, dass man über alles spreche. Manchmal übertreibe er dann gerne, damit die anderen aus dem Busch kämen, das erlaube er sich, weil er schon in einem fortgeschrittenen Alter sei und keine Karriereabsichten mehr habe. Früher sei er eher vorsichtiger gewesen und habe sich weniger getraut, der Respekt sei einfach zu gross gewesen.

Nicht blind vertrauen
- Für ihn müsse das Bauchgefühl analysiert und verstanden werden. Die Frauen, mit denen er zusammenarbeite, hätten immer sehr schnell ein Gefühl für etwas. Er behaupte aber, dem Gefühl könne man nicht einfach blind vertrauen, weil es sich auch als falsch herausstellen könne. Die Frauen würden offenbar früher als er ein Warnsignal erhalten.

7. Rolle des Verwaltungsratspräsidenten

Der Verwaltungsratspräsident spielt eine ganz wichtige Rolle, indem er die Zusammensetzung des Verwaltungsrates bestimmen und somit die Verschiedenartigkeit der Mitglieder steuern kann. Eine weitere wichtige Funktion ist, sein gemischtes Team gut zu führen. Das kann beispielsweise heissen, dass er in einer Sitzung nicht demjenigen das Wort zuerst erteilt, der sowieso einen Wissensvorsprung hat und bei dem die Gefahr besteht, dass er die Meinung der anderen beeinflusst. Er muss eine Meinungsbildung orchestrieren, die nicht von jemandem dominiert sein darf, der mehr weiss. Emotionale Intelligenz ist unabdingbar für einen Verwaltungsratspräsidenten.

Der Verwaltungsratspräsident bestimmt grundsätzlich den Ablauf der Sitzung. Meistens ist die Geschäftsleitung bei der Sitzung anwesend. Es gibt Verwaltungsratspräsidenten, die am Anfang der Sitzung alleine sein möchten, das heisst ohne den CEO, CFO und Sekretär. Die Idee dahinter ist, dass die Mitglieder frei ausdrücken können, was ihnen an den Unterlagen nicht passt, was in ihren Köpfen vorgeht und was sie zur letzten Sitzung noch erwähnen möchten. Am Schluss der Sitzung ist der Verwaltungsrat wieder allein, um den Sitzungsverlauf zu hinterfragen. Es kann auch vorkommen, dass der Präsident während der Sitzung das Management für eine bestimmte Zeit entlässt, um den Verwaltungsrat unter sich diskutieren lassen zu können. All das erfordert viel Gespür des Verwaltungsratspräsidenten.

Zum Ablauf der Sitzung gehört auch, die Traktandenliste zusammenzustellen und zu bestimmen, welche Themen behandelt werden und wie viel Zeit ihnen eingeräumt wird. Welche Themen am Anfang, wo jeder noch frisch und fit ist, behandelt werden, oder am Ende der Sitzung, wo jeder müde ist und den Zug erreichen will, obliegt ebenso dem Verwaltungsratspräsidenten. Auch ist er an den Sitzungen dafür verantwortlich, dass Ruhe und Ordnung herrscht und ein respektvoller Umgang untereinander gepflegt wird. Wenn beispielsweise zwei miteinander diskutieren oder jemand sein Handy benützt, muss er eingreifen.

Verwaltungsrätinnen äusserten sich dazu wie folgt:

Messerscharf argumentieren
◆ Ein Verwaltungsratspräsident müsse gewillt sein, die Verschiedenartigkeit der Mitglieder zu akzeptieren. In einem gemischten Team mit Frauen und Männern ändere sich die Gesprächskultur, und es müsse dementsprechend anders geführt werden. Das obliege dem Verwaltungsratspräsidenten. Es könne sein, dass er plötzlich eine Frau im Gremium habe, die bestens vorbereitet, fachlich versiert und messerscharf argumentiere, dann müsse er wissen, wie damit umzugehen sei.

Viel Widerspruch
◆ Die Stellung des Verwaltungsratspräsidenten werde zu wenig besprochen. Er müsse eine eigenständige Person sein und viel Wiederspruch aushalten können.

Verhältnis zu CEO
◆ Der Verwaltungsratspräsident müsse ein gutes Verhältnis zum CEO pflegen, das sei eine seiner wichtigsten Aufgaben. Deshalb habe es sie erstaunt, dass ein Verwaltungsratspräsident einen solchen Posten angenommen habe, ohne den CEO vorher getroffen oder gekannt zu haben; dies anscheinend deshalb, weil der CEO sowieso nur noch zwei Jahre im Amt bleiben würde und er ihn wohl noch so lange aushalten werde.

Verwaltungsräte äusserten sich dazu wie folgt:

Alphatier – Narzissten
◆ Normalerweise sei der Stärkste im Gremium, jener mit der kraftvollsten Meinung, der Verwaltungsratspräsident. Er sei das Alphatier. Wenn er dies nicht sei, dann möchte er es auf jeden Fall werden und ein allfälliges anderes Alphatier im Verwaltungsrat loswerden. Auch gebe es viele Narzissten, die den Posten eines Verwaltungsratspräsidenten gerne hätten, weil er ihnen Prestige bringe, aber keine Ahnung von irgendetwas hätten. Und von denen gebe es verhältnismässig erstaunlich viele.

Grosser Unsinn
◆ Es gebe Verwaltungsratspräsidenten, die bei allen Ausschusssitzungen dabei seien. Das finde er einen grossen Unsinn, und es sei ineffizient. Abgesehen davon sei es für die Mitglieder im Ausschuss nicht vertrauensfördernd, und die Stellung des Ausschusspräsidenten werde geschwächt, wenn der Verwaltungsratspräsident meine, er müsse immer anwesend sein. Die definitiven Entscheide würden sowieso nicht im Ausschuss, sondern immer im Gesamtverwaltungsrat getroffen.

8. Absprachen im Verwaltungsrat

Ausschlaggebend dafür, ob es in einem Verwaltungsrat zu Absprachen unter den Mitgliedern kommt, ist die Vertrauensbasis; idealerweise ist das Vertrauen an den Inhalt gekoppelt, der besprochen wird. Das Geschlecht ist nicht entscheidend; nur wenige Frauen sprechen sich eher unter ihresgleichen ab. Wesentlich ist vielmehr, ob man sich zu einer Person speziell hingezogen fühlt und es sich bei ihr um jemanden Gleichgesinntes handelt. Realität ist, dass man mit vorheriger Absprache besser zum Ziel kommt, den bestmöglichen Entscheid zu treffen.

Es kommt auch auf die Kultur des Verwaltungsrates an. Einerseits gibt es Gremien, bei denen die Diskussionen am Tisch zu führen sind und vorgängige Absprachen unerwünscht sind. Man möchte wissen, auf welcher Basis Argumente erarbeitet werden. Andererseits gibt es Verwaltungsräte, wo vorgängig jede Menge Absprachen stattfinden. Jedenfalls gibt es bei beiden Geschlechtern solche, die Absprachen strikte vermeiden, und andere, die sie als Teil ihres Jobs anschauen.

Absprachen können einen weiteren Vorteil haben. Wenn man im Vorfeld Kollegen von seinem Standpunkt überzeugen möchte, dann ist man automatisch gezwungen, seine eigene Sichtweise kritisch zu hinterfragen, und man kommt eventuell zum Schluss, dass die eigene Einschätzung falsch ist und man es besser sein lässt. Gerade deshalb können Absprachen einen durchaus positiven Einfluss auf einen Sitzungsverlauf haben, weil wertvolle Zeit eingespart werden kann.

Erfahrene Kollegen und solche mit einer wichtigen Stimme im Verwaltungsrat sind beliebte Ansprechpersonen, auch in dem Sinne, dass man etwas nicht verstanden hat und es vorgängig geklärt haben möchte. In grossen Unternehmen finden Absprachen und Diskussionen in den verschiedenen Ausschusskomitees statt. Dort hat man die Möglichkeit, sich untereinander abzustimmen und danach dem Gesamtverwaltungsrat die Grundlagen für eine Abstimmung vorzulegen. Auch zwischen dem Verwaltungsratspräsidenten und dem CEO finden normalerweise vor der Sitzung Absprachen und Diskussionen statt.

Aber eigentlich sollte es ja immer um die Firma gehen und nicht darum, was der andere denkt. Ein Verwaltungsrat kann – wie auch die Geschäftsleitung – eine wild zusammengewürfelte Mannschaft sein. Nur hat die Geschäftsleitung einen ganz anderen Druck, der sie zusammenhält, nämlich das Ergebnis, für welches sie verantwortlich ist. Dieser Druck hat den Vorteil, dass eine Geschäftsleitung schneller bereit ist, sich von Leuten zu trennen, von denen sie den Eindruck hat, sie könnten die Firma nicht vorwärtsbringen. In einem Verwaltungsrat ist dieser Druck nicht so hoch.

Verwaltungsrätinnen äusserten sich dazu wie folgt:

Vertrauen unter Frauen – externe Verwaltungsräte
- Sie spreche nur mit jemandem vor der Sitzung, zu dem sie volles Vertrauen habe; meist sei dies eine andere Frau. Sie müssten gar nicht viel miteinander diskutieren, sie wüssten beide sofort, was die jeweils andere denke. Schwierig sei eine Absprache in einem Familienunternehmen, wo beispielsweise Vater und Sohn im Verwaltungsrat seien. Da sei es einfacher, sich mit externen Verwaltungsräten zu verbinden.

Eisbrecherin
- Oft sei sie die Eisbrecherin bei heissen Themen. Dafür spräche sie sich im Vorfeld der Sitzung taktisch geschickt ab.

Weibeln und mobilisieren
- Das Thema Frauenförderung sei einmal traktandiert gewesen, und sie habe vorher bewusst niemanden kontaktiert. Der Verwaltungsrat habe

das Traktandum eröffnet, und alle hätten zu ihr geschaut. Sie habe bewusst nichts gesagt und abgewartet, was passiere. Weil niemand etwas sagte, sei es dem Präsidenten unwohl geworden. Sie habe dann kurz ausgeführt, weshalb ihr das Thema wichtig sei. Aber eigentlich wäre es für sie viel spannender gewesen, die Haltung der anderen Verwaltungsräte zu kennen, denn ihre eigene war allen bekannt. Von den Frauen sei sie übrigens nicht unterstützt worden, was sie nicht als Negativum anschaue, sondern als äusserst positiv. Die Frauen hätten so gezeigt, dass es ihnen primär um die Sache gehe und nicht nur um die Frau. Nachträglich habe sie sich aber eingestehen müssen, dass sie vielleicht doch etwas mehr für das Thema hätte weibeln und mobilisieren müssen.

Altersunterschied
- Der Altersunterschied unter den Verwaltungsräten spiele auch eine Rolle. Es sei bei einer Konstellation mit grösseren Unterschieden viel schwieriger, eine Beziehung aufzubauen, den Hörer in die Hand zu nehmen und zu fragen, was der andere denke, während sie sich in einem Verwaltungsrat mit Mitgliedern der gleiche Generation Tag und Nacht getraue, jemanden zu kontaktieren, um Sachen zu klären oder Anliegen vorzubringen.

Schwierigkeit von Neuem
- Etwas Neues in einer Sitzung vorzutragen, ohne es vorher mit einem Kollegen besprochen zu haben, sei schwierig. Die meisten Verwaltungsratspräsidenten hätten sowieso die Traktanden mit der Geschäftsleitung vor der Sitzung schon drei Mal diskutiert.

Nie hinten herum
- Sie habe noch nie ausserhalb der Sitzung mit ihren Kollegen über das Geschäft oder die Strategien gesprochen. Die Themen müsse man im Gremium auf den Tisch bringen und nicht hinten herum, sonst würden ja einige mehr als die anderen wissen, was sie nicht gut fände. Das sei auch nicht ihr Stil, sie spreche Sachen lieber direkt an.

Verwaltungsräte äusserten sich dazu wie folgt:

Gruppenbildung
- Natürlich gebe es Absprachen im Verwaltungsrat. In jedem Gremium, das aus mehr als sieben Leuten bestehe, formten sich Gruppen, die sich sympathisch fänden. Da frage man sich untereinander: «Verstehst du das?», «Was wollen die von uns?» oder «Was soll man da sagen?» Er ist sich gleichzeitig aber nicht sicher, ob das das richtige Verhalten sei, weil es ja immer um die Firma gehe und nicht darum, was der andere denke.

Teil der Vorbereitung
- Vor einer Sitzung hätten meist verschiedene Verwaltungsratsmitglieder bereits miteinander Kontakt gehabt. Das sei schon fast Teil der Vorbereitung. Es gebe immer wichtigere Stimmen, die helfen könnten, ein Geschäft durchzubringen.

Nicht offiziell
- Gespräche vor oder nach einer Verwaltungsratssitzung seien ebenso wichtig wie die Sitzung selber. Das gebe es, das sei absolut klar, aber eher nicht offiziell.

Fingerspitzengefühl
- In seinem Verwaltungsrat gebe es keine Absprachen. Es gebe Themen, bei denen man im Voraus wisse, dass jemand eine ganz bestimmte Meinung dazu habe. Da brauche es Fingerspitzengefühl, diesen Leuten im richtigen Moment das Wort zu erteilen, ohne sie zu brüskieren.

Hinterzimmer-Koalitionen
- Er sei strikte gegen vorgängige Absprachen, weil sie einen Teil der Diskussion vorwegnähmen. Abgesehen davon führten Hinterzimmer-Koalitionen dazu, dass man sich nicht mehr als Teil des ganzen Teams fühle. Es sei besser, dass jeder komme, sich äussere, und mit nichts hinter dem Berg gehalten werde. Das «Päcklimachen» empfinde er als negativ.

Externe Leute
- In seinem Verwaltungsrat würden nie Absprachen getroffen. Er spreche überdies mit externen Leuten und hole sich dort eine Meinung.

Absolute Unabhängigkeit
- Er würde keine «Päckli» machen. Das machten aber sehr viele, damit sie in der Sitzung nicht überrascht würden. Er sei als Unabhängiger in einen Verwaltungsrat gewählt worden. Wenn er dem nachleben möchte, dann müsse er einfach in eine Sitzung hereinmarschieren können und diese mit irgendeinem Statement, einer Einschätzung, einem Antrag oder was auch immer überraschen. Er habe sich für sein ganzes Leben die absolute Unabhängigkeit auf die Fahne geschrieben.

9. Abstimmungen

Die Tendenz, einstimmige Abstimmungsresultate zu erzielen, besteht bei den meisten Gesprächsteilnehmern. Meistens wird gar nicht abgestimmt, es sei denn, man müsse es aus formellen Gründen tun. Der Verwaltungsratspräsident sagt am Schluss der Diskussion, er nehme an, dass alle einverstanden seien und ob er dies so protokollieren lassen dürfe. Essentiell dabei ist, dass sich nachher alle an den Entscheid halten und dass alle Verwaltungsräte ihre Meinung einbringen konnten – und mussten, denn alle Sichtweisen müssen auf und nicht unter dem Tisch sein.

Abstimmungen haben nichts mit dem Geschlecht, sondern ausschliesslich mit der Sache und dem Inhalt zu tun. Die Mitglieder müssen mit Argumenten überzeugt werden, und wenn nicht alle überzeugt sind, ist ein Projekt noch nicht reif und muss für eine nächste Sitzung nochmals traktandiert werden. Mehrheitsentscheide sehen die meisten Verwaltungsräte als problematisch. Nach einer intensiven Diskussion, die eben dank der Diversität im Verwaltungsrat geführt wird, sollten alle Mitglieder ohne Wenn und Aber einen Entscheid mittragen können, ansonsten sie sich bei entsprechender Tragweite einen Austritt überlegen müssten.

Wenn man abstimmen lassen muss, dann ist dies oft als Zeichen zu verstehen, dass es in einem Verwaltungsrat «knistert». Zu viel Opposition verträgt es nicht. Dies kann auch der Zeitpunkt sein, zu dem ein Verwaltungsratsmitglied lieber das Gremium verlässt, weil es selbst merkt, dass es isoliert ist. Vor allem wenn es um Entscheide der Firmenkultur geht, sollten diese einstimmig gefällt werden.

Verwaltungsrätinnen äusserten sich dazu wie folgt:

Absolute Ausnahme
- Sie habe auch schon gegen den ganzen Verwaltungsrat gestimmt. Das sei jedoch die absolute Ausnahme gewesen und sollte auch so sein, weil dies einem selbst und seiner Kredibilität schade. Irgendwann würde man zum Aussenseiter gestempelt, wenn man ständig gegen die anderen stimme. Das könne man einfach nicht, und dann sollte man besser demissionieren.

Angst vor Risiko – Feigheit
- Immer wenn sie erlebt habe, dass der Verwaltungsrat nicht einstimmig entschieden habe, sei es deshalb gewesen, weil ein Mitglied Angst vor dem Risiko gehabt habe. Sie fände es dann ziemlich feige, wenn jemand sich aus der Verantwortung stehle und protokollieren lasse, dass er nicht einverstanden gewesen sei. Das sollte wirklich nur extrem selten vorkommen.

Verwaltungsräte äusserten sich dazu wie folgt:

Schwache Entscheidungen
- Ob Abstimmungen einstimmig gefällt würden oder nicht komme sehr auf den Verwaltungsratspräsidenten an. Es gebe selten welche, die so kompetent seien, dass sie auch streiten könnten; die meisten suchten einen Konsens. Deshalb kämen am Schluss eben schwache Entscheidungen heraus, weil sich darauf alle einigen könnten. Wenn die Firma Probleme habe, dann brauche es starke Entscheidungen, und diese fänden dann erst im letzten Moment statt, wenn der Druck von aussen so gross geworden sei, dass man etwas machen müsse.

Mit Stichentscheid
- In seiner langjährigen Praxis habe er noch nie erlebt, dass ein Verwaltungsratspräsident mit Stichentscheid seine Meinung durchgebracht habe.

Ohne Stichentscheid
- Selten sei man sich wirklich in jedem Punkt einig. Er könne sich auch an Situationen erinnern, wo der Präsident den Stichentscheid gegeben habe.

Neu Aufrollen
- Es sei auch schon vorgekommen, dass man dachte, ein Entscheid sei schon gefallen, und dann habe ein Verwaltungsrat eingewendet, er sei sich nicht so sicher. Man habe den ganzen Prozess nochmals aufgerollt und hinterfragt und sei dann schlussendlich zu einer anderen Entscheidung gekommen.

Alleinige Gegenstimme
- Der Schwachsinn dieser Einstimmigkeit treibe ihn auf die Palme. Er habe schon etliche Male alleine eine Gegenstimme abgegeben und sei deswegen noch nie aus einem Verwaltungsrat hinausgeworfen oder von einer Familie zitiert worden. Nur so zeige er doch seine Unabhängigkeit.

Erwähnung im Protokoll
- Jedem Verwaltungsrat empfehle er, dass er damit leben können müsse, auch überstimmt zu werden und sich einem Mehrheitsbeschluss zu unterziehen. Er möchte im Protokoll immer vermerkt haben, dass er gegen etwas gestimmt habe.

10. Lohndiskussionen

Die eigentlichen Lohndiskussionen finden in den meisten Verwaltungsräten in den Vergütungsausschüssen statt. Man hält sich vorwiegend an sogenannte Benchmark Studien. Dabei handelt es sich um Analysen, die mit dem Ziel, einen marktgerechten Lohn zu definieren, Vergleiche von Löhnen in gleichen oder ähnlich gelagerten Betrieben heranziehen. Es ist für einen Verwaltungsrat, der nicht in solch einem Ausschuss sitzt, relativ schwierig, bei der Lohndiskussion wirklich mitzureden. Die Vorschläge werden im Verwaltungsrat meist ohne grosse Diskussionen abgesegnet. Auf jeden Fall aber hat der Verwaltungsrat bei Lohndiskussionen die Führung und nicht die Geschäftsleitung.

In einen Vergütungsausschuss wird man nicht vom ersten Tag an gewählt, ein solches Amt ist quasi die Krönung eines Verwaltungsrates. Es werden auch immer mehr Frauen in diese Ausschüsse gewählt, weil sie bei Lohnfragen sensibler sind als die Männer. Aber grundsätzlich wird sachlich und professionell diskutiert. Ein wichtiges Wort redet dabei, sofern vorhanden, der Hauptaktionär mit, weil ein grosser Teil des Firmengeldes sein Eigentum ist. Je breiter aber die Aktien gestreut sind, desto mehr steht der Verwaltungsrat in der Verantwortung dafür, dass die Aktionärsinteressen gewahrt sind. Er muss standfest sein und sich nicht von Argumenten irritieren lassen, dass man bestimmte Löhne bezahlen müsse, weil der Markt dies vorgebe oder andernfalls gute Leute zur Konkurrenz überlaufen würden. Dieses Argument trifft einfach nicht zu – zumindest nicht bei einem guten Unternehmen.

Es kommt auch vor, dass der CEO einen Vorschlag für sich und seine Kollegen macht. Dieser wird dann mit dem Präsidenten und Vizepräsidenten des Verwaltungsrates diskutiert und alsdann dem Gesamtverwaltungsrat zur Abstimmung vorgelegt. Lohnempfehlungen, die vom Management kommen, werden oft mit dem Benchmark verglichen und zusätzlich von einer externen Firma angeschaut.

Es gibt Unternehmen, die der Geschäftsleitung Teamlöhne zusprechen, die dann durch diese zugeteilt werden. Auch die Erfolgsbeteiligung geht auf das ganze Team zurück und nicht auf jeden Einzelnen; die gesamte Konzernleitung erhält einen Bonus und nicht jeder Bereich individuell. Der Verwaltungsrat hat ein Fixum und keine Erfolgsbeteiligung.

Verschiedene Verwaltungsräte glauben, dass die Manager zu wenig in das Risiko miteinbezogen sind, besonders im Vergleich zu einem Unternehmer, der Eigentümer ist und sämtliche Risiken selber tragen muss. Die Diskussionen gehen viel zu oft darum, wie viel Lohn man bezahlt, aber zu selten darum, was passiert, wenn etwas schiefgeht. Zumindest dann sollte man einen Teil der Saläre oder der Boni zurückerstatten lassen können. Die Manager sollten mehr in die Pflicht genommen werden; das wurde mir von mehreren Verwaltungsräten immer wieder bestätigt.

Nicht vergessen werden darf, dass Lohndiskussionen von Branche zu Branche, von Region zu Region und auch kulturell verschieden sind. Aber diese Bonuskultur, die uns aus dem Angelsächsischen erreicht hat, kann man allerorts nicht verleugnen. Die gesellschaftliche Reflexion zu Lohnfragen spielt mittlerweile eine Rolle, und die Verwaltungsräte sind diesbezüglich sensibler geworden. Aber immer noch werden selten Grundsatzdiskussionen darüber geführt, obwohl sie in den Verwaltungsräten und in der Wirtschaft allgemein bitter nötig wären. In Familiengesellschaften wird der Lohn hingegen nicht gross thematisiert, und nur selten werden Marktexzesse mitgemacht.

Verwaltungsräte und Geschäftsleitungsmitglieder sind in der Schweiz sehr hoch bezahlt. Es gibt Verwaltungsräte, die sagen: überbezahlt. Alle möchten einen solchen Job haben. Den Lohn für den Verwaltungsrat bestimmen der Verwaltungsratspräsident oder die Mitglieder selber. Das kann auch ein Grund sein, weshalb sich viele Verwaltungsratsmitglieder bei Lohndiskussionen lieber nicht allzu sehr exponieren möchten, weder die Frauen noch die Männer. Schlimm wird es dann, wenn der Verwaltungsrat kein Gefühl mehr dafür hat, was für eine Lohnhöhe in der Gesellschaft noch akzeptierbar ist und wo es unanständig und nicht nachvollziehbar wird. Aber wer sägt schon gerne am eigenen Ast?

Die Lohndiskussionen werden dann eher auf die Ebene der Chancengleichheit von Frauen bei einer Beförderung gehoben. Eine gleiche Position und gleiches Salär, das ist völlig akzeptiert. Die Beförderungschancen einer Frau sind aber immer noch geringer als diejenigen eines Mannes, das ist das effektive Problem; auch ist die Karriereplanung einer Frau anders. Wichtig ist, die gleichen Beförderungsaussichten für Frauen und Männer zu erwirken, was automatisch auch denselben Lohn bedeutet. Das wird oft erreicht, wenn das interne System total flexibilisiert wird, und darunter verstehen ich und viele Verwaltungsräte, dass man Teilzeitstellen mit unterschiedlichen Arbeitszeiten offeriert. Dann kriegt man phantastische Frauen und kann sie später in Kaderpositionen befördern. So eine Firmenpolitik spricht sich überdies schnell herum, und Frauen fühlen sich angezogen, dort zu arbeiten.

Zurück zu den Lohndiskussionen.

Peter Thiel, Mitbegründer des Online-Bezahldienstes Paypal, und Autor von «From Zero to One», sagt, dass er nie in ein Start-up investieren würde, wenn der CEO mehr als 180 000 US-Dollar verdient. Wenn er mehr habe, dann denke der nur an sich und nicht an das Unternehmen. Start-Ups mache man *auch* wegen des Geldes, *nicht nur*, sondern primär wegen seiner Passion.

Weil generell die Lohnunterschiede zwischen Frauen und Männern fortwährend in den Medien thematisiert werden, möchte ich auf eine interessante Studie von Professor Rainer Eichenberger und Ann Barbara Bauer hinweisen. Das grösste Problem bei der Evaluierung der Unterschiede sei, dass diese sehr oft auf den Lohn pro Arbeitsstunde reduziert werden. Der Lohn im Verhältnis zum gesamten Arbeitsaufwand wird nicht berücksichtigt. Dazu zählen die Autoren all die Kosten, die entstehen, um die Arbeit überhaupt ausführen zu können, etwa den Arbeitsweg. Hier unterscheiden sich die Geschlechter klar: Viele Frauen haben kürzere Pendelwege als die Männer, weil sie die Arbeit und die Familie vereinbaren müssen und für den Arbeitsweg möglichst wenig Zeitaufwand betreiben möchten. Deshalb ist eine Frau eher bereit, eine näher gelegene Stelle anzunehmen, die weniger Lohn einbringt, dafür aber einen geringeren Reiseweg in Anspruch nimmt. Was die Studie besagen möchte: Wenn geschlechterspezifische Lohnunterschiede bestehen, so nicht, weil die Arbeitgeber die Frauen diskriminieren möchten, sondern weil Frauen eine andere familiäre Rolle als Männer spielen und oft einen bedeutend kleineren Arbeitsaufwand haben.

Verwaltungsrätinnen äusserten sich dazu wie folgt:

Angst vor dem Abspringen
- Ein falscher Ansatz sei es, jemandem nur aus Angst mehr zu bezahlen, er könnte sonst abspringen. Das dürfe nicht das Kriterium für einen höheren Lohn sein, und man dürfe sich nicht allzu sehr unter Druck setzen lassen. Das Arbeitsumfeld sei ein wichtiger Faktor, und die Entschädigung sollte einfach fair sein.

Klima vergiften
- Die Banken hätten das Klima völlig vergiftet. Dauernd seien ganze Teams abgeworben worden und deshalb müsste man ihnen immer mehr bezahlen, damit sie blieben. Aber wenn das Klima nicht stimmt, dann könne man unendlich viel bezahlen, es würde nie genug sein; die Leute verliessen die Firma trotzdem.

Pestalozzi
- Nicht wegen des Geldes sei sie in Verwaltungsräten, aber sie sei auch nicht der Pestalozzi. In die Entschädigungskomitees würden auch immer mehr Frauen berufen, weil man immer mehr realisiere, wie wichtig die Anwesenheit beider Geschlechter sei.

Gefahr einer Klage
- Sie fände ihr Salär gerechtfertigt, denn sie müsse dafür viel arbeiten. Selbst wenn man alles richtig gemacht habe, könne etwas schief gehen, das Reputationsrisiko und die Gefahr einer Klage seien gross. Wenn es dem Unternehmen schlecht ginge, dann würden sie im Verwaltungsrat bestimmt darüber diskutieren, den Lohn zu kürzen. Die Schweiz sei sehr sensibel in Lohnfragen, und dem möchte man Rechnung tragen.

In den achtziger Jahren
- Sie erinnere sich an eine Lohndiskussion in den achtziger Jahren, die sie selber als junge Frau miterlebt habe. Sie fragte ihren Chef, was sie falsch mache, dass ihr Kollege links von ihr 30 Prozent mehr verdiene, und was sie für dasselbe Salär anders machen müsse. Der Chef habe gelacht und gesagt, sie sei eine Frau und habe einen Ehemann, der solle verdienen. Ihr Ehemann war zu jener Zeit aber noch Student! Heute wäre eine solche Diskussion nicht mehr vorstellbar.

Absolute Exotin
- Schon vor zehn Jahren habe sie gefunden, dass variable Löhne nicht gut seien. Sie bevorzuge einen höheren Anteil an fixer Entlöhnung. Früher sei sie mit dieser Meinung eine absolute Exotin gewesen und

habe sich nicht durchsetzen können; jetzt sickere diese Auffassung aber langsam durch. Es gäbe eine Reihe von Firmen, die den variablen Anteil sogar ganz wegfallen liessen.

Nicht an die Öffentlichkeit
- Die Lohndiskussionen hätten mit der Transparenz der Lohnsysteme angefangen. Wenn der eine so viel hat, muss der andere noch mehr haben. Deshalb weigere sich ihr Unternehmen, den Lohn seiner Chefs bekannt zu geben, damit nicht unweigerlich sofort verglichen würde. Die Summe der Geschäftsleitung würde bekanntgegeben, aber nicht wie diese auf die einzelnen Mitglieder verteilt sei. Gewisse Sachen gehörten einfach nicht an die Öffentlichkeit.

Verwaltungsräte äusserten sich dazu wie folgt:

Marktgerecht
- Die Lohndiskussionen seien völlig nüchtern und professionell und hätten auch nichts mit Gerechtigkeit zu tun. Man habe eine Position zu füllen und müsse diese im Markt richtig einordnen. Es sei ein rein geschäftlicher Beschluss, den er am Ende vertreten müsse, und das könne er.

Mühe mit Lohnkritik
- Seine Firma sei heute zwanzig Mal mehr wert als zum Zeitpunkt seiner Übernahme, dies dank seiner Strategie, die über viele Jahre sehr erfolgreich gewesen sei. Dannzumal hätte er nur mit viel Überzeugungskraft Aktien des Unternehmens erwerben können, das sei sehr schwierig gewesen. Dass dieselben Leute dann seinen Lohn kritisierten, damit habe er grosse Mühe. Seine Einstellung zur Lohnfrage habe er total geändert; so könne er jedoch nur mit jemandem argumentieren, der klug sei. Aber Erfolg solle sich im Lohn aller Mitarbeiter zeigen. Ihn störe vor allem, dass ganz wenige Wirtschaftsführer den guten Ruf der Wirtschaft mit ihren Lohnexzessen kaputt gemacht hätten.

Einfaches Auto
- Ein Hauptaktionär habe ihn einmal gefragt, ob er wisse, weshalb er Aktionär bleibe. Er habe die Frage gleich selber beantwortet: Natürlich seien seine Fähigkeiten das Wichtigste, aber wichtig sei auch, dass er in einem bescheidenen Gebäude arbeite und ein einfaches Auto fahre.

Gefühl von Benachteiligung
- Die weiblichen Verwaltungsräte hätten bei Lohndiskussionen immer das Gefühl, Frauen seien schlechter bezahlt und benachteiligt. Wenn es um die Gleichbehandlung gehe, seien alle Frauen militant. Sie hätten eine Art Mission und würden sich in der Lohndiskussion immer sehr stark äussern.

«Bullshit»
- Lohndiskussionen könnten schon sehr hart werden, vor allem wenn es darum gehe, dass sich einzelne Verwaltungsräte gegen hohe Vergütungen in den eigenen Reihen wehrten. Wenn dann noch einer im Gremium sage, man brauche dieses beträchtliche Salär wegen der Verantwortung, die man als Verwaltungsrat trage, dann sei das «Bullshit».

Emotionale Bindung
- Es gebe auch Konzernleitungsmitglieder, die trotz einer höheren Gehaltsofferte der Konkurrenz im Unternehmen bleiben möchten. Das sei ein starkes Signal einer emotionalen Bindung zum Unternehmen und zeige, dass das Package hier besser sei. Es wäre die übliche Reaktion bei den Banken, seinen Lohn zu erhöhen, damit der Manager bleibe, aber nicht bei seiner Firma.

Bescheidenheit
- Wenn jemand aus einer verschlafenen Firma eine Goldgrube gemacht habe, dann solle er auch dementsprechend entlöhnt werden, dafür habe er ein gewisses Verständnis. Aber auch da sollte man die Grenzen kennen und nicht in grossen, teuren Autos vorfahren; es gebe Leute, die schlauer seien und mit dem Zug kämen. Bescheidenheit zahle sich immer noch aus.

Alte Muster
- ◆ Vor der Finanzkrise seien unwahrscheinliche Spekulanten am Werk gewesen, die nur für das Geld und die eigenen Boni schauten. Und heute sei man unglaublicher weise wieder auf dem besten Weg dazu, ins alte Muster zu verfallen.

11. Entlassungen

Frauen sind ganz allgemein dem Thema Entlassungen gegenüber sensibler. Besonders wichtig ist ihnen dabei die Kommunikation, es geht ihnen um das Wie. Der kommunikative Aspekt von Kündigungen wird eher von den Männern vernachlässigt. Aber Entlassungen auszusprechen ist für alle Gesprächsteilnehmer unvermeidbar; oftmals kann nur so das Überleben einer Firma gesichert werden.

Wenn es um schwierige und sensible Personalentscheide auf oberster Ebene geht, haben die Frauen eine andere Art, das Problem anzugehen. Die Diskussionen im Verwaltungsrat sind rational, die Frauen melden sich in der Regel mehr, und ihre Voten sind persönlicher, menschlicher, aber letztlich auch sehr konsequent. Rein aus menschlichen Überlegungen sträuben sich auch Frauen nicht gegen Entlassungen. Aber es kann schon so weit gehen, dass Frauen darauf aufmerksam machen, dass internationale Organisationen, die sich mit Menschenrechten befassen, auf grobe Entlassungsentscheide reagieren.

Bei Entlassungen geht es auch um die Wirkung auf die Gesamtorganisation und die Unternehmenskultur. Sie müssen in einer anständigen Art und Weise vorgenommen werden und im Betrieb nachvollziehbar sein und vernünftig wirken. Die verbleibenden Mitarbeiter müssen das Gefühl haben, dass die Entlassenen fair und korrekt behandelt werden. Dann kann er nämlich mit dem, der gehen muss, immer noch befreundet sein. Man muss dabei aber realisieren, dass die Restrukturierung der Firma die Entlassenen keinen Deut interessiert, für sie zählt nur, was mit ihnen selbst passiert. Der Verwaltungsrat spricht die Kündigungen aus. Die Festlegung der Mitarbeiter, welche es dann im Einzelnen trifft, ist hingegen eine operative Aufgabe – dafür ist der Verwaltungsrat zu weit vom Geschäft entfernt.

Interessant ist, dass bei einem Kündigungsgespräch die ersten zwei Minuten die wichtigsten sind. Weshalb? Nur in dieser kurzen Zeit kann der Gekündigte überhaupt aufnehmen, was gerade passiert und dass er künftig ohne Job ist. Nachher steht er unter Schock und kann nichts mehr aufnehmen. Umso wichtiger ist, dass er betreut wird, wenn er zurück in sein Büro geht und gegebenenfalls aufgefordert wurde, das Unternehmen physisch sofort zu verlassen.

In Familienunternehmen werden Entlassungen meist weniger radikal vorgenommen, und man passt sehr genau auf, wo abgebaut wird. Gerade bei der Forschung und Entwicklung beispielsweise sind Vorsicht und eine längerfristige Betrachtung geboten. Sonst sind die guten Leute weg, wenn es der Firma wieder besser geht. Um solche Kündigungen zu vermeiden, haben Verwaltungsräte schon in etlichen Fällen beschlossen, dass sie selber und alle Mitarbeiter für weniger Lohn arbeiten sollten, um Entlassungen zu umgehen. Damit musste man wesentlich weniger Leute abbauen als ursprünglich geplant.

Anstatt Kündigungen auszusprechen, weil die Firma beispielsweise zwei Bereiche zusammenlegt, kann es auch vorkommen, dass Leute um eine hierarchische Stufe nach unten versetzt werden und damit einen Karriereeinschnitt in Kauf nehmen müssen. Man muss ja nicht immer jemanden gleich entlassen, sondern kann durchaus zuerst versuchen, für ihn einen passenden Platz zu finden, wo er weiterhin wertvolle Dienste für das Unternehmen erbringen kann.

Verwaltungsrätinnen äusserten sich dazu wie folgt:

Nicht leichtgefallen
- Sie habe schon viele Entlassungen aussprechen müssen; keine sei ihr leichtgefallen. Sie habe immer gewusst, dass sie für das Unternehmen entscheiden müsse, das sei schlussendlich die wichtige Aufgabe.

Mensch
- Es sei ihr einfach sehr wichtig, mit den Leuten korrekt umzugehen. Dabei lege sie Wert darauf, dass man bei einer Kündigungsentscheidung auch an die Person als Mensch denke, an seine Familie und sein direktes Umfeld.

Gespräch
- Wenn man wisse, dass die zu entlassende Person privat in einer schwierigen Situation stecke, dann würde man darauf Rücksicht nehmen. Ganz bestimmt suche man das Gespräch. Vielleicht empfehle man, eine Auszeit zu nehmen, um nicht gleich eine Kündigung aussprechen zu müssen. Erst wenn man sehe, dass die Person für die Firma nicht mehr tragbar sei, dann suche man einen Ersatz.

Fehlentscheid
- Gerade auf der obersten Stufe tue man sich oft sehr schwer mit Entlassungen. Auch hätten viele Leute Mühe, zuzugeben, dass sie bei einer Rekrutierung einen Fehlentscheid getroffen hätten, weshalb dann auch keine Entlassung erfolge. Sie habe immer den Eindruck, dass wenn es jemand auf die oberste Stufe geschafft habe, es unglaublich viel brauche, bis man entlassen würde.

Verwaltungsräte äusserten sich dazu wie folgt:

Mrs Thatcher
- Wenn es um Entlassungen gehe, dann seien die Frauen sehr hart. Noch nie habe bei ihm eine Frau das Wort ergriffen, um Entlassungen zu verhindern. Es gebe auch die Mrs. Thatcher unter den Verwaltungsräten.

Geschäftliche Basis
- Ein Unternehmen sei am Schluss kein Kindergeburtstag oder Ponyhof, sondern ein Geschäft. Deshalb brauche er auch seine persönlichen Kontakte nicht für das Geschäft, das fände er extrem gefährlich. Es müsse alles immer auf einem geschäftlichen Level bleiben, denn wenn der Tag komme, wo man jemanden entlassen müsse, sei es so einfacher. Wichtig seien klare Regeln und Grenzen in einem Betrieb. Und manchmal müsse man auch den Mut haben, einzugestehen, dass man sich für eine Fehlbesetzung entschieden habe.

Gesundheit

◆ Die Frauen seien vielleicht von Natur aus ein bisschen konsequenter als die Männer. Er könne dies auch von seiner Ehefrau sagen. Er hätte beim Nachtessen mit ihr die Probleme mit einem CEO aufgebracht, worauf sie sofort gesagt habe: «Wenn du ein Problem mit ihm hast, dann schmeiss ihn raus. Denk an deine Gesundheit!» Sie rede nicht um den Brei herum.

Blöder «Plauderi»

◆ Oder ein anderes Beispiel. Die Firma habe einem Typ Geld geliehen. Der ruft ihm zuhause an und sagt, wenn er ihm nicht sofort weiter Geld gebe, dann erschiesse er sich am Telefon. Er sei in der Küche gesessen, neben ihm seine Ehefrau, die das Telefon mitgehört hat. Sie sagt, er solle das Telefon sofort abhängen, das sei ein blöder «Plauderi». Dann habe er abgehängt. Passiert sei bis heute nichts.

D. Einzelne Bereiche der VR-Arbeit

1. Wahl eines VR-Mitglieds

Frage: *Wie darf man sich die Wahl eines neuen Verwaltungsratsmitglieds vorstellen?*

Ein Verwaltungsrat wird grundsätzlich vom Präsidenten zusammengestellt. Er legt dem Gesamtverwaltungsrat Vorschläge für eventuelle Kandidaten vor. In einem grösseren Unternehmen werden im Nominationsausschuss Empfehlungen erarbeitet und dann dem Gremium unterbreitet. Erst dann werden die verschiedenen Kandidaten angefragt und Gespräche geführt, auch mit einzelnen Verwaltungsräten. Danach stimmt man im Verwaltungsrat ab und schlägt der Generalversammlung die Kandidatur vor. Das ist ein normales Vorgehen.

Es gibt auch Überlegungen für eine andere Vorgehensweise, die erlaubt, einen Kandidaten besser kennenzulernen und Fragen zu klären, etwa danach, was ihn antreibt und aus welchen Gründen er Verwaltungsrat werden möchte. Wie beschreibt er seine Beweggründe einer Drittperson gegenüber, was wird seine Ehefrau erzählen, wenn er dieses Verwaltungsratsmandat annimmt? Geht es ihm um die Firma und das Produkt oder um den damit verbundenen Status und das Ansehen? Wie wird er im Freundeskreis über sein Mandat sprechen? All diese Informationen sind aus einem Curriculum nicht ersichtlich, doch sind sie es wert, sich darüber Gedanken zu machen.

Heute gibt es in einem Verwaltungsrat keine neuen Besetzungen mehr, wo man nicht zuerst Frauen in Betracht zieht. Frauen sind derzeit im Vorteil. Es kann vorkommen, dass bei zwei fast gleichwertigen Bewerbungen oder Profilen, bei denen der Mann doch noch eine Spur besser abschneidet, trotzdem die Frau gewählt wird.

Der zeitliche Aufwand für ein Verwaltungsratsmandat ist sehr gross, vor allem wenn es sich um internationale Grosskonzerne handelt, wo das Reisen noch als zusätzlicher Zeitfaktor dazukommt. Wenige Frauen sind dazu bereit, und diejenigen Frauen, die internationale Erfahrung und Reputation haben, sitzen schon in einigen globalen Verwaltungsräten ein. Auch fragen sich Frauen eher, was ihnen ein Verwaltungsratsmandat bringt – auf Prestige, Netzwerke und ein hohes Salär sind meist eher die Männer sensibilisiert.

Bevor ein Verwaltungsratsgremium – beziehungsweise dann die Generalversammlung – ein neues Mitglied wählt, gibt es auch Verwaltungsräte, die sich zuerst einem Self Assessment unterziehen, um zu sehen wie sie selber funktionieren, wo ihre Stärken und Schwächen sind. Dadurch merkt das Gremium beispielsweise auch, welche Kompetenzen schon mehrfach abgedeckt sind und welche gar nicht.

Bei einer fälligen Neubesetzung im Verwaltungsrat zieht man einerseits meist zuerst sein eigenes Beziehungsnetz in Betracht; die ersten Nennungen von Kandidaten kommen aus dem eigenen Pool. Andererseits zieht man einen Headhunter bei, welcher vom Verwaltungsratspräsidenten instruiert wird. Vielfach wird eine klare Profilvorgabe für ein Verwaltungsratsmandat verlangt.

Viele meiner Gesprächsteilnehmer betonen, dass bei einer Wahl nicht nur das Fachliche, sondern auch das Menschliche eine grosse Rolle spielt. Das Fachliche kann man sich unter Umständen auch aneignen. Man wählt also eher Leute, die einem sympathisch sind. Man ist eher zurückhaltend bei Leuten, die als kritisch bekannt sind, weil man ja seine Ruhe haben möchte. Aber die Person sollte einen stabilen Charakter haben und nicht wankelmütig sein. Eigentlich sollte ein Kandidat auch schon im Feuer gestanden, eine Krise durchlaufen und diese mit Verantwortung erfolgreich gemeistert haben. Die Persönlichkeit eines Kandidaten erhält allgemein ein grosses Gewicht. Gerne wählt man auch jemanden, der einem ähnlich ist, zu dem man Vertrauen hat und mit dem man Ideen und Werte teilt. Der Club-Gedanke ist auch in einem Verwaltungsrat nicht völlig abwegig. Es liegt einfach in der menschlichen Natur, sich nicht absichtlich mit Kritikern zu umgeben, ganz egal ob Frauen oder Männer.

Ein Verwaltungsrat sollte eine finanzielle Unabhängigkeit haben, das heisst nichts anderes, als dass er auf sein Verwaltungsratshonorar nicht angewiesen ist. Sein Salär darf nicht den Anstrich einer Rentenaufbesserung haben. In diesem Zusammenhang wird teilweise gewünscht, eine Alters- und Zeitbeschränkung einzuführen.

Verwaltungsrätinnen äusserten sich dazu wie folgt:

Mandat ablehnen
- Frauen seien kritisch bei der Annahme von Verwaltungsratsmandaten und genierten sich auch nicht, ein Mandat je nachdem abzulehnen. Sie schaue sich im Voraus genau an, wer noch im Verwaltungsrat sitze, denn sie möchte nicht mit Golffreunden, Göttis, Militärfreunden und Zünftern zusammenarbeiten müssen.

Gut und zu kritisch
- Ihr kritisches Denken sei ihr bei einem Headhunter zum Verhängnis geworden. Der Verwaltungsratspräsident habe diesem zurückgemeldet, dass die Dame, also die Verwaltungsrätin, schon gut sei, aber zu kritisch. Sie sei daraufhin jahrelang von diesem Headhunter nicht mehr für ein Verwaltungsratsmandat angefragt worden. Aber mittlerweile würde sie gerade wegen ihres differenzierten Denkens in Verwaltungsräte geholt.

Erste Auswahlrunde
- Der Beizug eines Headhunters sei so eine Sache. Für eine erste Auswahlrunde, wenn man keine eigenen Kandidaten habe, seien sie gut. Es gäbe auch Headhunter, die teure Seminare anböten, nicht zuletzt deshalb, um mögliche Kandidaten zu rekrutieren.

Objektive Gründe transparent machen
- Die Rekrutierung eines Verwaltungsrates sei offenzulegen. Die objektiven Gründe, weshalb man jemanden ausgewählt habe, müssten transparent gemacht werden. Dann kämen die Frauen, die qualifiziert seien, auch automatisch zu diesen Stellen und erhielten die Mandate.

Hervorragender Deal
- In ihrer beruflichen Tätigkeit, nicht als Verwaltungsrätin, habe sie für einen Kunden ein hervorragendes Geschäft abgeschlossen. Als Dank dafür wurde sie von ihm zum Mittagessen eingeladen. Er sei von ihrer fachlichen Kompetenz und ihrem unermüdlichen Einsatz, für ihn

einen guten Deal auszuhandeln, so beeindruckt gewesen, dass er sie fragte, ob sie nicht in seinem Verwaltungsrat Einsitz nehmen möchte. Bei den Männern gibt es eben keinen «Free Lunch», habe sie sich gedacht, und mit Freude zugesagt.

Gleiche Namen von Frauen
- Aus eigener Erfahrung wisse sie, dass es nicht einfach sei, eine Frau zu finden. Einen Headhunter habe man nicht gewollt, weil diese immer die gleichen Namen herumreichen würden. Sie hätten sich vom Arbeitgeberverband dessen Liste mit potentiellen Kandidatinnen geben lassen, aus verschiedensten Gründen hätten sie aber auch dort keine geeignete Frau gefunden. Sie könne versichern, dass keine vorgeschobenen Motive vorhanden gewesen seien, es habe sich um sachliche Argumente gehandelt. Dann sei der Verwaltungsrat einen anderen Weg gegangen und hätte in Gesellschaften geschaut, die schon Frauen im Verwaltungsrat hatten, ob sich dort eine Frau finden liesse. So seien sie dann auch fündig geworden. Es brauche eine gewisse Hartnäckigkeit, um eine Frau für den Verwaltungsrat zu suchen und zu finden.

Headhunter mit denselben Listen
- Sie werde oft von Headhunters angerufen, nicht wegen ihr, sondern um Informationen über andere Leute zu erhalten. Aber die kämen immer mit denselben Listen, immer mit denselben Männern, die schon in weiss nicht wie vielen Verwaltungsräten sässen. Dann immer dieselbe Frage, ob sie nicht eine Frau kenne, es sollte eine Frau nachkommen. Die Headhunters suchten Frauen, aber wüsste nicht wie.

Verwaltungsräte äusserten sich dazu wie folgt:

Zeitlicher Aufwand
- Besonders schwierig sei es, eine asiatische Frau oder auch einen Mann für einen internationalen Verwaltungsrat zu finden, welche bereit seien, mehrmals jährlich nach Zürich zu Sitzungen zu fliegen. Zusätzlich kämen Sitzungsvorbereitungen, Kommissionssitzungen, Telefonkonferenzen und eine grosse Verantwortung hinzu. Heute habe es sich auch

noch eingebürgert, auf verschiedenen Kontinenten herumzureisen, um Unternehmen zu besuchen. Der zeitliche Aufwand sei enorm. Die Frauen, die zu all dem bereit seien, könne man an einer Hand abzählen.

Verpönte Geschäftemacherei

◆ Früher habe es bei der Wahl eines Verwaltungsrates Hintergedanken gegeben, die heute keine Rolle mehr spielten. Wenn heute ein Banker im Verwaltungsrat eines Industrieunternehmens sitze, könne er nicht mehr davon ausgehen, dass seine Bank die Geschäfte des Unternehmens kriege. Aktuell sei dies sehr verpönt; man gebe das Geschäft eben gerade einem Dritten. Niemand würde sich mehr aus diesem Grunde in einen Verwaltungsrat wählen lassen. Eine Wahl habe aber bei den Frauen wie den Männern nach wie vor viel mit Prestige zu tun.

Pool von Frauen

◆ Der Verwaltungsrat beschäftige sich durchaus mit dem Thema Frauen, aber wenn der Verwaltungsrat funktioniere, dann habe man eigentlich keinen Grund, den Status Quo zu ändern. Das grösste Problem sei wirklich nach wie vor, dass der nötige Pool von geeigneten Frauen effektiv nicht vorhanden sei.

Tendenz heute

◆ Es sei besser für einen Verwaltungsrat, nicht allzu grosse Namen zu haben, dafür aber Leute, die sich in eine Industrie und in ein Unternehmen einarbeiten möchten. Er sehe heute zwei Tendenzen, nämlich einerseits grosse Namen in einem Verwaltungsrat zu haben und andererseits Frauen zu platzieren.

Charakter – Macher

◆ Er habe hervorragende Frauen erlebt und auch hervorragende Männer. Er habe katastrophale Frauen erlebt und auch katastrophale Männer. Die Person müsse charakterlich über jeden Zweifel erhaben sein, etwas tun und bewegen können – also ein Macher. Unter Hunderten von Leuten könne er sofort sagen, welche zehn Prozent das Potential und Charisma hätten und Macher seien.

Schwacher Verwaltungsrat
- Oft komme es vor, dass ein schwacher Verwaltungsrat gewählt würde, nur damit einem dieser nicht gefährlich werden könne. Da nehme man lieber einen fachlich Inkompetenten, der nichts verstehe, als umgekehrt. Er habe auch schon mehrmals mitbekommen, dass ein starker CEO den eigenen Verwaltungsrat aussuche. Meist seien das dann Leute aus seiner Umgebung, die ihm nicht widersprächen.

2. Wahl eines CEOs

Frage: *Wie darf man sich die Wahl eines neuen CEOs vorstellen?*

In der Regel ist es die Aufgabe des Verwaltungsratspräsidenten, einen guten CEO zu finden, sofern er genügend Zeit dafür aufwenden kann. Andernfalls kann ein Nominationskomitee ernannt werden, welches dem Gesamtverwaltungsrat einen Vorschlag unterbreitet. Die bedeutende Frage ist dann, wie dieser Ausschuss bestückt ist. Gibt es politische Komponenten, unter denen man zwei oder drei Leute einfach dabeihaben muss, weil sie im Unternehmen viel zu sagen haben? Sind es nur Männer, oder hat es auch eine Frau dabei? Weil es generell wenig Frauen in Verwaltungsräten hat, sind sie oft in Findungskommissionen noch nicht vertreten. Das ist schade, denn viele Verwaltungsräte betonen, wie sehr Frauen in solchen Ausschüssen andere Fragen stellten und ein anderes Sensorium für Menschen hätten. Abgesehen davon muss man für eine solche Kommission vorgeschlagen werden. Zusätzlich wird der ganze Verwaltungsrat aufgefordert, dem Präsidenten Vorschläge mit allenfalls persönlich bekannten Kandidaten zu unterbreiten, die dem Anforderungsprofil entsprechen. Damit übernimmt ein Verwaltungsrat auch eine gewisse Verantwortung; Gefälligkeitsvorschläge sind demnach tabu.

Ein genereller Auftrag des Verwaltungsratspräsidenten, obwohl er über keine gesetzliche Sonderstellung verfügt, ist es auch, dafür besorgt zu sein, dass er einen guten CEO und eine gute Geschäftsleitung hat. Weil der CEO einer der wichtigsten Faktoren für den Erfolg seiner Firma ist. Ebenso ist eine Nachfolgeregelung unabdingbar. Ein CEO in spe sollte immer bereitstehen, den CEO-Posten zu übernehmen. Er kann auch den CEO anhalten, einen

Nachfolger zu finden oder längerfristig jemanden aufzubauen. Das ist jedoch stets schwierig, weil Menschen eine natürliche Hemmung haben, für sich selber einen Nachfolger zu organisieren – ganz einfach deshalb, weil sie Angst davor haben, schneller ersetzbar zu werden. Eine ideale neue Besetzung des CEO-Postens ist immer ein interner, mit der Firma und ihrer Kultur vertrauter Mitarbeiter; diese Lösung hat bei fast allen Verwaltungsräten Priorität. Ein CEO von aussen ist dann von Vorteil, wenn die Firma gezielt einen Strukturwandel vollziehen möchte.

Probleme in einem Unternehmen erwachsen dann, wenn es beim CEO, in der Geschäftsleitung und im Verwaltungsrat untereinander nicht stimmt; dann kann es zu schlimmen Situationen kommen. Wenn hingegen im Unternehmen der Verwaltungsrat funktioniert, dann stimmt es im Allgemeinen auch beim CEO und bei der Geschäftsleitung.

Leute, die für einen CEO-Posten in Frage kommen, haben schon x-mal bewiesen, dass sie fachlich über jeden Zweifel erhaben sind und über die notwendigen menschlichen Qualitäten verfügen. Ein guter Teamspieler zu sein wird immer wieder als Argument gebracht. In persönlichen Bewerbungsgesprächen zwischen den Verwaltungsräten und einem eventuellen CEO geht es vor allem darum, ihn auf einer persönlichen und auch privaten Ebene besser kennenzulernen.

Wenn ein Kandidat in der letzten Auswahl ist, das heisst auf der sogenannten Short List, dann ist es bei vielen Gesprächspartnern üblich, dass sie ihn zu einem Essen mit dem Lebenspartner einladen, ein bisschen unter dem Motto «Zeig mir deine Freunde und ich weiss, wer du bist». Das Fachliche, die Sozialkompetenz, eine intellektuelle Neugier und das Menschliche, verbunden mit persönlicher Bescheidenheit, müssen bei einer Person einfach stimmen, in beruflicher wie privater Hinsicht. Für viele Verwaltungsräte können das Geschäft und das Private nicht unabhängig voneinander existieren. Sie bedauern auch, dass man sich im Vorfeld der Wahl eines neuen CEOs für solche Begegnungen oft zu wenig Zeit nehme. Selbstverständlich gibt es auch Verwaltungsräte, die einem solchen gemeinsamen Essen durchaus kritisch gegenüberstehen und nicht möchten, dass ein Partner plötzlich im Fokus steht. Sie plädieren für eine strikte Trennung von Beruf und Privat.

Mit den Headhunters ist es so eine Sache. Die einen brauchen nie einen, sind ihnen gegenüber auch eher skeptisch gestimmt, und die anderen ziehen es vor, sich von einem Headhunter Kandidaten suchen und präsentieren zu lassen. Auch wird Kritik und die Vermutung laut, dass die Headhunters oft Geld in Form von Provisionen aufgrund des künftigen Lohnes der vermittelten Person bekommen, und daher gerne den teuersten Kandidaten vorschlagen oder entsprechend dessen Ansprüche hochschrauben. Interessenkonflikte zwischen dem Headhunter und dem Auftraggeber sind nicht selten. Die Stärke dieser Berufsgattung ist es, Informationen aufzuarbeiten.

Doch zuerst schaut sich der Verwaltungsrat normalerweise schon nach einem internen Kandidaten um oder überlegt sich, ob ein Mitglied jemanden – auch externen – Geeigneten kennt. Die Suche übergibt man meist deshalb einem Headhunter, weil er einfach mehr Kontakte und Beziehungen hat. Aber am Ende müssen die Verwaltungsräte die Verantwortung und das Heft selber in die Hand nehmen. Wenn nur ein Hauch von Zweifel an einem Kandidaten besteht, dann darf man ihn nicht wählen.

Interessant ist, dass sich einige Verwaltungsräte auch eine Amtszeitbeschränkung für einen CEO vorstellen können. Denn wenn man innerhalb einer gewissen Zeitdauer seine Signale und seine Ideen in der Firma nicht durchbringen kann, dann bringt man sie nie mehr durch.

Verwaltungsrätinnen äusserten sich dazu wie folgt:

Anderes Verhalten
◆ Sie habe durchaus schon erlebt, dass ein Headhunter sie darauf aufmerksam gemacht habe, dass sich der Bewerber im Vorbereitungsgespräch ganz anders verhalten habe als nachher im konkreten Gespräch mit dem Verwaltungsrat. Sie brauche keinen Headhunter. Das sei aber kein Statement gegen Headhunters.

Starker Partner
◆ Problematisch könnte ein Essen mit dem Partner des Bewerbers sein, wenn dieser mehr draufhat als der Bewerber selber. Dieses Problem sehe sie mehr für die Frauen als die Männer. Sie sei sich nicht sicher, ob ein Unternehmen einen weiblichen CEO, die mit einer beruflich starken Persönlichkeit verheiratet ist, haben möchte. Aber der Partner sage eben schon viel aus.

Privatsphäre
- Keinesfalls würde sie einen Partner eines Bewerbers zu einem Essen einladen. Auch sie möchte ohne ihren Ehemann beruflich unterwegs sein. Das sei ihre Privatsphäre und gehe niemanden etwas an. Es wäre sogar ein Grund dafür, ihre Bewerbung zurückzuziehen.

Brillante Idee
- Sie wäre nie auf die Idee gekommen, mit einem Kandidaten und seinem Partner essen zu gehen. Sie fände das eine brillante Idee und würde sie auch gleich anwenden. Sie denke aber, dass wenn sich der Partner als unheimlich dominant herausstellen sollte, sich der Bewerber vielleicht gerne unterwerfe.

Einfluss von Eltern
- Sich nach dem jeweiligen Lebenspartner zu erkundigen, da sehe sie kein Problem. Sie hätte sogar angefangen über die Eltern zu reden, weil die Mutter und der Vater einen so starken Einfluss haben. Vor allem wenn jemand mit der Mutter nur Probleme habe, dann gebe dies später riesige Probleme. Sie frage auch bezüglich der Akzeptanz von Frauen nach.

Ehefrau als Jobkiller
- Sie erinnere sich an ein Essen mit der Ehefrau eines Kandidaten. Vorgesehen wäre gewesen, dass der zukünftige CEO für mindestens ein Jahr ins Ausland versetzt würde. Dann habe sich herausgestellt, dass die Partnerin keinesfalls jemals ins Ausland ziehen möchte. Das sei ein Grund gewesen, nicht der Hauptgrund, dass er diesen Posten nicht erhalten habe.

Vorbildfunktion
- Die menschlichen Qualitäten eines CEOs könne man nur feststellen, wenn man ihn kenne. Wenn man von einer Bewerbung überzeugt sei, dann dürfe man auch etwas «pushen» und Verbündete für die Wahl suchen. Elementar sei für sie, dass der CEO eine gewisse Vorbildfunktion ausübe.

Kandidatenfeld
- Interne Kandidaten hätten den Nachteil, dass man sehr viel über sie wisse, auch Negatives. Externe Bewerber könnten dies elegant verbergen und hätten dann einen entsprechenden Vorteil. Auch würde sehr oft versäumt, interne Kandidaten nachzuziehen.

Verwaltungsräte äusserten sich dazu wie folgt:

Gleiche Augenhöhe
- Wenn der CEO morgen die Idee habe, dass es ihm reiche, dann müsse sofort einer da sein, der ihn ersetzen könne. Er sei erstaunt, wie wenig dies klappe. Das Problem in der Schweiz sei, dass der Verwaltungsratspräsident bezüglich Fachkenntnissen sehr oft auf die gleiche Stufe mit dem CEO gestellt würde. Aber das treffe nur ganz selten zu, wobei Ausnahmen die Regel bestätigten. Wenn die beiden auf derselben Höhe seien, dann habe man einen eingebauten Konflikt: Wer soll die Firma führen, wenn der Verwaltungsratspräsident dauernd sage, wie sie zu führen sei? Ein guter CEO sage dann, wenn der Verwaltungsratspräsident wisse, wie die Firma zu führen sei, dann solle er es selber machen.

Problem Nachfolgeplanung
- Mit der Nachfolgeplanung hätten fast alle Verwaltungsräte Probleme. In dem Moment, wo er einen Headhunter – nichts gegen Headhunters – holen müsse, gestehe er ein, dass er keine Ahnung habe, was in der Firma laufe.

Alleiniges Sagen
- Er sei auch CEO gewesen und hätte zur Bedingung gemacht, dass er alleine das Sagen habe. Er habe aber auch klar gesagt, wenn der Verwaltungsrat fände, er mache etwas falsch, dann solle er ihn rauswerfen. Aber das könne man nur, wenn man wisse, was man tut.

Übergang von CFO zu CEO – Problem
- Aus seiner Sicht sei besondere Vorsicht geboten, wenn man einen CFO zum CEO ernennen möchte. Der Unterschied zwischen diesen beiden beruflichen Funktionen sei riesig.

Soft Faktoren
- Bei der Wahl eines CEO gehe es nur noch um Soft-Faktoren, das Menschliche, den Charakter und die emotionale Intelligenz. Der Kandidat könne zwar fachlich alles mitbringen, aber durch verschiedene Anhaltspunkte merke man, wenn er menschliche Defizite habe. Wenn dann nur ein Mitglied Zweifel an dieser Nomination habe, dann sei es kaum vorstellbar, dass man diesen Kollegen übergehe, indem man den Kandidaten trotzdem einstellt. Das könne er sich kaum vorstellen.

Gefälligkeitsvorschläge
- Wenn man als Verwaltungsrat Vorschläge für einen neuen CEO mache, dann habe man natürlich eine gewisse Verantwortung. Gefälligkeitsvorschläge seien ein Tabu. Er bekomme persönlich immer wieder Curricula, auch von Frauen, die entweder in die Konzernleitung oder in den Verwaltungsrat möchten. Solche Bewerbungen leite er umgehend an die zuständige Stelle weiter.

Hektischer Alltag
- Wenn er einmal sagen könnte, der CEO in seinem Unternehmen sei eine Frau, dann wäre er stolz. Er wüsste sogar zwei oder drei Frauen, aber diese möchten das gar nicht, weil es für sie noch mehr reisen, noch mehr weg von der Familie, einen noch hektischeren Alltag bedeuten würde. Das wollen diese Frauen nicht.

Vom Unternehmen selbst
- Für die Besetzung einer Führungsposition wolle er die Leute mindestens schon zehn Jahre kennen. Er möchte niemanden, der von aussen käme; sie müssten aus dem Unternehmen selbst kommen. Nur dann wisse er, was sie schon gemacht und geleistet haben. Er habe deshalb

auch Headhunters gegenüber einen grossen Vorbehalt. Ein Headhunter per se bringe überhaupt nichts.

Ambivalentes Gefühl
- Er habe immer ein etwas ambivalentes Gefühl, wenn er mit einem Kandidaten und seinem Partner essen gehe. Er glaube nämlich nicht, dass er die Person noch besser kennenlerne, nur weil er auch noch seine Ehefrau gesehen habe.

Konkrete Entscheidung
- Von einem Headhunter verlange er immer eine Long List mit mindestens zehn Kandidaten, auch um zu schauen, ob er verstanden habe, welches Profil man suche. Wenn es dann um den konkreten Entscheidungsprozess für den neuen CEO gehe, dann interessiere ihn die Meinung des Beraters nur marginal.

Lebensumstände
- Geradezu irritierend sei, wie wenig man sich die Mühe mache, sich Rechenschaft über die Lebensumstände eines zukünftigen CEOs abzulegen.

Reelle Chancen
- Sie hätten sich schon mit den letzten drei Bewerbern ausserhalb der Firma in einem abgelegenen Hotel getroffen. An einem Tag habe man sich mit den Kandidaten über ihre Familie, ihre Kinder, ihre Kindheit, Hobbies und Interessen unterhalten, und am zweiten Tag ging es um das Unternehmen und die Industrie. Man habe plötzlich eine Geschichte hinter dem Anwärter gesehen, etwas, was aus dem Curriculum nicht ersichtlich sei. Durch dieses Auswahlverfahren habe man dann einen CEO gefunden. Wichtig sei gewesen, dass jeder der drei Kandidaten von Anfang an das Gefühl gehabt habe, dass er reelle Chancen auf diesen Posten habe.

Junggeselle – eine Anekdote
◆ Eine lustige Geschichte aus den guten alten Zeiten: Ein Firmeninhaber habe einen neuen CEO einstellen wollen. Der Kandidat sei aber Junggeselle gewesen, weshalb er ihn nicht einstellen wollte. Erst als er ihm versicherte, er habe eine Freundin und eine Verlobung stehe an, habe er ihn angestellt. Vorgängig habe der Firmenbesitzer sich aber doch noch zu einem Mittagessen mit dem Bewerber und seiner Freundin getroffen, und kurz darauf hätten die beiden auch geheiratet. Heute alles unvorstellbar!

3. Strategie des VR

Frage: *Welche Überlegungen beeinflussen die Strategie des Verwaltungsrates?*

Wachstum ist für alle Verwaltungsräte das brennende Thema, wenn es um die Festlegung der Strategie in einem Unternehmen geht. In diesem Zusammenhang handelt es sich um mittelfristiges und langfristiges Wachstum, um quantitatives oder qualitatives Wachstum, um inneres oder äusseres Wachstum, um Risikoeinschätzung, um Liquidität, um Firmenkäufe, um Innovation, um Firmenkulturen, um gesellschaftspolitische Fragen und nicht zuletzt um die Mitarbeiter und sämtliche Shareholders. Bei all den strategischen Diskussionen in einem Verwaltungsrat ist nur ein geringer Unterschied zwischen den Frauen und Männern zu sehen. Am ehesten dort, wo es um riskante Strategien geht, sind Frauen weniger entscheidungsfreudig. Für sie zählt eher das Nachhaltige als das Schnelle.

Die strategische Richtung und Zielsetzung für das Unternehmen ist der Ausgangspunkt für eine Argumentation. Es geht wie erwähnt um quantitative und qualitative Dimensionen. Da stehen Fragen zur Diskussion wie etwa, ob man die Nummer eins auf der Welt werden oder das umweltverträglichste Unternehmen sein möchte. Für die meisten Verwaltungsräte ist die Weiterentwicklung im Qualitativen, idealerweise mit eigenen Mitteln, wichtiger als jene im Quantitativen. Sie sprechen dann weniger von Wachstum, sondern davon, profitabler zu werden.

Wenn sich der Markt verändert und grösser wird, dann sollte man zumindest mit ihm mitwachsen können, sonst büsst die Firma an Wettbewerbsfähigkeit ein. Bei einer Fremdfinanzierung drängen die Finanzgeber auf Wachstum, weil Wachstum mehr Gewinn und mehr Möglichkeiten bedeutet, die Schulden zurückzubezahlen. Für ein langfristiges Überleben muss man wachsen, manchmal sogar, damit das Unternehmen nicht in eine Risikosituation gerät.

Eine andere eher kurzsichtige Erklärung, weshalb Firmen wachsen möchten, ist, dass das Einkommen des CEOs üblicherweise an die Grösse des Unternehmens geknüpft ist. Nichts korreliert stärker mit dem Einkommen als der Umsatz einer Firma, das sagen auch alle empirischen Untersuchungen. Die meisten Fusionen werden aus diesem Grunde getätigt, obwohl man weiss, dass sie meistens mässigen Erfolg zeitigen. Wenn es nun mehr CEOs mit einer anderen Einstellung zum Wachstumsmythos geben würde, könnte es sein, dass diese ins Wanken gerieten, was wohl dann der Fall wäre, wenn es vermehrt weibliche CEOs gäbe. Denn die Frauen arbeiten nicht primär für ein hohes Salär, sondern weil sie eine gute Leistung bringen möchten. Ein Denkanstoss in Richtung vernünftige Entlöhnung?

Zu schnell darf das Wachstum auf keinen Fall sein. Die Gefahr besteht, dass eine ständig steigende Wachstumskurve plötzlich einen Knick bekommt und dann die Verantwortlichen nicht fähig sind, die Weichen richtig zu stellen und diese grosse Herausforderung zu meistern. Plötzlich wird der Umgang mit Misserfolg zur Kunst – besonders ärgerlich für all jene, die nie gelernt haben zu scheitern.

Es gibt unter den Verwaltungsräten auch durchaus kritische Stimmen gegen das Wachstum, meist mit dem Argument: Grösse schon, aber nicht um jeden Preis. Aber Stagnation ist auch keine Lösung, weil das eine Art Rückgang ist. Deshalb ist der springende Punkt, wie man von einem sinnlosen Wachstumsstreben wegkommt, ohne dass das Unternehmen negative Auswirkungen erleidet. Es reicht definitiv nicht aus und ist gefährlich, einfach denselben Umsatz wie in den letzten Jahren anzuzielen, nur schon deshalb, weil im System – zumindest in der Schweiz – ein Automatismus besteht, wonach jedes Jahr Lohnerhöhungen oder zumindest Anpassungen ausgesprochen werden müssen. Solange dem so ist, muss eine Firma schon nur wachsen, um die steigenden Löhne überhaupt bezahlen zu können.

Es gibt Unternehmen, die ausserdem nur dank ihrer Grösse am Markt bestehen können und keine andere Wahl haben als weiterzuwachsen. Es gibt Branchen, wo das auch ein Wettbewerbsvorteil ist, um grosse Kunden bedienen zu können. Aber man muss aufpassen, vor allem im Finanzbereich, dass die Grösse nicht zu komplex und nicht mehr beherrschbar wird. Der Vorteil kann sich ins Gegenteil kehren, dann nämlich, wenn Firmen ihre Aufträge nicht mehr an grosse Unternehmen geben möchten, weil dort der administrative Aufwand, die Compliance- und administrativen Kosten zu hoch und die komplizierten Strukturen zu aufwendig sind und die Kosten dafür auf den Kunden überwälzt werden. Der Kunde realisiert dies und sucht nach einem kosteneffizienteren Anbieter, der sich oft in einem kleineren Unternehmen findet.

Die Zahlen, das heisst die Fakten, die der Verwaltungsrat von der Geschäftsleitung präsentiert bekommt, spielen eine grosse Rolle. Auch die Intuition hat dabei eine wichtige Funktion, weil der Verwaltungsrat ja nicht sicher sein kann, ob das im Budget Präsentierte dann wirklich auch eintreffen wird. Sind die Annahmen realistisch, oder müssen zusätzlich beispielsweise gesellschaftspolitische Argumente in Betracht gezogen werden?

Deshalb ist es ganz wichtig, dass ein Verwaltungsrat eine Bilanz- und Erfolgsrechnung lesen kann. Das kann er meistens nur, wenn er vorher in einer Führungsrolle gearbeitet hat. Das erklärt wiederum, weshalb diese Kompetenz als eine wichtige Voraussetzung für ein Verwaltungsratsmandat gefragt ist. Zahlen geben zwar ein Bild, aber nicht ein Bild mit allen Puzzlesteinen. Das beinhaltet strategische Fragen, etwa die Frage, wie die starke Stellung des Unternehmens ausgebaut werden kann. Ein Verwaltungsrat muss im entscheidenden Moment den Finger auf die Zahlen legen können, insbesondere heute, wo dank IT die Daten und Kennzahlen für jeden Monat schnell abgerufen werden können. In einem liberalen Verwaltungsrat können die Mitglieder jederzeit unter Einhaltung von vorher festgelegten Regeln auf streng vertrauliche Domänen des CEOs zugreifen und gewisse Sachen abrufen. Auf Veränderungen muss man schnell reagieren können. Die Schnelligkeit der Reaktion entscheidet oft über Gewinn oder Verlust.

Auch das Marktumfeld verändert sich heute sehr schnell, insbesondere im technologischen Bereich und mit all den neueren Kommunikationsmitteln. Was gestern noch ein grosser Rechner verarbeitet hat, findet heute auf Tablets, iPhones, Apps, Instagram und Facebook statt. Es entsteht dadurch ein regelrechter Druck, den nicht nur die Verwaltungsräte, sondern auch alle Mitarbeiter spüren. Die Erwartung, dass jeder allzeit online sein, alles sofort lesen und eine Lösung anbieten muss, wird immer mehr zu einem grossen Problem. Auch der Druck der Börse darf dabei nicht vergessen werden. Auf solche Veränderungen müssen auch Verwaltungsräte reagieren, sich schnell anpassen und gegebenenfalls ihre Strategie flexibel wechseln können. Ein versierter Fachmann im IT-Bereich wäre bestimmt ein grosser Vorteil für den Verwaltungsrat und könnte, wer weiss, schon bald als unerlässliches Fähigkeitsprofil zumindest für ein Mitglied im Gremium gelten.

Bei einer Strategiefestlegung geht es ebenfalls darum, in welchem Markt und wo auf der Welt die Firma tätig ist. Ich ziehe die Finanzbranche als Beispiel heran. Für das Finanzwesen braucht es in Europa eine andere Strategie als in Asien; es sind hier und dort nicht dieselben Portfolios, derselbe Markt, auch nicht dieselbe Art von Mitarbeitern und kulturell sehr verschiedene Kunden – es ist eine andere Welt. Da muss man flexibel sein und den Leuten vor Ort auch die Werkzeuge geben, um in ihrem Markt wachsen zu können, ihnen die Anerkennung geben, die sie in ihrer Kultur gewöhnt sind und die anders ist als unsere im Westen. Wenn man versucht, den Asiaten unsere eigene Kultur, unsere eigenen Methoden und Strategien aufzuzwingen, dann passiert das, was in den meisten europäischen Banken passiert: Sie verdienen kein Geld und kommen nicht vom Fleck. Für diese kulturellen Unterschiede sind Frauen sensibler als Männer.

Bei den strategischen Überlegungen im Verwaltungsrat spielt auch die Firmenphilosophie eine wichtige Rolle. Es muss eine harte Leistungskultur herrschen, aber sie muss ein humanes Element beinhalten. Das ist auch in einem grossen Unternehmen möglich. Eine Firmenkultur bildet sich über Jahrzehnte. Gerade Expats, Mitarbeiter, die für das gleiche Unternehmen alle paar Jahre wieder an einem anderen Ort arbeiten, sind natürliche Kulturbotschafter, sie bringen die Firmenkultur in die verschiedenen Länder. Auch der Umgang mit dem Personal und den jeweiligen Teams, auch wie man sie anstellt oder entlässt, ist ein wichtiger Faktor. Bei international tätigen Firmen ist ebenfalls sehr wichtig, dass die lokale und die globale Kultur harmonieren. In asiatischen Ländern glaubt man dem CEO jedes Wort und setzt alles in die Tat um; der Europäer ist da vielleicht etwas zynischer und zurückhaltender.

Für viele Firmen hat der Shareholder Value Priorität. Dieser lässt sich nur optimieren, wenn man vor allem motivierte Mitarbeiter hat. Wenn die Beschäftigten nicht mitmachen und unterstützt werden, schafft man nie ein Wachstum. Nicht zu vergessen ist auch der Einbezug sämtlicher Stakeholder wie Lieferanten, Kunden, Gesellschaft und Politik, um mit ihnen zusammen gute Rahmenbedingungen zu gestalten. Deren Endziel ist dann wieder der Shareholder Value.

Wichtig ist ein Wachstum in der Forschung und Entwicklung, damit das Unternehmen mitziehen kann. Es ist ein Vorteil, wenn man die Innovation im eigenen Betrieb hat und so organisch wachsen kann. Ein geradezu ideales Wachstum ergibt sich aus einem Zusammenspiel von starkem organischem Wachstum mit einer Ergänzung durch gewisse sehr spezifische anorganische Zukäufe.

Besonders interessant finde ich den Gedanken eines Gesprächspartners, der sagte, dass das ganze Wachstum auch viel mit Stimmungen zu tun habe. Er glaube nämlich, dass es ganz schwierig sei, eine gute, vorwärts gerichtete Unternehmensstimmung zu erzeugen, wenn man nicht wachse. Es sei irgendwie das Gefühl, dass man noch mehr haben möchte; das scheine es zu brauchen. Wenn man stagniere, weil man eigentlich zufrieden sei, dann schwinde das Interesse der Leute für die Firma und die Arbeit, ausser man bezahle seine Mitarbeiter mit Aktien oder Obligationen. Das wären dann die finanziellen Anreize, von denen man getrieben wird, besser zu sein als die anderen. Das spiele bestimmt in einigen Firmen eine Rolle. Aber er glaube trotzdem, dass das Finanzielle sekundär sei. Weiterkommen, das sich Weiterentwickeln und das Lernen seien viel wichtiger. Man möchte sich verbessern und Marktanteile gewinnen, das sei ganz natürlich so. Wachstum sei immer ein Zeichen von Erfolg.

Bei Familiengesellschaften denkt der Verwaltungsrat strategisch in anderen Schemen. Dort hat man meist mehr Zeit und kann sich die Dinge gründlicher überlegen. Man denkt über Generationen, langfristig, und nicht in Vierteljahresetappen. Ein Risiko einzugehen überlegt man sich zwei Mal, weil man sein eigenes Unternehmen nicht gefährden, sondern über Generationen den Fortbestand sichern möchte.

Der Einbezug des politischen Umfelds in eine Strategie wird immer schwieriger. Gerade die Rechtssicherheit in den verschiedenen Märkten auf den verschiedenen Kontinenten ist äusserst schwierig einzuordnen. Das Politische ist eine unberechenbare Variable und von vielen äusseren Einflüssen abhängig. Deshalb wird versucht, diese Risiken zu minimieren, indem man verschiedene Märkte erschliesst, aus dem einzigen Grund, auf andere Märkte ausweichen zu können, falls ein Markt einbricht. Die Unternehmen haben dafür Risikoausschüsse mit einer grossen Verantwortung. Bei einer Strategieplanung ist es unentbehrlich, aber eben nicht immer einfach, sich auf die Politik verlassen zu können, gerade in politisch unstabilen Regionen.

Verwaltungsrätinnen äusserten sich dazu wie folgt:

Fehler eingestehen
- Es sollte in einem Unternehmen ein Klima herrschen, in dem auch strategische Fehler gemacht werden können, der Verursacher dies eingestehen könne und eine zweite Chance erhalte. Man habe gesehen, was geschehen kann, wenn dem nicht so sei. Nick Leeson habe vor über zwanzig Jahren die Barings Bank mit seinen nicht wiedergutzumachenden Investmentfehlern in den Bankrott getrieben. Hätte er frühzeitig seine Fehler eingestehen können, dann wäre die Bank vermutlich gerettet worden und die Queen dafür dankbar.

In Schönheit sterben
- Man könne schon sagen, man wachse nur aus internen Ressourcen. Aber damit könne man in Schönheit sterben, weil es einfach zu Situationen komme, wo man eine massgebliche Investition, zum Beispiel in die Forschung, machen müsse, da man mit dem eigenen Produkt nicht weiterkomme.

Kein Marathon ohne Training
- Es müsse ein ständiger Druck im System sein. Sonst bestünde die Gefahr, dass man zu träge würde und sich selbst genüge. Es gehe nicht um Wachstum per se, aber darum, dass man fit und in Bewegung bleibe. Man könne auch keinen Marathon laufen, wenn man 360 Tage nicht trainiert habe.

Firmenübernahme
- Bei einer Firmenübernahme würde sie ganz sicher schauen, wie die Diversifikation in der Geschäftsleitung und im Verwaltungsrat sei. Und zwar nicht auf das Geschlecht bezogen, sondern auf das Fachwissen, die Kultur und die Herkunft der Leute. Je nachdem müsste sie bei einer solchen Übernahme sagen: Hände weg!

Wachstumsmythos
- Sie sei absolut der Meinung, dass Wachstumsstrategien, im Gegensatz zu dem, was vielfach die CEOs erzählten, in den meisten Fällen falsch seien. Im Zweifel würde sie nur für qualitatives Wachstum plädieren. Aber der Wachstumsmythos sei schon sehr stark, und sie halte das für total falsch.

Verlust von Marktanteilen
- In der Nahrungsmittelbranche müsse man wachsen, weil sich die Bevölkerung massiv vergrössere. Wenn ihr Unternehmen also nicht wächst, dann wachse ein Konkurrent dafür umso mehr. Das heisse auch, dass Konsumenten im Verhältnis weniger Produkte von ihrer Firma kauften und andere bevorzugten. Man verliere automatisch Marktanteile.

Moral von Mitarbeitern
- Wenn es einfach darum gehe, nur um des Wachstums willen das Unternehmen auszupressen und Zukäufe tätige, um eine noch grössere Marktmacht zu haben, dann frage sie sich manchmal schon, ob dies der richtige Weg sei. Sie würde sich überlegen, ob sie in solch einem Verwaltungsrat aktiv sein und diese Art von Wachstum mittragen möchte. Ein aggressiveres Auftreten am Markt sei nötig, wenn man nur das Wachstumsziel kenne. Ganz abgesehen davon glaube sie auch, dass das reine Grösserwerden- und Effizienzdenken schlecht für die Moral der Mitarbeiter sei.

Verwaltungsräte äusserten sich dazu wie folgt:

Frankenschock
- Wenn man über die Zukunft spreche und ein Budget präsentiert bekomme, dann sei ja nicht sicher, dass dies alles eintreffe. Das eine sei, von welchen Annahmen man ausgehe, das andere, in welcher Weise man Unvorhergesehenes berücksichtige. Dazu gehöre beispielsweise der Frankenschock: Man müsse schon ganz blöd gewesen sein, wenn man dies nicht irgendwann erwartet habe. Wenn jemand drei Jahre lang nicht die Möglichkeit wahrgenommen habe, sich auf einen stärkeren Frankenkurs vorzubereiten, dann habe er seine Hausaufgaben nicht gemacht.

Politische Spannungen
- Man stelle sich die Frage, an welches politische und wirtschaftliche Umfeld man glaube. Wenn eine Firma in China eine Milliarde investiere und es dort, was nicht auszuschliessen sei, zu grösseren politischen Spannungen komme, dann sei die Milliarde sehr schnell verloren. Solche Fragen seien auf Stufe Verwaltungsrat viel wichtiger als strategische Fragen.

Quartalszahlen – ein Witz
- Er hasse kurzfristige Wachstumsziele, die brächten nichts. Der Gegenwind in der Wirtschaft könne mal so oder so sein. Ein gewisses Wachstum müsse natürlich sein, damit auch für Innovationen ein gewisser Reiz bestehe. Ebenfalls finde er Quartalszahlen einen absoluten Witz. Die brächten rein gar nichts. Es sei wünschenswert, dass es lediglich halbjährliche Kennzahlen und einen Jahresabschluss gebe, aber das würde man nicht durchbringen.

Lokomotive
- In einem globalen Markt seien die Regionen-Manager der verschiedenen Länder zentral; auf sie müsse man sich verlassen können. Und wenn ein Zug nicht richtig fahre, ersetze man nicht einen Wagen, sondern die Lokomotive (er lacht).

Besser werden – Firmenschliessung

◆ Eine Strategie heisse, besser werden und nicht wachsen. Besser werden könne vieles heissen: effizienter, mehr Marktanteil, technischer Fortschritt. Wenn man das verloren habe, dann könne man in zehn Jahren die Firma schliessen.

Stäbe – kleine Teams

◆ Wenn man mehr als 1'500 Leute in einem Betrieb habe, dann fingen all diese Corporate Games an. Dann habe man Stäbe, und die übten dann die Linie. Die Stäbe an sich seien nicht das Problem, aber deren Kosten. Das Schlimmste sei indessen, dass die Stäbe dann Leute, die Linie, beschäftigten, die eigentlich zum Arbeiten da seien und den Kunden dienen sollten. Stattdessen verlören sie Zeit mit etwelchem «Mist», der überhaupt niemanden interessiere – er sei da jetzt ganz plakativ. Hätte man nur die Hälfte der Angestellten, käme niemand auf die blöde Idee, andere zu beschäftigen und selbstgerechte Tätigkeiten in Gang zu bringen. Wer in einem kleinen Team arbeite, habe automatisch mehr Verantwortung und sei keine Nummer.

Agilität

◆ Wenn eine Firma glaube, durch reines Wachsen und noch grösser Werden würde sie immer besser, dann könne das nicht gut gehen. Klein aber fein bedeute agil.

Fusionieren

◆ Die Firma A und die Firma B würden fusioniert. Jetzt könne man es zukünftig wie A oder wie B machen, aber eigentlich sei beides falsch: Ein C sollte man kreieren und von A und von B das Beste herausnehmen. Das sei immer das Erfolgsmodell. Für die Mitarbeiter sei es das Einfachste, weil so niemand als Verlierer dastehe, sondern es würde gemeinsam etwas Neues geschaffen.

Zahnpasta

◆ Wie man über Innovation wachsen könne, erkläre er am Beispiel einer Zahnpasta. Man habe einen zusätzlichen Stoff für die Wundheilung im Mund entwickelt. Also gab es ab dann zwei verschiedene Zahnpasten, eine mit und eine ohne wundheilende Wirkung. Nun habe die wundheilende Zahnpasta eine ganz andere, grössere Klientel angezogen, und fortan sei nur noch diese produziert worden. Der Wachstumsmotor sei die Innovation gewesen. Man könne auch durch Zukäufe wachsen, was er aber nicht gut fände.

«Verdammte» Rankings
- Bei börsenkotierten Gesellschaften gehe es immer darum, die Nummer eins am Markt zu sein. Und diese «verdammten» Rankings – der beste CEO, der beste Finanzler, etc., etc. – seien Gift.

Beissende Firmenkulturen
- Bei Firmenkäufen schaue er immer darauf, ob man dieselben Werte teile. Es sei auch schon ganz schiefgelaufen, als man zu spät gemerkt habe, dass zwei sich beissende Firmenkulturen aufeinander trafen, die miteinander hätten arbeiten sollen.

Teure Beratungsfirma
- Er sei immer wieder erstaunt, wie viele Firmen keine Vision hätten und gar nicht wüssten, wohin sie wollten. Wenn man eine teure Beratungsfirma anstellen müsse, um eine Strategie zu definieren, dann sei etwas total falsch. Ebenso sei etwas falsch, wenn eine Firma alle paar Jahre den CEO auswechsle, vor allem wenn es darum ginge, eine langfristige Strategie zu entwickeln. Solche CEOs wollten meistens nur ihren Bonus einkassieren und dann zur nächsten Firma gehen. Fehlentscheidungen würden in dem Moment getroffen, wo die Leute nicht wüssten, in welche Richtung es gehe.

Auf Teufel komm raus
- Im Technologiebereich sei man zum Wachsen verdammt. Es gebe auch Geschäfte, wo man durch Wachstum den Betrieb kaputt machen könne, beispielsweise die Flugindustrie. Am Schluss sei es dort nur noch um Volumen gegangen und niemand habe mehr Geld verdient. Er kenne keine generelle Antwort, ob organisches oder anorganisches

Wachstum besser sei; das sei von Unternehmen zu Unternehmen, von Branche zu Branche, von Region zu Region verschieden. Er möchte mit seinem Unternehmen einfach Geld verdienen und nicht auf Teufel komm raus der Grösste sein. Er stelle die Profitabilität und nicht die Grösse in den Vordergrund.

II. TEIL

Im ersten Teil des Buches berichten die Verwaltungsratsmitglieder mit ihren eigenen Worten über ihre Erfahrungen bei der Arbeit. Es handelt sich um ihre persönlichen Einschätzungen, auch Erzählungen. Wie Sie gelesen haben, erweisen sie sich als unterschiedlich, gleich oder ähnlich und teilweise dürfte Ihnen auch eine Geschlechter spezifische Tendenz nicht entgangen sein.

Im zweiten Teil des Buches geht es mir darum, Ihnen aufzuzeigen, dass es tatsächlich Unterschiede zwischen den Frauen und Männern gibt. Sie sind zwar nicht in Stein gemeisselt, aber es gibt sie in derartiger Häufigkeit, dass wir sie zumindest zur Kenntnis nehmen sollten. Dann widme ich mich den Beziehungen zu den Medien und der Politik und welche Rolle oft den Frauen zugesprochen wird oder werden möchte. Auch das Dauerthema der Löhne und kritische Stimmen zur Politik kommen zur Sprache. Natürlich thematisierte ich auch die viel diskutierte Frauenquote.

A. Unterschiede zwischen Frauen und Männern

Lassen Sie mich zu Anfang der Unterschiedlichkeit *eine* Eigenschaft hervorheben, die ich nicht nur im Kontext von Verwaltungsräten als äusserst wichtig empfinde und die losgelöst vom Geschlecht einherkommt. *Die Authentizität!* Nur wer authentisch, also wahrhaftig ist, wird beruflich und privat Erfolg haben. Der Respekt und die Glaubwürdigkeit seiner Mitmenschen sind ihm oder ihr gewiss! Diesen Charakterzug zu leben wäre so einfach, kostet nichts und bringt grossen Nutzen.

Wenn ich nachfolgend von den Unterschieden zwischen Frauen und Männern rede, dann meine ich auf gar keinen Fall, dass diese zu hundert Prozent auf das weibliche und männliche Geschlecht zutreffen. Das wäre eine stereotype Stigmatisierung. Aber es gibt unbestritten Eigenschaften, die eher den Frauen, und andere, die eher den Männern zugesprochen werden können. Ob diese Unterschiede mit der biologischen Konstellation, dem Sex, oder mit der Sozialisation, dem Gender, eines jeden zusammenhängen, darüber ist man sich weder in der Wissenschaft noch im alltäglichen Miteinander einig. Einig ist man sich nur, dass die Unterschiede existieren und keinen kognitiven Hintergrund haben. Sie haben nichts mit dem Intellekt, dem Wissen und den Fähigkeiten zu tun, mit denen jede Frau und jeder Mann ausgestattet ist. Vermutlich bilden die Unterschiede sich mit der Zeit zurück. Die berühmten Klischees von Frauen und Männern werden indessen wohl noch eine Weile in den Köpfen bestehen. Empfehlenswert wäre, solche Stereotype nicht mit bitterem Ernst und Verbissenheit zu bekämpfen, sondern zu versuchen, mit mehr Gelassenheit und ein bisschen mehr Humor zur Entkrampfung beizutragen.

In den folgenden Abschnitten werde ich ein paar von mir ausgewählte Unterschiede zwischen Frauen und Männern aufzeigen und teilweise auch die Verwaltungsräte mit ihrer Meinung dazu zu Worte kommen lassen. Darunter sind auch absichtlich Differenzen aufgeführt, die in der Öffentlichkeit weniger thematisiert werden. So lesen sie nachstehend über die Radar-Sicht von Frauen und die Laser-Sicht von Männern, die Mehrfachrollen von Frauen, das Spiel und den Wettbewerb, die Firmengründungen von Frauen, das Risiko, den Mut, das Redeverhalten, die Kommunikation, den Status, die Macht und das Prestige, die Empathie und den Unterschied im Kindesalter.

1. Radar-Sicht von Frauen und Laser-Sicht von Männern

Frauen und Männer tendieren dazu, ein Ereignis, einen Umstand, ein Problem und einen Sachverhalt unterschiedlich zu beobachten, zu verstehen und zu bewerten. Wenn dabei die Aufmerksamkeit und Sichtweise eher breit gefächert sind, d.h. in einem kontextuellen integrierenden Gesamteindruck verstanden werden, dann vergleicht man diese Art von Begutachtung mit einem *Radar*. Wenn hingegen der Fokus tief und fast nur auf eine konkrete Sache gerichtet ist, dann vergleicht man dies mit einem *Laser*. Beide Sichtweisen ergänzen sich im Idealfall gegenseitig; keine ist besser als die andere.

Wenn man diese Radar- und Laser-Sichtweisen auf die Geschlechter bezieht, dann kommen die Autorinnen Helgesen und Johnson in ihrem Buch «The Female Vision» zum Schluss, dass die Frauen eher zur sogenannten Radar-Sicht und die Männer eher zur sogenannten Laser-Sicht neigen. Die Frauen bewerten und begutachten eine Situation, einen Sachverhalt oder ein Problem in einem grösseren Kontext und können unerwartete Zusammenhänge sehen. Als Folge davon tendieren die Frauen mehr zu Multitasking als die Männer und können ganz selbstverständlich auf mehreren Ebenen Verantwortung übernehmen. Von Bedeutung ist auch, dass die Frauen im Privaten und Beruflichen gleichzeitig verschiedene Rollen wahrnehmen. Ich werde darauf im nächsten Abschnitt eingehen. Die Radar-Sicht ist ausserdem meist resistent gegen das quantitative Denken und kann auch als subjektiv betrachtet werden.

Die eher männliche Laser-Sicht steht für Klarheit und analytische Strenge. Die fokussierte Laser-Sicht könnte auch historisch bedingt sein und eine Erklärung für das hierarchische Denken der Männer abgeben. Ihre berufliche Karriere, welche sie oft schon in jungen Jahren zielgerichtet anstreben und organisieren, ist geprägt von Hierarchiestufen. Das Politisieren und Ellbögeln in der Firma und auch ausserhalb, um den nächsten beruflichen Aufstieg zu erreichen, ist für die Männer ganz normal und wird von ihnen nicht negativ konnotiert.

Das Industriezeitalter war vom klassisch-hierarchischen Denken der Männer geprägt. Heute kommt mit der Globalisierung und dem neuen Informationszeitalter noch zusätzlich das vernetzte Denken in den Köpfen selber und mit Hilfe der Computer hinzu. Oder mit anderen Worten: Zur traditionellen, eher männlichen Laser-Sicht gesellt sich unaufhaltbar und selbstverständlich die eher weibliche Radar-Sicht. Für die Frauen heisst das nichts anderes, als dass ihre Radar-Sicht in der heutigen Welt zu einer unabkömmlichen Stärke gewachsen ist, welche zusammen mit der Laser-Sicht zu einem allseits erfolgreichen Geschäftsmodell führen sollte. Überlegen Sie selber, ob nicht schon die Radar-Sicht ein Grund sein könnte, eine Frau in den Verwaltungsrat zu wählen!

Helgesen und Johnson gehen in ihrem genannten Buch mit der Laser-Sicht der Männer scharf ins Gericht. Sie behaupten, die Finanzkrise 2008 sei nicht nur, aber auch deshalb entstanden, weil die weibliche Radar-Sicht zu wenig berücksichtigt worden sei. Die einseitige, nur auf den Fokus der Gewinnmaximierung gerichtete Sichtweise der Männer habe dominiert. Darüber hinaus sei es um ein kurzfristiges Denken gegangen, gut verpackt mit dem Argument, möglichst viel Shareholder Value zu generieren. Diese festgefahrene Sichtweise habe alles andere wie nachhaltige Investitionen, kundenorientierte Leistungen oder die Bildung einer Quelle für neue Unternehmungen und Industrien in den Schatten gestellt. Das Interesse habe alleine auf den nächsten Quartalszahlen gelegen, und die mussten stimmen.

Die Laser-Sicht birgt die Gefahr, dass sie Muster und Zusammenhänge übersieht. Das ist dann für einen Verwaltungsrat fatal, wenn er mit sehr vielen Informationen eingedeckt wird und deshalb die Kausalität nicht mehr sehen kann. Ein Risiko frühzeitig zu erkennen wird schwierig.

Es gibt Verwaltungsräte, die selber die Beobachtung machen, dass die Frauen mehr Themen miteinbeziehen und verschiedene Aspekte gleichzeitig berücksichtigen. Das können beispielsweise die Auswirkungen gewisser Entscheide auf die Unternehmenskultur, auf die Konkurrenten, auf die Kunden und auf die Rating-Agenturen sein, die sie mehr beschäftigen und in ihrer Fragestellung einbeziehen als ihre männlichen Kollegen.

In diesem Zusammenhang sprechen die Verwaltungsratsmitglieder auch von einem Panoramablick und Tunnelblick.

Mir erzählte eine Verwaltungsrätin ihre eigene Geschichte, die die weibliche Radar-Sicht in der Praxis schön beschreibt. Es ging um den Transport eines Gegenstandes, der nach Frankreich ausgeliehen werden sollte – für die Männer im Verwaltungsrat kein Problem. Sie hingegen macht darauf aufmerksam, dass man doch das letzte Mal damit nur Ärger gehabt habe; vor allem deshalb, weil die Franzosen stark gewerkschaftlich organisiert sind, hatte es Probleme mit der Arbeitszeit gegeben. Das hatte zur Folge, dass es verschiedene Transportunternehmen und Versicherungen brauchte und zudem letztere langsam unerschwinglich wurden. Zusätzlich kam dazu, dass sowieso keiner die Verantwortung für den ganzen Transport übernehmen wollte. All diese Bedenken und Einwände kamen von ihr als Frau. Sie machte dank ihrem erweiterten Blickwinkel, eben der Radar-Sicht, ihrer Erfahrung und ihrem gesunden Menschenverstand auf all die Hindernisse aufmerksam. Sie sah das Unterfangen ganz automatisch in einem grösseren Zusammenhang. Die Männer hatten die verschiedenen Stationen von Ärgernissen und Komplikationen schlicht vergessen und nur das Ziel der Leihgabe eines Gegenstandes nach Frankreich im Blick. Ein Transport nach Deutschland sei übrigens ganz anders, verriet mir die Verwaltungsrätin: ohne Komplikationen und speditiv.

Eine schöne Bestätigung dieser Erzählung lieferte ein Verwaltungsrat. Es sei so, dass die Männer zielorientierter funktionieren und gewisse Sachen einfach ausblenden. Die Frauen hingegen deckten ein breiteres Feld ab, bevor sie sich überhaupt auf etwas festlegen würden. Die Unterscheidung einer weiblichen Radar-Sicht und einer männlichen Laser-Sicht seien für ihn ganz eindeutig.

2. Die Mehrfach Rollen von Frauen

Eine Frau bekleidet viele Rollen gleichzeitig: als Geschäftsfrau, als Mutter, als Hausfrau, als Organisatorin ihres gesamten sozialen Lebens, und oft auch noch als Helferin in wohltätigen Institutionen. Sie fühlt sich verantwortlich, dass der berufliche und private Alltag funktionieren. Beispielsweise organisieren Frauen die Aktivitäten der Kinder, schlichten den Streit unter ihnen, arrangieren Geburtstags- und Familienanlässen und kümmern sich um alte und kranke Angehörige. All das ist bei den meisten berufstätigen Frauen, im Gegensatz zu ihren männlichen Kollegen, immer noch der Normalfall. Das hat zwar seinen Preis, aber auch Vorteile.

Einerseits ist die Frau dadurch schon im Privaten immer wieder vor neue vielfältige Herausforderungen gestellt und muss diese lösen. Das geschieht nicht selten durch Vermittlung und Integration. So nimmt sie aber auch ganz natürlich die Stimmungen und Befindlichkeiten ihrer Mitmenschen wahr, was zur Folge hat, dass sich ihre Sensibilisierung auf das Zwischenmenschliche selbstredend auf ihren beruflichen Alltag auswirkt. Eine Verwaltungsrätin sieht sich, wie sie sagte, ganz klar als Brückenbauerin zwischen dem Unternehmen und den Kunden oder zu den Stakeholdern. Sie wisse auch, dass sie oft Sachen sehe, die im operativen Geschäft leicht vergessen gehen könnten.

Andererseits bedeutet die Mehrfachrolle für die Frauen Sicherheit und Unabhängigkeit. Wieso? Ich ziehe die Metapher eines mit vielen Verantwortlichkeiten und Aktivitäten gefüllten Korbes heran. Wenn etwas aus dem Korb fällt, ist er deshalb nicht schon leer, sondern immer noch gut gefüllt und kann erst noch mit Neuem wieder gefüllt werden. Auf die Frauen bezogen heisst das, dass sie nicht plötzlich mit leeren Händen dastehen, weil etwas aus ihrem beruflichen oder privaten Alltag wegfällt. Dieser immer mehr oder weniger gefüllte Korb gibt den Frauen die genannte Sicherheit und Unabhängigkeit.

Dazu kommt, dass viele Frauen freiwillig arbeiten und demzufolge auch eine andere Einstellung zur Arbeit pflegen. Sie stehen nicht unter dem gleichen Druck wie viele Männer, die mehrheitlich in der Rolle des Ernährers und deshalb gezwungen sind, einem Erwerb nachzugehen.

Eine Verwaltungsrätin bestätigte, dass Frauen mit Familie einfach einen breiteren Erfahrungshorizont hätten und sich auch eher mal getrauten, eine Mutterperspektive einzunehmen, was ein Mann nicht tun würde. Was aber nicht heisse, dass die Männer nicht auch eine andere Perspektive einnehmen können.

Ein Verwaltungsrat brachte seine Bewunderung für eine ihm bekannte Frau zum Ausdruck. Sie ist in einem grossen Konzern Regionalleiterin für grosse Produkte in Asien, hilft Fabriken planen und aufbauen, hat 25 Jahre Erfahrung – und daneben drei Kinder grossgezogen. Da könne er nur sagen: Chapeau, Chapeau, Chapeau! Und diese Art von Frauen treffe er öfter. Bei unserem Gespräch war er gerade aus den USA zurückgekommen und hatte dort drei Frauen für eine Position in Amerika interviewt. Alle drei hätten eine top Ausbildung, gleichzeitig eine Familie zuhause und würden seit Jahren von morgens bis abends arbeiten. Er habe sie gefragt: «Wie macht ihr das bloss?» Eine von ihnen habe ihm ganz ehrlich gesagt, ihr Ehemann arbeite nicht. Ein anderer Verwaltungsrat bestätigte, dass überproportional viele erfolgreiche

Frauen in Führungspositionen einen Hausmann hätten. Er fügte an, dass man in einem grossen Konzern viel reisen müsse, jemand aber ja ständig für die Familie da sein sollte. Es sei praktisch unmöglich, dass beide Elternteile eine solche Karriere verfolgten.

3. Von Sieg und Wettbewerb getriebene Männer – Frauen wollen Liebe – Männer wollen Sieg

Es ist erwiesen, dass die Frauen anders mit Wettbewerb umgehen als die Männer. Weshalb? Weil die Männer meist schon in jungen Jahren einen Teamsport betreiben und so die Möglichkeit haben, im Wettbewerb gegeneinander anzutreten – sie üben den Wettbewerb im Spiel. Die Spielregeln sind klar festgelegt. Es gibt immer einen Gewinner oder Verlierer. Ein Spiel ist zeitlich limitiert, meist von kurzer Dauer und mit einem klaren Anfang und Ende. Mit jedem neuen Spiel beginnt ein frischer, ungehinderter Neuanfang. Vor, während und nach dem Spiel können die Spieler ausgewechselt oder ganz ersetzt werden. Vereinfacht ausgedrückt sind sich die Männer aus ihrer Jugend dank dem Mannschaftssport – der Name sagt es schon – an den Wettbewerbsgedanken gewöhnt und dadurch anders sozialisiert als die Frauen.

Diese Metapher des Spiels taucht später in der männlichen Geschäftswelt wieder auf; die Männer vergleichen ihren Beruf sehr oft mit einem Spiel. Das Kompetitive ist ihnen ganz wichtig. Sie brauchen auch oft die Terminologie aus dem Spiel, meist in englischer Sprache: «It is a fight. I play to win». Im Sport dient der Zusammenhalt unter den Spielern dem Zweck des Spiels und ihres erhofften Siegs. Die Männer lernen zu verlieren, kein Spiel wird immer gewonnen! Eine neue Taktik und Strategie werden fortwährend ausprobiert, um den Gegner in die Knie zu zwingen. Dabei verspüren sie Lust und Freude. Im Berufsleben ist das nicht anders. Der Zweck der Beziehungen unter den Geschäftsleuten, meist Players genannt, dient primär einem mit Taktik und Strategie auszuhandelnden Deal, und dieser möchte wie im Sport gewonnen werden, was für die meisten Firmen heisst: viel Umsatz, Ertrag und Marktführerschaft.

Seitdem man in den USA herausgefunden hat, dass Schülerinnen, welche in jungen Jahren Teamsport betreiben, eher einen Collegeabschluss machen, besser einen Job finden und auch öfter in mehr männlich dominierten Wirtschaftszweigen arbeiten, müssen die öffentlichen Schulen gleich viel Wert auf Teamsport für die Mädchen wie für die Buben legen. Eine Förderung des Teamsports nur für die Buben ist verboten.

Interessant wäre zu untersuchen, ob diejenigen Frauen, die es an Spitzenpositionen geschafft haben oder in Verwaltungsräten sitzen, auch mit Sport sozialisiert worden sind. Ein gutes Beispiel dafür könnte die Rektorin der ETH Zürich, Prof. Dr. Sarah Springman, sein. Sie war auf höchstem Niveau aktiv im Rudern, Squash und Triathlon. Oder eine meiner Gesprächspartnerinnen, Dr. Franziska Tschudi, die leidenschaftliche Marathonläuferin ist.

Dazu erzählte mir eine Verwaltungsrätin, die in ihrer Freizeit viel Sport betreibt, eine Geschichte. Sie sagte gleich am Anfang, dass sie das Wettbewerbsverhalten aus dem Sport auch als Machogehabe der Männer interpretiere. Sie betreibe Sport, weil sie es gerne für sich selber und ihre Gesundheit tue. Aber sie beobachte, dass die Männer es ausüben, weil sie gewinnen möchten. Es sei ihr schon oft passiert, dass wenn sie mit einem Mann joggen gehe, dieser sofort erkläre, warum er gerade nicht so schnell drauf sei. Der Mann möchte immer sofort ein bisschen ein Rennen machen: Wer ist vorne und wer ist besser? Und ein Mann, der dann merke, dass sie als Frau schneller sei, käme schon gar nicht mehr mit ihr rennen. Eine solche Haltung käme der Frau nicht in den Sinn, weil sie ja nur joggen und an der frischen Luft sein möchte. Dieses Kämpfen und gewinnen Wollen sei einfach bei den Frauen weniger präsent. Das könnte sich allerdings in den nächsten Jahren ändern; ganz bestimmt dann, wenn sich mehr Schülerinnen und junge Frauen im Teamsport üben.

Hier eine ähnliche Anekdote, die sich jedoch unter zwei Frauen abspielte. Um fit zu bleiben, fuhren sie zusammen Velotouren. Eine der beiden Damen ertrug es jedoch nicht, wenn ihr Velorad nicht zuvorderst drehte. Sie musste einfach die Erste sein; das Kompetitive war bei ihr sehr ausgeprägt. Ihre Kollegin indessen fuhr Velo der Gesundheit und dem Genuss zuliebe. Auch hier meldete sich die wettbewerbsaffine Frau nach einer Weile ab; ein gutes Beispiel dafür, dass eine Frau gleich reagieren kann wie ein Mann.

Anhand von diesen zwei Geschichten stellt sich die berechtigte Frage, ob das Kompetitive, teilweise ausgelöst durch den Sport, wirklich männlich geprägt ist, und ob das Velo-Beispiel nur die Ausnahme der Regel bestätigt. Ich glaube, dass der Wettbewerbsgedanke im Beruf eher männlich geprägt ist. Das bestätigten mir auch mehrere Verwaltungsrätinnen. Eine Verwaltungsrätin sagt explizit, dass die Frauen den Wettbewerb nicht lieben, auch dann nicht, wenn sie sich in der Mehrheit befinden. Warum lieben sie ihn nicht? Ganz einfach deshalb, erklärt sie mir, weil die Frauen sich bewusst seien, dass Männer keine Frauen mögen, die gegen sie in den Wettbewerb treten. Eine Frau müsse mit Liebesentzug rechnen, wenn sie dem Mann sozusagen ins Wort falle oder ihn konkurriere. Das sei auch ein Grund, weshalb die Frauen glaubten, sie sollten perfekt sein in der Sprache und Argumentation, um sich ja keine Blösse zu geben. Bei den Frauen müsse es Hand und Fuss haben.

Eine andere Verwaltungsrätin sieht das Spiel noch aus einem anderen Blickwinkel. Sie hätte bei sich selber und bei allen Freundinnen die Karriere gemacht hätten, festgestellt, dass der Kampfgeist nicht instinktiv vorhanden sei. Sie glaube, dass die Frauen diesbezüglich von Natur aus einen Nachteil hätten. Geschäftspolitische taktische Spiele lägen den Frauen schon gar nicht, und sie hätten auch keine Profilneurose. Sie zeigte während unseres Gesprächs auf einen Stuhl, der leer neben ihr stand. Diesen Stuhl brauche sie im Moment nicht, also könne ihn jemand benutzen und darauf sitzen. Ihr sei es egal, ob es sich dort jemand gemütlich mache. Einem Mann sei dies nicht egal, weil der Stuhl per Instinkt zu seinem Gebiet gehöre und er sich behaupten müsse. Das sei quasi sein Jagdrevier. Die Verwaltungsrätin analysierte weiter, wenn sie jetzt in einer Männerrunde wäre, dann müsste sie den Stuhl verteidigen, denn wenn sie dies nicht täte, dann sei sie verloren, weil sie nicht mitgespielt habe. Wenn sie mit den Männern mitmischen wolle, dann müsse sie dieses Spiel kennen und auch spielen. Aber dies sei ihr bewusst. Unbewusst würde eine Frau diesen Stuhl nie verteidigen, wir Frauen seien einfach nicht so geschnitzt. Sie empfinde das aber als Vorteil, denn sobald sie die Situation erkannt habe, könne sie selber entscheiden, dem anderen den Stuhl zu geben – so zu sein, wie sie ist – oder eben das Spiel mitzuspielen.

Die Autoren Sally Helgesen und Marshall Goldsmith beschreiben in ihrem Buch «How Women Rise» ein ähnliches Beispiel von einem fast völlig besetzten Seminarraum. Für die spät Gekommenen hatte es nur noch wenige Stühle frei. Während die Frauen sich physisch kleiner machten, ihre Taschen unter die Tische verstauten, die Hände mehr an den Körper legten, ihre Notebooks direkter vor sich auf dem Tisch platzierten, verhielten sich die Männer ruhig, behielten ihre Arme weiter auf dem nächsten freien Stuhl, liessen ihre Besitztümer um sich herum verteilt und sassen weiter mit breit gespreizten Beinen da. Zusammengefasst sagen Helgesen und Goldsmith, dass sich die Frauen körperlich verkleinern, um jemanden in einer Gruppe willkommen zu heissen, auch dann, wenn es eine kurze Störung im Raum verursacht; die Männer dagegen machen kaum eine Regung.

4. Firmengründungen von Frauen

Es gibt viele Frauen, die mit dem «sportlichen» Wettbewerbsverhalten der Männer Mühe bezeugen. Sie haben genug von deren Vordrängeln und politischen Ränkespielen im Unternehmen. Das passt ihnen nicht, sie möchten das Theater nicht mehr mitmachen. Deshalb verabschieden sich Frauen, meist Mitte dreissig, aus der männlichen Geschäftswelt und gründen ihre eigene Firma. Dies zeigt eine Studie der Columbia Business School in New York, Frauen in diesem Alter sind eher als ihre gleichaltrigen männlichen Kollegen bereit, eine neue berufliche Karriere zu starten. Der finanzielle Anreiz und das Geld sind bei ihrer Entscheidung nicht ausschlaggebend. Massgebend für diesen Schritt ist, was sie dafür erhalten: mehr Unabhängigkeit, mehr Eigenständigkeit, mehr Flexibilität, mehr Autonomie, eine grössere Integration ihrer Arbeit im täglichen Leben und mehr Bewegungsfreiheit in der eigenen Beziehungspflege. Auch möchten sie eine andere Arbeitskultur schaffen, insbesondere eine Umgebung, wo die Mitarbeitenden hoch geschätzt werden. Das Geld sehen sie als Produkt ihres Erfolges, aber es ist nicht das Wesentliche.

Eine Verwaltungsrätin, die sich selbstständig gemacht hatte, sagte, ein wesentlicher Vorteil für selbstständige Frauen sei, dass sie sozial nicht sanktioniert würden. Frauen, die sich von Grossfirmen verabschieden und sich selbstständig machen, würden dadurch nicht zu Versagerinnen gestempelt, sondern erhielten viel Respekt. Sie hat aus ihrer eigenen Erfahrung gelernt: Bei ihr arbeiten nur Frauen. Dort, wo sie vorher gearbeitet hatte, war es so, dass «die Frauen arbeiten und die Jungs arbeiten lassen».

Eine andere Verwaltungsrätin, die auch als selbstständige Unternehmerin arbeitet, berichtete mir, dass sie immer ein inneres Urvertrauen habe und wisse, dass sie es schon schaffen werde. Auch eine kurzfristige Lohneinbusse oder wieder selber das Haus zu putzen und waschen zu müssen, sei ihr egal. Die

Freiheit ist für sie eines der höchsten Güter. Sie führte weiter aus, dass die Männer diesbezüglich anders denken. Der Verlust von Hierarchiestufen und keine Visitenkarte mehr zu besitzen, auf der «Konzernleitungsmitglied» steht, mache sie unsicher. So ein Gedanken wäre ihr selbst nie in den Sinn gekommen.

Interessant ist, was eine Verwaltungsrätin bezüglich Vertrauen und eigener Firma sagte. Wenn ihr eine Frau im Büro gegenübersitze, habe diese einfach einen Vertrauensvorschuss. Warum? Weil sie meistens beide ähnliche Erfahrungen gemacht hätten und entsprechend funktionieren. Das sei wahrscheinlich unter den Männern auch so. Und hier zeigte die Verwaltungsrätin sogar ein gewisses Verständnis dafür, dass die Männer eigentlich auch keine grosse Lust darauf verspüren, dass ihre Gremien mit Frauen durchsetzt werden, weil sie dann plötzlich anders weiterkommen müssen – wie wir Frauen übrigens auch. Die Männer unter sich wissen blind, was abläuft; jede Frau im Gremium verunsichert sie. Kann ich jetzt ein «Witzchen» machen, soll ich jetzt so, soll ich jetzt anders? Das beunruhigt die Männer total. Wenn schon beide Geschlechter sich dieser Konstellation bewusst sind, denke ich, dass es von Nutzen wäre, sich doch bitte gegenseitig einen Vertrauensvorschuss zu geben und jedem so gut wie möglich seine Authentizität zu lassen. Was auch heissen würde, nicht jede Bemerkung und Spielerei gleich auf die Goldwaage zu legen.

Aber ganz so einfach ist es mit dem Vertrauensvorschuss dann eben doch wieder nicht. Ein Verwaltungsrat sagte ganz trocken und ehrlich, es gäbe Leute im Verwaltungsrat, denen er mehr vertraue als anderen; mehr möchte er dazu nicht sagen. Er liess dabei offen, ob es sich um Frauen oder Männer handelt.

5. Risiko

Eine wissenschaftliche Studie hat das Risikoverhalten von Frauen und Männern anhand eines Multiple Choice Tests untersucht. Es geht dabei um den berühmten SAT-Test, welcher unter anderem eine Bedingung für die Aufnahme an die meisten amerikanischen Universitäten ist. Für die richtige Antwort kriegt man einen Punkt und für eine falsche Antwort wird ein halber Punkt abgezogen. Keine Antwort anzukreuzen, dann passiert nichts, das ist die Sicherheitsvariante. Also, die Frage zu beantworten, vor allem, wenn man sich der

Antwort nicht sicher ist, birgt ein Risiko, da falls inkorrekt, ein halber Strafpunkt droht. Die Untersuchung hat nun herausgefunden, dass Frauen lieber keine Antwort geben als sich dem Risiko auszusetzen, mit Strafpunkten belegt zu werden. Die Männer hingegen erraten die Antwort und nehmen so das Risiko auf sich, dass sie falsch ist und damit ein halber Strafpunkt droht, doch weil sie ja richtig sein könnte, lockt auch ein zusätzlicher Punkt Belohnung.

Die Untersuchung zieht den Schluss, dass die Männer dank ihres Risikoverhaltens im SAT-Test profitieren und die Frauen im Nachteil sind. Dieses geschlechterunterschiedliche Risikoverhalten wurde von den Verantwortlichen für den SAT-Test aufgenommen. Die Folge davon ist, dass die Bewertungspraxis geändert worden ist, damit keine Ungerechtigkeit mehr zwischen Frauen und Männern besteht. Es gibt nur noch einen Punkt für eine richtige, aber keine Strafpunkte mehr für eine falsche Antwort. Diese Analyse zeigt anschaulich, dass Frauen und Männer ein unterschiedliches Risikoverhalten aufweisen, was im Falle des SAT-Test den Frauen bis vor Kurzem zum Schaden gereichte.

Ein risikosensibilisiertes Verhalten kann durchaus ein Vorteil sein, beispielsweise im männlich dominierten Finanzsektor. Frauen wird nachgesagt, sie seien bessere Portfoliomanagerinnen; diese These wird auch von Wissenschaftlern gestützt. Sie haben herausgefunden, dass Investitionen, die von weiblichen Hedge-Fund Managern getätigt worden waren, über eine Periode von fünf Jahren eine drei Mal bessere Rendite erwirkten als jene männlicher Hedge-Fund Manager im selben Zeitraum. Ähnlich drückt es ein früherer Goldmans-Sachs-Partner in seiner Studie über weibliche Hedge-Fond Manager aus. Sie seien in geringerem Masse bereit, einen hohen Risikograd einzugehen und hätten weniger die Einstellung «no guts, no glory» sprich «wer nicht wagt, gewinnt nicht». Auch ist erwiesen, dass die Frauen in der Finanzkrise 2008 bedeutend weniger Geld verloren haben als ihre männlichen Kollegen.

Auch hier darf man sich im Kontext mit dem Risikoverhalten schon die berechtigte Frage stellen, ob mehr Frauen in den Verwaltungsräten die Finanzkrise 2008 hätten abwenden oder zumindest abschwächen können. Es ist doch erstaunlich, wie wenig Frauen mit dem Zusammenbruch des Finanzsystems in Verbindung gebracht werden. Gut, es hatte auch weniger Frauen in den Führungsetagen; diese waren überwiegend mit Männern besetzt. Was wäre geschehen, wenn Lehmann Brothers Lehman Brothers and Sisters gewesen wäre? Zu diesem Punkt hat ein Verwaltungsrat eine dezidierte Meinung, die er leicht erregt äusserte. Es gehe ihm auf die Nerven, dass alle im Nachhinein wüssten, wie man es in der Finanzkrise 2008 hätte besser machen können. Das sei ihm zu einfach. Und jetzt komme man noch mit den Frauen, und dass mit ihnen alles anders gekommen wäre! Der Ursprung der Finanzkrise sei einfach zu billiges Geld gewesen, und die Banken hätten dies dann in der Wirkung noch falsch umgesetzt. Mit diesem billigen Geld habe man eine künstliche Wirtschaftsförderung gemacht. Christine Lagarde, die frühere Direktorin des Internationalen Währungsfonds (IWF), hätte aktiv werden und festhalten sollen, dass wir mit dem heutigen billigen Geld wieder in die gleiche Situation geraten wie vor der Krise. Sie hätte sagen müssen, damit aufzuhören, auch wenn dies noch so hart gewesen wäre. Mit den jetzigen Negativzinsen würde viel kaputt gemacht.

Doch zurück zum Risikoverhalten. Man stellt in den meisten Verwaltungsräten fest, dass seit 2008 ein risikobewussteres Verhalten auch bei den Männern aufgekommen ist, sie sind vorsichtiger geworden. Eine Verwaltungsrätin allerdings kommt zu einem völlig gegenteiligen Schluss: Wenn sie die Abschlüsse von Firmen lese, die ein Maximum an Gewinn zeigen, damit ein Maximum an Bonus verteilt werden könne, dann sei das alte Denkmuster von vor 2008 immer noch vorhanden.

Eine interessante Beobachtung macht eine Wirtschaftsprüferin: Diejenigen Verwaltungsräte, die früher operativ tätig waren, seien weniger risikoavers als ehemalige CFOs, Juristen oder Wirtschaftsprüfer. Das sieht sie in dem Moment, wo das gleiche Geschäft in verschiedenen Ausschüssen bezüglich Risiko völlig unterschiedlich beurteilt wird. Das macht deshalb Sinn, weil bei vielen CEOs der Lohn vom Risiko abhängig gemacht wird.

Ein Verwaltungsrat stellt immer wieder fest, dass Bemerkungen wie «ist das wirklich eine gute Idee, habt ihr euch dies gut überlegt?», mehrheitlich von Frauen kommen, selten von Männern. Frauen seien einfach vorsichtiger. Eine Verwaltungsrätin pflichtete ihm bei: sie sei immer diejenige, die bremst. Das mache sie nicht immer beliebt, sie tue es aber trotzdem. Schon deshalb, weil sie bei einem Firmenkonkurs eine Mitverantwortung trage und erst noch ein Reputationsproblem hätte. Umgekehrt sagte sie aber auch, wenn es sich um Start-Up-Firmen handle, dann müsse man voll mitmachen und halt ein Risiko eingehen; das sei ja der Sinn eines Start-Up-Unternehmens.

Auch eine Verwaltungsrätin fand, dass ein zögerliches Risikoverhalten ebenfalls zu einem Problem werden könne, dann nämlich, wenn man in einer

Firma oder Branche eine grosse Revolution vorsehe – dazu brauche es exzessive Risiken. Sie bemerkte, dass es ohne Risiko auch nicht die Industrialisierung gegeben hätte, die ja vorwiegend von Männern hervorgerufen worden sei. Es brauche diesen «jetzt gehe ich zum Mond»-Trieb der Männer, und es brauche Frauen, die sagen: «Halt, der Boden ist hier!» Die Besten in einem Verwaltungsrat seien genau jene Leute, welche die Weisheit haben, um zu wissen: jetzt kämpfen, jetzt loslassen, jetzt insistieren, jetzt nachgeben.

Wenn für eine Frau die Situation in ihrem Beruf brenzlig und mit Risiken behaftet ist, dann setzt sie sich nicht einfach ab und läuft davon. Das Argument, ihr Ruf könnte leiden, wenn sie bei der einen oder anderen Entscheidung nicht mitmacht, lässt sie nicht zu. Da ist sie durchaus bereit, grössere Risiken einzugehen als die Männer. Die Konsequenzen zieht sie meist erst dann, wenn sie sich selbst im Spiegel nicht mehr in die Augen schauen kann.

Eines darf man mit annähernder Sicherheit sagen: Ein Risiko einzugehen auf Kosten Dritter oder einer Firma, bei der man nicht Eigner ist, ist immer einfacher. Risikoreiche Entscheidungen zu treffen ist immer dann kein Problem, wenn es nicht das eigene Geld ist und einen das Risiko nicht direkt selber trifft. Da gibt es kaum Geschlechterunterschiede.

6. Mut

Eine Studie der Forschungsstelle Sotomo in Zürich hat herausgefunden, was Frauen und was Männern in ihrem Leben Mut abverlangt. Eine Trennung, einen Auslandaufenthalt und Kinder zu haben bezeichnen die Frauen als ihre mutigste Tat. Die Heirat, Nothilfe zu leisten und die Selbstständigkeit sind für die Männer mutige Handlungen. Auch in den Mut-Vorbildern unterscheiden sich die Geschlechter. Während die Frauen eher humanitäre Engagements oder zivilen Ungehorsam als besonders mutig empfinden, sehen die Männer meistens Staatschefs, Wirtschaftskapitäne, Abenteurer oder Sportler als mutig an.

In der Politik weigern sich die Frauen, in einem frühen Stadium bei einer Sache mitzumachen. Die Männer passen sich eher an, die Frauen wehren sich, insbesondere dann, wenn sie das Gefühl haben, da geschehe Unrecht. Nach der Fukushima-Katastrophe wurde vom Bundesrat der Atomausstieg beschlossen; die Frauen waren dannzumal im Bundesrat in der Mehrzahl. Das wird auch heute noch vielfach als mutiger Schritt gewürdigt, weil die Bundesrätinnen etwas gewagt haben. Ich behaupte, dass man sich für diesen mutigen Entscheid nicht genügend Zeit genommen hat. Eine wichtige Rolle spielte die überwiegende Angst vor einem Reaktorunfall hier in der Schweiz und als Folge dafür die Verantwortung übernehmen zu müssen. Auch ich hätte mich dannzumal für einen Atomausstieg entschieden und würde im Nachhinein heute aus verschiedensten Gründen anders entscheiden. Aber das ist ein anderes Kapitel.

Widmen wir uns wieder der Geschäftswelt! Dort sind die Frauen mutiger, vor allem wenn es darum geht, unangenehme Themen in Sitzungen anzusprechen. Sie trauen sich eher zu sagen, was sie denken, und zeigen mehr Courage. Wenn es bei solchen Zusammenkünften um Finanzfragen geht, dann wagen jedoch die Männer mehr.

Aus der Praxis betonte eine Verwaltungsrätin, die Frauen seien nicht nur im Verwaltungsrat, sondern ganz allgemein mutiger als die Männer. Sie frage sich nach den Gründen und denke, dies sei so, weil die Frauen nicht so eng in Netzwerken und einem Wirtschaftsfilz verbandelt und involviert seien. Deshalb könnten sie mutiger und unabhängiger ihre Meinung kundtun, handeln und entscheiden und bei all dem auch nichts verlieren. Interessant wird diese Einschätzung meines Erachtens in ein paar Jahren, dann, wenn es deutlich mehr Verwaltungsrätinnen gibt. Sie werden unweigerlich auf dieselben Kolleginnen oder Kollegen in den gleichen Aufsichtsgremien stossen, wie jetzt schon die Männer. Ob der Mut zur Unabhängigkeit bleibt oder ob sich auch die Frauen in die Fallstricke eines Filzes begeben, wird sich weisen – ich hoffe es nicht.

Eine Verwaltungsrätin überlegte lange bei der Frage, ob die Frauen mehr Mut hätten. Sie beziehe sich auf diejenigen Frauen, die in einem Verwaltungsrat sitzen, und diese Frauen hätten mehr Mut. Denn bis eine Frau in einen Verwaltungsrat komme, müsse sie in ihrer Karriere schon sehr viel Mut bewiesen haben, und zwar sehr viel mehr als der Durchschnittsmann, der zu einem solchen Posten komme. Durch diese einfache Selektion kämen eher mutige Frauen zu einem Verwaltungsratsmandat. Sie glaube ebenso, dass die Frauen im Verwaltungsratsgremium weniger Angst hätten, eine Gegenmeinung auszusprechen und etwas herauszufordern. Auch sie sagte, dass die Frauen eher Aussenseiter seien und nicht zum Filz gehörten. Die Kombination einerseits der Aussenseiterrolle der Frauen und andererseits ihre Nichtzugehörigkeit zum männlichen Filz ist für die Frauen eine nicht zu unterschätzende Stärke. Auch diese brauche Mut. Sie können nichts verlieren, nur gewinnen!

Ein Verwaltungsratsmitglied empfindet seinerseits die Frauen als viel mutiger. Er erzählte, wenn seine Firma im Ausland Transaktionen mache oder es Schwierigkeiten gebe und sie einen Anwalt bräuchten, dann würden sie immer eine Frau mandatieren, weil sie die Erfahrung gemacht hätten, dass Frauen einfach mutiger seien und viel mehr kämpften als Männer. Auch seien die Frauen viel weniger zu Kompromissen bereit. Wenn sie von etwas überzeugt seien, dann kämpften sie länger für die Sache als die Männer.

Ein Verwaltungsratsmitglied indessen hat einen entgegengesetzten Eindruck von den Frauen, wenn es um Mut geht. Er mache die Beobachtung, dass Frauen nicht den Mut hätten, es auch zu sagen, wenn sie etwas anders sehen oder wahrnehmen. Für ihn habe es viel mit dem Selbstbewusstsein zu tun. Er kenne einen Headhunter, der auf Frauen spezialisiert sei. In jedem Interview mit einer Kandidatin würde er von ihr gefragt: «Glauben sie, dass ich für diesen Job geeignet bin?». Ein Mann würde gleich fragen: «Und was sind meine Karrieremöglichkeiten?».

7. Frauen sprechen weniger

Über das Redeverhalten von Frauen und Männern wird allgemein wenig berichtet. Es ist spannend zu entdecken, wie Länge und Inhalt eines Votums bei den Zuhörern ankommen.

Ein Artikel dazu mag interessant sein, veröffentlicht in der International New York Times zum Thema, wie viel Frauen und Männer reden, geschrieben von Sheryl Sandberg, CEO von Facebook, Autorin des Buches «Lean In», und Adam Grant, Professor an der Wharton School of the University of Pennsylvania und Autor des Buchs «Give and Take». Die beiden Autoren haben herausgefunden, dass wenn eine Frau in einem professionellen Umfeld spricht, sie sich auf einem schmalen Pfad bewegt: Entweder wird sie kaum gehört, oder sie wird als zu aggressiv wahrgenommen. Wenn ein Mann mehr oder weniger dasselbe sagt, nicken die Männer mit ihren Köpfen Zustimmung für seine gute Idee. Als Resultat davon denken sich die Frauen oft, weniger sagen sei mehr. Männliche Manager, die mehr reden als ihre Kollegen, werden für ihre Kompetenz zehn Prozent höher bewertet. Weibliche Manager hingegen, die mehr als ihre Kolleginnen und Kollegen sprechen, werden von Frauen und Männern mit einer vierzehn Prozent tieferen Kompetenz bewertet. Was Sandberg und Grant beweisen möchten, ist, dass Frauen, die Angst haben zu viel zu reden, weil man sie dann nicht mag und als weniger kompetent bewertet, nicht paranoid sind, sondern recht haben.

Andere Studien besagen, dass die Frauen 75 Prozent weniger sprechen, wenn Männer in einem Gremium in der Überzahl sind. Bei einer Überzahl an Frauen haben sie hingegen keine Mühe, sich zu Wort zu melden. Und wenn die Männer etwas bereits gesagt haben und die Frauen damit einverstanden sind, sehen die meisten Frauen keinen Grund, sich auch noch zu Wort zu melden und alles zu repetieren. Nicht so die Männer. Sie sprechen auch dann noch, wenn sie gar nichts mehr Neues beizutragen haben, sie repetieren einfach das zuvor Gesagte. Aber die Männer reden mit einem grösseren Selbstbewusstsein, während die Frauen oft mit mehr Fachkompetenz brillieren. Den Männern geht es darum, Präsenz zu markieren. Dies bestätigen mehrere Verwaltungsrätinnen.

Und trotzdem ist es schwierig zu sagen, ob es sich beim quantitativen Reden wirklich um etwas typisch Weibliches oder Männliches handelt; bestimmt hängt es auch von der Persönlichkeit ab. Denn es gibt auch Frauen, die gerne bei jeder Gelegenheit das Mikrophon an sich reissen, um einfach noch etwas zu sagen. Aber die allgemeine Meinung ist schon, dass das Vorpreschen beim Sprechen eher Männersache ist. Das hat oft auch mit Statusdenken zu tun, ein Thema, das wir später aufgreifen. In der Politik sei es krass, wie viel mehr die Männer reden, meinte eine Verwaltungsrätin. In den Verwaltungsräten sehe sie das weniger.

Eine andere Verwaltungsrätin machte die Erfahrung, dass die Männer sprechen, um wichtig zu sein. Das müssten die Frauen nicht. Die Frauen sprächen, weil sie etwas zu sagen haben und gut vorbereitet sind. Und wenn sie zu einem Thema nichts zu sagen haben, weil ein anderer bereits alles thematisiert habe, dann hätten die Frauen nicht das Gefühl, es nochmals sagen zu müssen. Ihnen fehle dieser Drang. Sie melden sich, wenn sie etwas Konstruktives zu sagen haben. Wenn ein Mann drei Minuten gesprochen habe, dann müsse der andere mindestens auch drei Minuten sprechen; man müsse sich dasselbe nochmals anhören. Sie mache jeweils eine Triage und fokussiere sich auf die Punkte, die ihr wirklich wichtig seien, anstatt überall ein bisschen mitzureden.

Spontan und mit erhobener Stimme bemerkte eine andere Verwaltungsrätin: «Aber natürlich sprechen die Männer mehr als die Frauen. Aber selbstverständlich!». Ausnahmen bestätigten die Regel. Im Grossen und Ganzen beanspruchten die Männer furchtbar lange Redezeiten und hörten sich schrecklich gerne lang sprechen. Die Selbstdarstellungsfreude von Männern sei einfach viel grösser als die der meisten Frauen, und dies sei empirisch auch gut gesichert.

Dieselbe Verwaltungsrätin war an einem Anlass an der Universität Bern, zu welchem Bundeskanzlerin Angela Merkel eingeladen war. Merkel habe auch ein paar Fragen beantwortet. Die Fragenden seien ausschliesslich männlich gewesen. Dies sei schon deswegen bemerkenswert, weil es ja im Moment mit ca. 60 Prozent weitaus mehr Studentinnen als Studenten habe. Und wenn man da an einer Veranstaltung nur wieder die Studenten reden höre, dann fände sie schon, dass Nachholbedarf bestehe. Das habe auch viel mit dem Selbstbewusstsein der Frauen zu tun: Frauen müssten sich zuerst einen Ruck geben, aber beim zweiten Mal sei es nur noch ein kleiner Schubs. Das könne gelernt werden. Übrigens auch ich musste dies lernen und bin heute selbstbewusster.

Wenn Frauen reden, gehen sie aber dafür direkt auf das Thema zu. Die Männer sind sich dies nicht gewöhnt. Eine Verwaltungsrätin hat deshalb gelernt, sich jeweils zu wiederholen, weil die Männer ihr nicht sofort zuhören. Ein einfacher Satz, selbst wenn dieser wirklich zum Punkt sei, genüge nicht, um die Aufmerksamkeit der Männer zu erlangen. Eine andere Verwaltungsrätin empfindet den Zeitpunkt, wann man etwas sagen will, als sehr wichtig. Dies könne auch nur ein einfaches «Seid Ihr sicher?» sein.

Und auch hier wieder eine gegenteilige Erfahrung eines Verwaltungsrates. Er sagte, dass die Frauen mehr reden, sich mehr wiederholen und er sie meistens stoppen müsse. Das Wiederholen führt er auf mangelnde Selbstsicherheit zurück. Je mehr man sich wiederhole, desto mehr habe man das Gefühl, verstanden zu werden, desto schwächer sei aber auch die Wirkung. Er sagte mit einem Schmunzeln: «Wenn der Papst spricht, dann genügt es ein Mal.» Und dann gäbe es auch einfach den Typ, der dominieren möchte und sich deshalb ständig wiederhole. Für diesen Verwaltungsrat ist das Redeverhalten nicht eine Geschlechterdifferenz, sondern ganz einfach eine Persönlichkeitsdifferenz.

Ein anderer Verwaltungsrat stimmte zu, dass das viel oder weniger Reden ebenfalls von der Persönlichkeit abhänge. Er kenne Verwaltungsratskolleginnen, welche alle zwei Sitzungen irgendwann etwas Kleines in Form einer Frage sagen. Und er kenne Frauen, die bei einer Verwaltungsratssitzung vier, fünf Mal etwas sagten, gleich oft wie die Männer. Aber es gebe auch Männer, die nur an jeder zweiten Sitzung etwas sagen.

Ein Verwaltungsrat erlebt Frauen, die sehr viel reden, geradezu als militant und provokativ. Ob militant zu sein eher den Frauen zugesprochen wird, könne er nicht sagen. Es gebe auch militante Männer.

Eine Verwaltungsrätin macht auf einen anderen Punkt aufmerksam. Sie glaubt, dass das mehr oder weniger Reden auch mit der Muttersprache zu tun haben könnte – ein Punkt, der in den heute oft international besetzten Verwaltungsräten zum Tragen kommen kann. Das ist unabhängig von Frau oder Mann: Wer nicht in der Muttersprache reden kann, sagt automatisch weniger.

Darüber hinaus nehmen sich die Frauen einfach nicht allzu ernst und sagen, was sie denken. Das hat auch wieder mit ihrer zuvor erwähnten Unabhängigkeit zu tun und mit dem Wissen, nichts verlieren zu können, was in bestimmten Situationen durchaus hilfreich sein kann. Männer dagegen überlegen für sich selbst meist viel zu viel strategisch, wann und wie viel gesagt werden muss – so etwa, ob es sich lohnt, nicht nur an Sitzungen, sondern auch ausserhalb mit dem einen oder anderen Verwaltungsratskollegen mehr zu sprechen.

8. Frauen sprechen vorsichtiger

Sehr oft beginnen die Frauen in Sitzungen eine Kommunikation mit einer Frage. «Darf ich die folgende Frage stellen…», oder «Ich möchte nicht stören, aber…» – als ob Frauen ihre Frage an eine Bedingung knüpfen müssten! Dies nimmt dann dem eigentlichen Inhalt der Frage die erste Kraft. So beschreibt es Gail Evans in ihrem Buch «Play like a Man, Win like a Woman». Einem Mann käme es nie in den Sinn, zu fragen, ob er eine Frage stellen darf.

Ebenso macht Evans die Beobachtung, dass Frauen oft zu leise sprechen. Die Gefahr, dass nach kurzer Zeit niemand mehr zuhört, wenn man seine Stimme nicht gehaltvoll für die Sache einsetzt, ist gross. Die Frauen vergessen, dass die Stimme viel dazu beiträgt, den Punkt und Inhalt ihres Anliegens erfolgreich zu kommunizieren. Für die Männer ist das eine Selbstverständlichkeit. Evans erzählt von einer Podiumsdiskussion mit zwei Frauen, einem Mann und ihr selbst als Teilnehmerin. Die Frauen sprachen scheu, ohne Autorität und Kraft; dabei seien sie die Expertinnen gewesen. Der Mann hingegen gab eine fulminante Präsentation, ohne auf dem Gebiet Experte zu sein. Bei dem anschliessenden Frage-und-Antwort-Teil seien sämtliche Fragen an ihn gerichtet worden, zum Ärger der beiden Fachfrauen. Das sei wieder ein von den Männern dominierter Anlass gewesen, beklagten sich die Damen nachher bei Evans. Warum dieses Argument nicht zählte, konnte ihnen Evans leicht mit ihrem zurückhaltenden, leisen Sprechen erklären.

Durch die weiblichen Mitglieder in einem Verwaltungsrat ist die Kommunikation persönlicher geworden, dies bestätigen viele Verwaltungsräte. Sämtliche und auch die schwierigen Aspekte von Themen würden seither eher angesprochen. Dies zeige sich insbesondere in einer Krise. Wenn sich die Männer angegriffen fühlten, würden sie meist zum Gegenangriff ansetzen. Dieses Verhalten habe sich etwas beruhigt. Ob das mit der Anzahl von Frauen und Männern in diesen Gremien oder mit einer generell neuen Sensibilität in der Gesellschaft zusammenhängt, ist schwer zu bestimmen. Aber dieses Verhalten der Mitglieder wird schon eher als weiblich empfunden.

Eine Verwaltungsrätin betonte, dass Frauen eindeutig anders kommunizieren, das sei auch hinreichend in der Literatur belegt. Die Frauen sagten beispielsweise, sie hätten folgenden Vorschlag, oder könnte man nicht auch bedenken, dass ... und so weiter. Und die Männer sagten, es ist so und jetzt sage ich, wo es langgeht. Das sei wesentlich anders. Diese Art von Kommunikation treffe sie oft in Deutschland an. In der Schweiz sei es etwas weniger häufig und die Männer seien etwas weniger dominant, man sei hierzulande ganz klar bescheidener. Man fände dies schon in der Floskel «Ich möchte Ihnen beliebt machen», das würden die Deutschen überhaupt nicht verstehen. Oder beim Ausdruck «Da habe ich aber Mühe damit» denke man in Deutschland, man könne ja mal eine andere Meinung haben, aber das heisse nichts. Aber in der Schweiz heisst «Da habe ich aber Mühe damit» nichts anderes als «Da hast du aber gerade einen völligen Mist verzapft». Daran sehe man, dass der gegenseitige Umgang in der Schweiz anders sei. Man lasse einander das Gesicht wahren. Und Frauen hätten das generell mehr drauf als Männer, sagte die Verwaltungsrätin.

Frauen argumentieren auch sachbezogener und entscheiden auch auf dieser Basis. Für das, wofür sie verantwortlich sind, wollen sie stets das Beste, nämlich die Sache vorwärtsbringen. Machtkämpfe und persönliche Powerspiele sind ihnen fremd. Ihre Meinung formen sie meistens im Sinne der Sache, ohne darauf zu achten, ob sie dadurch in ihrer Stellung gestärkt oder geschwächt werden. Insofern wird die Sachlichkeit der Frauen meist als Stärke wahrgenommen.

9. Status, Macht und Prestige

Jeder Mensch hat einen Status, seine Position in der Gesellschaft. Dieser Status wird nach verschiedenen Kriterien gebildet und ist abhängig von einem Zusammenspiel von Macht, Prestige, Einfluss und Vermögen. Ein mächtiger Mensch kann seinen Willen durchsetzen, unabhängig vom Willen anderer. Prestige ist mit einer beruflichen Tätigkeit, Stellung und hohen Fähigkeiten verbunden. Beim Einfluss geht es nicht nur darum, wen man kennt, sondern auch um die eigene Glaubwürdigkeit und das Mass an Vertrauen, welches den zu beeinflussenden Menschen bestärkt.

Das Vermögen, besonders ein grosses Vermögen, hilft durchaus, mächtig, angesehen und einflussreich zu sein. Vermögende Menschen strahlen eine ganz besondere Anziehungskraft aus, werden bewundert und geliebt und können von Nutzen sein. Für solche Leute ist es nicht schwierig, Freunde zu finden – zumindest solange sie über Geld verfügen und zu deren Nutzen dienen. Kommt aber der Moment, wo das Geld nicht mehr so locker ausgegeben werden kann, vielleicht verbunden mit einem beruflichen Absturz, dann sind die sogenannten Freunde bald weg. Schon Aristoteles hat solche Beziehung als Nutzen-Freundschaften bezeichnet. Im Gegensatz zu Freundschaften um der Freundschaft willen, bei denen der Mensch an sich und nicht sein Status von Bedeutung ist.

Ein einflussreicher Mensch muss jedoch nicht unbedingt vermögend sein. Dafür gibt es für mich überzeugendere Kriterien: ein herausragendes Fachwissen auf einem Gebiet etwa, wo stets sein Rat gebraucht wird. Ein beruflicher Werdegang, der mit viel Erfahrung verbunden ist und gewinnbringend an andere weitergegeben wird. Ein Politiker, der glaubhaft eine Sache und seine politische Position vertritt. Ein Autor, der mit seinem Buch den Leser und eine ganze Gesellschaft aufrütteln kann und eine grosse Debatte auslöst. Ein geistvoller Mensch, der Pläne und eine Begabung besitzt und Berge versetzen kann.

Ein grossartig begabter Musiker; ein Pianist, der an einem Klavierabend alle seine Stücke ohne Noten spielen kann, oftmals bis ins hohe Alter.

Ein Verwaltungsratsmandat verleiht ein gewisses Prestige, gibt Macht und erhöht den Status. Das ist ganz klar und ist den Männern auch wichtig. Die Frauen begnügen sich immer noch oft mit einer Outsider Rolle. Ihre Triebfeder ist die Arbeit selbst. Interessant ist in diesem Zusammenhang zu beobachten, dass in dem Moment, wo Frauen in einen von Männern dominierten Berufszweig vordringen, oft dann auch das Prestige und der Lohn sinken. Gute Beispiele sind der Beruf des Arztes und des Lehrers. Wenn hingegen ein Mann in das Berufsfeld der Frauen eindringt, dann sinkt das Prestige des Mannes, nicht dasjenige der Frauen. Ein gutes Beispiel dafür ist das Berufsbild des Hausmannes. Dabei gibt es bezüglich Prestige für die Männer noch keine Lorbeeren zu holen; es werden höchstens ein paar wenige Ausnahmen in den Medien hochgejubelt. Abgesehen vom Prestige hat das Berufsbild Familie generell nach wie vor mehr Bedeutung für die Frauen als für die Männer. Aber die Hauptsache ist doch einfach, dass sich heute jeder frei entscheiden kann, welchem Berufsbild er sich zugehörig fühlt. Dabei werden allerdings auch weiterhin Status, Macht und Prestige eine Rolle spielen.

Mehrere Verwaltungsrätinnen kommen zum selben Schluss, dass Status, Macht und Prestige den Männern sehr wichtig sind. Sie haben einfach ein anderes Verhältnis zum Ego. Männer brüsten sich gerne, holen bei ihrer Kommunikation weit aus und verbreiten offen ihre Meriten – sie können schlicht besser bluffen als Frauen. Der Bluff kann so weit gehen, dass sie aus dem Stand zu einer Sache etwas sagen und dabei noch das Gefühl haben, es sei völlig ausreichend abgedeckt und ein wertvoller Beitrag für das Gremium. Das kommt oft vor, wenn es nur eine Verwaltungsrätin gibt. Die Männer haben immer noch ein Problem damit, dass die Frauen sie konkurrieren und auch mehr Aufmerksamkeit erhaschen können; dies nicht zuletzt, weil Frauen optisch mehr Gestaltungsmöglichkeiten haben als die Männer.

Ein Verwaltungsrat ist der festen Überzeugung, dass die Frauen bezüglich Macht anders ticken. In all den Gremien, in denen er sei, gebe es immer Frauen, die eine spezielle Rolle spielten. Sie hätten einen besonderen Status, den sie durchaus auch in den Vordergrund zu stellen bereit seien, dies täten nicht nur Männer. Und die Frauen täten es nicht, weil sie schön seien, sondern weil sie Macht hätten.

Trotz alledem habe ich einen Verwaltungsrat getroffen, dem in meinen Augen ein Statusdenken glaubhaft wirklich fremd ist. Er sagte ganz klar, ein Verwaltungsrat, gleich ob Frau oder Mann, dürfe sich selbst nie wichtiger nehmen als die Firma. Und wenn man sich das einmal einverleibt habe, dass das Unternehmen in erster Linie komme und man selber einfach Teil der Geschichte sei, natürlich im Stande eines obersten Delegierten, dann gehe es wahrscheinlich besser. Es gebe leider viele Verwaltungsräte, die – vor allem, wenn sie länger in diesen Gremien tätig seien – praktisch fänden, sie seien wichtiger für die Firma als die Firma selber.

Das führe zu einem Vakuum, zum Verlust der Bodenhaftung und verleite dadurch leicht zu egozentrischen Trips; das habe man zur Genüge gesehen.

Zum Prestige meinte derselbe Verwaltungsrat, dass er dort noch eine andere Verbindung sehe: Man dürfe einen begangenen Fehler nicht zu einer Prestigesache werden lassen. Wenn ein Mann einen Fehler mache, dann gehe er weiter, eine Frau aber denke dann oft, sie sei jetzt minderwertig. Wichtig sei einfach, dass man die Dinge offen diskutiere. Nicht alle Entscheidungen könnten gut laufen; es ginge auch nicht um Schuld oder Unschuld. Es ginge darum, den Fehler zu analysieren und zu schauen, an welchem Punkt man in der ganzen Betrachtung nicht gut gearbeitet habe. Oder kurz: was man falsch gemacht habe. Auch eine Entschuldigung dürfe nicht als Schwäche ausgelegt werden, im Gegenteil. Wie weise!

Ich möchte Ihnen ein paar statistische Zahlen aus der Neuen Zürcher Zeitung vom 16. Februar 2019 nicht vorenthalten, weil sie die Dominanz der Männer erhellen: Lediglich 4 Prozent der Vermögen von britischen Vermögensverwaltern werden ausschliesslich von Frauen verwaltet. Von nur Männern werden dagegen 85 Prozent betreut, und von gemischten Teams gerade mal 11 Prozent. In London hat man nicht mehr als zwölf schwarze Fondsmanager gefunden. Lediglich 27 Prozent der Verwaltungsratsmitglieder von Vermögensverwaltern sind weiblich. Und Frauen stellen nur 18 Prozent des obersten Managements. Ob da Macht oder Status im Spiel sind, dürfen Sie selber entscheiden.

10. Empathie und Emotionen

Die Empathiebereitschaft einer jüngeren Generation ist an ihr Ende gekommen, weil diese Menschen in einer Zeit von Selbstentfaltungswerten und langen Friedens- und Überflusszeiten aufgewachsen sind. Diese Vermutung hegt Prof. Dr. Heinz Bude in seinem neusten Buch «Solidarität». Die ältere Generation war noch von Kriegen geprägt und wünschte sich eine empathische Zivilisation.

Hierzu erwähnt Bude in seinem Buch eine Studie aus dem Jahre 2010, die zum Schluss kommt, dass die positive Bewertung von Empathiefähigkeit bei Studierenden in den USA über die letzten drei Jahrzehnte deutlich zurückgegangen ist. Der Empathieverlust bei der jungen akademischen Generation war in den Nullerjahren am höchsten. Bude, seines Zeichens Soziologieprofessor, sagt, dass man wisse, dass den jungen Menschen von heute, die grob gesagt im Neoliberalismus aufgewachsen seien, Empathie nicht mehr so wichtig sei.

Ich führe diesen Umstand von Empathieverlust auf ein anderes Phänomen zurück, welches nicht auf eine Generation, Altersgruppe oder soziale Schicht beschränkt werden kann: die Digitalisierung! Prof. Alexander Markowetz berichtet in seinem Buch «Digitaler Burnout», dass der Durchschnittsnutzer zweieinhalb Stunden pro Tag mit seinem Handy verbringt, davon nur sieben Minuten pro Tag zum Telefonieren, keine zehn Minuten für Ticketkauf, Onlinebanking, Carsharing, Wettervorhersagen, etc. Den Grossteil der Zeit verbringt er mit Social Media wie Facebook, WhatsApp und Spielen. Die Smartphones haben das Leben und den Alltag rasant verändert. Sie haben vieles einfacher, vieles schneller und vieles billiger gemacht. Durch diese vehemente Nutzung der Handys bleibt zwangsläufig etwas auf der Strecke: die Empathie und die Emotionen! Sie können in meinen Augen nur in persönlichen Kontakten und Begegnungen gelebt und entwickelt werden. Nur wenn ein Mensch vor mir steht, wir einander in die Augen schauen, wir den gegenseitigen Gesichtsausdruck und die Körperhaltung sehen, wir miteinander sprechen und empathisch miteinander umgehen, erst dann können Emotionen überhaupt entstehen.

Zusätzlich zur Digitalisierung kommt die immer grössere Bedeutung der Künstlichen Intelligenz (KI) hinzu. Sie warnt uns zwar vor Risiken mit dem Ziel, unser Dasein durch Rationalität und Effizienz zu verbessern. Mir graut davor und beunruhigt mich echt, dass mir die KI eines Tages die Kontrolle über mich und meinen Verstand aus der Hand nehmen könnte, das Arbeiten obsolet macht und ich nur noch von anonymen Clouds gesteuert werde. Dann bleiben uns tatsächlich nur noch die Emotionen, die aber dann schon der Digitalisierung zum Opfer gefallen sind. Was für ein Teufelskreis!

Den Frauen wird landläufig zugesprochen, dass sie emotionaler reagieren, urteilen und handeln als die Männer. Es wäre interessant zu erfahren, ob die Digitalisierung und der veränderte zwischenmenschliche Umgang auf das empathische Verhalten der Frauen eine Auswirkung hat, denn auch sie bedienen sich ja den Social Media. Das werden bestimmt Studien in den kommenden Jahren zeigen.

Ein Beispiel von zwei Verwaltungsrätinnen veranschaulicht indessen, dass dies in der Praxis nicht immer zutreffen muss. Es geht um den Umgang mit Mitarbeitern. Eine Verwaltungsrätin legt grossen Wert darauf, ihre Mitarbeiter auch zu fragen, wie es ihnen privat geht. Eine andere sagte, das gehe sie nichts an und interessiere sie auch nicht. Doch, sagte die andere. Denn der Mitarbeiter bringe seine Probleme am Montag in die Firma mit, trage sie im Kopf mit sich herum und sei nicht konzentriert. Es gäbe Schwingungen zwischen dem Privaten und Beruflichen. Sie müsse das wissen und je nachdem eingreifen können, weil der Betroffene sonst krank würde, nicht bei der Arbeit und geistig abwesend sei. Das sei gefährlich für das Geschäft. Auf das Insistieren der anderen, das interessiere sie nicht, das sei Privatsache antwortete sie, sie sähe eben den Menschen als Ganzes und nicht nur bei der Arbeit. Das ist ein gutes Exempel, wie unterschiedlich Frauen funktionieren und wie schwierig es ist, zu behaupten, *die* Frauen seien emotionaler. Diese Unterschiedlichkeit im Umgang mit Mitarbeitern hätte übrigens genau gleich auch von zwei Männern kommen können. *Den* Männern wird ja nachgesagt, sie trennten strikte das Berufliche und das Private, was aber auch nicht auf alle Männer zutrifft.

Ein Verwaltungsrat erinnerte sich an die 70er Jahre. Damals hätten die Männer mit der emotionalen Intelligenz noch Mühe gehabt; sie war noch kein Thema. Männer hätten auch nicht kommunizieren können, wenn sie in einem Teilbereich schlechter gewesen seien als andere. Das habe sich in den letzten zehn Jahren total geändert. Ein Teil der Männer könne heute gut über ihre Schwächen reden, weil sie genau wüssten, dass sie nicht alles erfüllen können und dass sie andere bräuchten, um Schwächen zu kompensieren. Das habe nichts mit den Frauen zu tun. Aber Frauen hätten von Anfang an bei vielen Männern einen Pluspunkt bezüglich sozialer Kompetenz. Sie seien auch kommunikativer, offener und ehrlicher, würden kaum «Drecksspiele» im Beruf machen, was es halt immer noch gäbe. Die Frauen könnten sich einfach gut in einen anderen Menschen hineinversetzen. Das gebe ihnen ganz natürlich die Möglichkeit, Zusammenhänge schnell zu sehen und Dinge auch zu hinterfragen. Abgesehen davon tendierten die Frauen dazu, dass in einem Betrieb Harmonie herrsche. Es beschäftige sie, wenn sie Unzufriedenheit oder Konflikte spürten. «Aber vielleicht lernen ja die Männer diesbezüglich etwas von den Frauen hinzu», sagte der Verwaltungsrat mit einem Schmunzeln.

Zu einem interessanten Schluss kommt eine Verwaltungsrätin. Sie glaubt nämlich herausgefunden zu haben, dass Männer, die auch einmal von ihrer Ehefrau erzählen, diejenigen sind, die Frauen fördern und befördern und sich auch für mehr Frauen in einem Verwaltungsrat einsetzen. Sie sieht diesbezüglich langsam eine Korrelation. Ihr sei es wichtig zu wissen, wie der Mensch sonst noch lebe. Mit jemandem, der nicht konstant sei, sich beispielsweise nicht der Familie gegenüber verantwortlich und engagiert zeige, habe sie Mühe. Kollegen, die nicht Ordnung in ihrem Privatleben haben, seien für sie problematisch. Und dann musste sie noch etwas loswerden: Ein Mann, der in der Öffentlichkeit einmal sein Gesicht verloren habe, erinnere sich noch zehn Jahre danach, wer daran schuld gewesen sei. Diese Beobachtung könnte meines Erachtens aber genauso gut auch für Frauen zutreffen.

11. Unterschied im Kindsalter

Die nachfolgende Geschichte, die mir ein Verwaltungsrat erzählt hat, zeigt eindrücklich, wie das unterschiedliche Verhalten der Geschlechter bereits im Kindesalter auftreten kann. Es geht um den ersten Schultag seines Sohnes. An diesem Tag hat er als Vater extra frei genommen. Schon vor der ersten Schulstunde seien die Jungs auf dem Pausenplatz herumgerannt und hätten gespielt, während die Eltern bereits ins Klassenzimmer durften. Und da sei die Szene gekommen, die er nie vergessen werde. Zuerst seien die stärksten Buben hereingekommen und hätten sich einfach hingesetzt. Dann seien die einigermassen mutigen Mädchen und die weniger starken Buben gekommen und hätten auf den Stühlen Platz genommen, die die starken Buben noch frei liessen.

Ganz am Schluss seien mehr als die Hälfte der Mädchen eingetreten, die sich auf die noch übrig gebliebenen Plätze gesetzt hätten. Dieses Erlebnis, vor allem das Verhalten der Mädchen und Buben schon im Alter von sieben Jahren, war für den Verwaltungsrat symptomatisch. Es beginnt eben nicht erst am Anfang des Berufslebens, sondern schon in der Kindheit. Er ist überzeugt, dass diese Haltung sich in der Psyche einer Frau oder eines Mannes später nicht einfach wegwischen lässt. Der Verwaltungsrat spricht von einem Mann, der es sich schlicht gewohnt ist, sich zuerst hinzusetzen; das sähe man besonders bei einem Mann, der keine solide Erziehung hatte. Er setzt sich im Restaurant zuerst und lässt die Frau mit dem Mantel stehen. Der Verwaltungsrat gab zu, er äussere sich dabei natürlich etwas extrem. Aber es sei einfach viel schwieriger für eine Frau, aus ihrer Rolle herauszukommen, wenn sie nicht schon eine gewisse Idee habe, wie es auch sein könnte.

12. Biologisches Geschlecht

Der Form halber möchte ich auch kurz das biologische Geschlecht erwähnen. Denn die von mir beschriebenen Ausführungen basieren vorwiegend auf Gender-Unterschieden, die sich im sozialen Geschlecht, in der Geschlechterrolle und in der Geschlechtsidentität ausdrücken. Die Sozialisation spielt dabei eine zentrale Rolle.

Demgegenüber steht das biologische Geschlecht, der Sex. Ein visueller Unterschied besteht schon ab der Geburt. Er bezieht sich auf körperliche Geschlechtsmerkmale, Chromosomensätze, Keimdrüsen (Hoden und Eierstöcke), Hormone und Geschlechtsorgane.

Eine Reihe von Studien hat herausgefunden, dass es einen Zusammenhang gibt zwischen dem männlichen Geschlechtshormon Testosteron und der Neigung zu aggressivem Verhalten. Während dem die weiblichen Geschlechtshormone, Östrogene und Gestagene, im emotionalen Bereich mit Empathie assoziiert werden. Das ist eine grobe Vereinfachung in der Interpretation von Geschlechtshormonen. Ich möchte diese Aussagen einfach mal so stehen lassen und nicht weiter kommentieren.

Ein weiterer Unterschied besteht in der Grösse des weiblichen und männlichen Gehirns. Das weibliche Gehirn ist nämlich im Vergleich zum männlichen

Gehirn etwa 13 Prozent leichter. Das ist kein Grund zur Sorge, denn auch das gesamte Körpergewicht von Frauen ist in etwa 10 bis 15 Prozent leichter als dasjenige der Männer. Also, das Verhältnis zur Hirngrösse und Körpergewicht ist bei beiden Geschlechtern ungefähr dasselbe.

B. Wirtschaft – Medien – Politik

Die Wirtschaft ist immer auch Teil der Medien und der Politik. Sie stehen in einem wechselseitigen Abhängigkeitsverhältnis. Jeder möchte seine Kundschaft bedienen, Geld verdienen und als Politiker vor allem wiedergewählt werden. In den kommenden Abschnitten gehe ich diesen Beziehungen ein bisschen auf den Grund. Ich habe auch der Rolle der Frau in den Medien, meist als Opfer dargestellt, einen eigenen Abschnitt gewidmet sowie dem Dauerbrenner der medial immer wieder zum Thema gemachten Lohnexzesse.

1. Beziehung der Wirtschaft zu den Medien – Angst

Es wird immer schwieriger, Vertreter aus der Wirtschaft für die Politik zu gewinnen. Dafür sind die Medien mitverantwortlich. Weshalb? Wenn jemand ein öffentliches Amt bekleidet, dann steht er unweigerlich irgendwann im Rampenlicht der Medien. Das ist an und für sich noch kein Grund, sich nicht politisch zu engagieren. Das Problem liegt im Umgang der Medien mit einer öffentlichen Person: Abschreckende Beispiele von Medienschelte gibt es zur Genüge. Vor dem heute gängigen Skandalisierungsjournalismus haben die Leute schlicht Angst, und unter dem Deckmantel des Recherchierens spielt die Presse oft zu sehr auf den Mann. Er wird medial fertig gemacht, beleidigt und vorverurteilt; Journalisten können die Existenz von Menschen vernichten. Da nützt der immer wieder auftauchende Begriff der Unschuldsvermutung auch nichts. Die Frage ist immer dieselbe: Möchte ich freiwillig mich selber, meine Familie und mein Umfeld halbnackt ungeschützt der Öffentlichkeit aussetzen? Die Antwort ist meistens ein Nein. Die Wirtschaftsvertreter, wir alle, müssen zu Hauf miterleben, wie Betroffene von den Medien gedemütigt, hart analysiert und viel zu oft durch den Dreck gezogen werden. Nicht selten erwecken die Medien den Eindruck Richter zu sein, zumindest eine Vorverurteilung ist oft konkret spürbar. Ein Prozess kann jahrelang dauern. Die Journalisten aber ziehen weiter, und der Schlamassel ist angerichtet und im Internet verewigt.

Umgekehrt spielen die Medien eine ganz zentrale Rolle für die Wirtschaft, die Politik und alle davon betroffenen Protagonisten. Mir fällt dabei auf, dass Journalisten leider immer wieder die Tendenz haben, jemanden auf einer Meinung zu behaften, die er vor Jahren vertreten hatte. Sie vergessen dabei, dass jemand über die Jahre auch klüger geworden sein kann und bei ihm aufgrund eines besseren Arguments oder der Neueinschätzung einer Lage ein Meinungsumschwung entstanden sein könnte. Es ist doch kein Makel, öffentlich einen Fehler beziehungsweise eine Fehlbeurteilung einzugestehen. Die Betroffenen sollten aber auch den Mut aufbringen, sich vor den Medien zu wehren und sich von ihnen nicht gleich in die «Lügenecke» stellen lassen.

Ausserdem beobachte ich, dass die Medien oftmals die Welt beschreiben, wie wir sie sehen sollten, und weniger wie sie wirklich ist. Sie erliegen der Besserwisserei und schwingen sich zu einer moralischen Instanz hoch; eine elitäre Überheblichkeit macht sich bemerkbar. Das kann zu einer direkten Manipulation der Leser führen, insbesondere, wenn die Leser keine klare Alternativmeinung erhalten und deshalb an die so beschriebene Welt der Medien zu glauben beginnen. Die Meinung der Medien wird so schleichend zur eigenen Meinung gemacht. Und wehe dem, der sich getraut, den Soll-Zustand kritisch zu hinterfragen und unangenehme Widersprüche zu thematisieren. Wehe dem, der die Realität so beschreibt, wie er und noch viele andere mit ihm sie sehen. Der kann Gefahr laufen, von den Medien diskreditiert, beschimpft und im schlimmsten Fall mundtot gemacht zu werden. Er wird zum unangenehmen Täter.

Dem grossen Schweizer Schriftsteller Thomas Hürlimann wurde in einem Interview (Tages-Anzeiger vom 23.9.2019) vom Journalisten vorgeworfen, dass er keine Dankbarkeit zeige, da er doch dank der EU seit bald siebzig Jahren in Frieden leben könne. Den Frieden habe man den Vaterländern zu verdanken, so Hürlimann, die EU sei erst aus ökonomischen Gründen dazugekommen und habe in das von zwei Weltkriegen erschöpfte Europa wieder Unruhe und Unfrieden gebracht. Hürlimann warf dem Journalisten vor, er falle auf die plumpen Parolen der EU-Funktionäre herein. Daraufhin «schoss» der Journalist zurück mit dem Vorwurf «Kommen Sie, das ist doch Stammtisch» und das liess Hürlimann nicht auf sich sitzen «Wenn euch Linken die Argumente ausgehen, sagt ihr Stammtisch». Bravo!

Dazu kommt, dass die Medien für sich in Anspruch nehmen, neutral und objektiv zu berichten. Das ist schlicht nicht möglich und eine Augenwischerei für die Leser. Jeder Mensch hat nun einmal eine Lebensgeschichte, eine Herkunft, eine Erziehung, eine Ausbildung, eine politische Einstellung, Interessen und viele Erfahrungen, die man auch mit allem guten Willen bei einer Berichterstattung nicht einfach zur Seite schieben kann. Es wäre mir lieber, die Journalisten würden klar zu einer Meinung stehen, diese vertreten und sich dann einer kritischen Auseinandersetzung stellen. Kein Mensch kann wirklich neutral und objektiv aussagen, denn dann wäre er kein Mensch mehr, sondern eben ein Objekt.

Ein Verwaltungsrat kritisierte ganz offen, dass er in der Schweiz ein Problem bei den Medien sehe. Beim Fernsehen, beim Radio und bei den Zeitungen, auch bei denjenigen, die noch als liberal gegolten hätten, würden alle eher gegen als für die Wirtschaft schreiben. Dazu bestätigte er, dass dies mit ein Grund dafür sei, weshalb Leute aus der Wirtschaft, die sich gut gemeint in der Öffentlichkeit engagieren wollten, sich wieder zurückgezogen hätten: Sie seien entweder falsch zitiert worden oder es wurden unfaire, einseitige Artikel über sie gebracht.

Es sei schade, dass heute diese Fronten zwischen Politik, Medien und Wirtschaft entstanden seien. Die Wirtschaft stehe unter dem Generalverdacht, möglichst viel Geld wegzuschaufeln und viele Leute zu entlassen. Es liege einfach in der Tendenz, erst einmal negativ zu sein, und das störe ihn sehr. Der ganze Wohlstand der Schweiz beruhe schlussendlich auf der Wirtschaft, und wenn diese nicht erfolgreich sei, dann schwinde automatisch der Wohlstand. Weiter sagte dieser Verwaltungsrat, dass die Medien nur aktiv den Kontakt zur Wirtschaft suchten, wenn ihnen diese eine Schlagzeile verspreche, einen Scoop, bei uns Primeur genannt, der möglichst populistisch sei. Soweit seien wir heute leider. Das sei ein düsteres Bild, aber er sehe, dass es bedauerlicherweise in diese Richtung gehe.

Was ich im Moment in den Medien beobachte ist der Trend, Unternehmungen noch für viel mehr verantwortlich zu machen als gute Zahlen zu liefern und profitabel zu arbeiten. Es wird erwartet, dass sie sich mehr um das Gemeinwohl kümmern und Verantwortung übernehmen sollten. Nicht nur die Shareholder müsse man befriedigen, sondern gleich auch an alle Stakeholder denken, so das Credo. Immer mehr kleine Gruppierungen von solchen Stakeholdern stellen derartige Forderungen und üben erheblichen moralischen Druck aus mit gut organisierter medialer Unterstützung. Das ist eine gefährliche Entwicklung für unsere Wirtschaft und Wohlstand. Wo kämen wir hin, wenn die Firmen verpflichtet würden, für Leistungen zu bezahlen, die eigentlich aus den Steuergeldern vom Staat beglichen werden sollten? Firmen mit staatlicher Funktion? Das darf es doch nicht sein!

Ein Verwaltungsrat machte noch auf etwas anderes aufmerksam: Die Verwaltungsräte würden am meisten durch die Medien beeinflusst. Die Medien meinten, raten zu müssen, was die Verwaltungsräte machen sollten. Wenn dieses Gremium so verzweifelt sei, dass es selbst keine Ideen habe, dann komme es vor, dass der Verwaltungsrat mache, was die Medien vorschlagen würden. Das könne fatal enden und habe auch damit zu tun, dass dem Verwaltungsrat von Gesetzes wegen eine übergrosse Rolle zugesprochen würde.

Ein Beispiel zur Medienmanipulation. Am 19. April 2018 erschien in der Neuen Zürcher Zeitung ein Artikel mit dem Titel «Kinder als Karrierekiller für Frauen». Jetzt müssen schon Kinder in der Schlagzeile dafür herhalten, die neuen Täter und schuld daran sein, dass Frauen keine Karriere machen können. Ja, die lieben Kinder tragen die Schuld; die Frauen sind die Opfer! Dass viele Frauen aber freiwillig Kinder bekommen, freiwillig auf einen Teil des Berufslebens verzichten, mitunter dabei auch noch glücklich sind, das wird oft, fast immer, unterschlagen. Wir Frauen werden ständig als Opfer abgestempelt und sind auf Hilfe angewiesen. Wir, die schwachen Frauen! Dazu lesen Sie mehr im Kapitel «Opferrolle von Frauen».

2. Beziehung der Wirtschaft zur Politik

«Jeder ist gleich.» Das ist politisch korrekt. Und trotzdem birgt dieses einfache Bekenntnis viel Interpretationsspielraum. Es kommt nämlich darauf an, mit welchen weiteren Konzepten die Idee der Gleichheit der Menschen in Verbindung gebracht wird. Da ist einerseits die *Gleichberechtigung*, die meint, alle Menschen haben die gleichen Rechte und sind gleich vor dem Gesetz. Und andererseits die *Gleichwertigkeit*, die bedeutet, dass es keine Wertigkeitshierarchie gibt, nach der sich Menschen in eine Rangreihe sortieren lassen. Die Politik sollte sich um die Gleichberechtigung und um die Gleichwertigkeit kümmern.

Wenn der Bürger frei entscheiden kann und seine Gleichberechtigung und Gleichwertigkeit gesichert ist, dann sollte sich die Politik nicht einmischen. Problematisch ist in diesem Zusammenhang, wenn die Politik die Geschlechterunterschiede bei der Berufswahl abbauen will. Frauen und Männer dürfen sich heute frei für einen Beruf oder ein Studium entscheiden. Trotzdem studieren immer noch mehr Männer als Frauen an den technischen Hochschulen Mathematik, Informatik und Technik, und immer noch entscheiden sich mehr Frauen für einen sozialen Beruf. Und immer noch arbeiten mehr Männer als Piloten oder in der Bauindustrie. Jeder und jede dürfen gleichberechtigt den Beruf wählen. Da stellt sich für mich die Frage, weshalb die Politik sich verpflichtet fühlt, diese Unterschiede in der Berufswahl zwischen Frauen und Männern auszugleichen und viel Geld dafür investiert. Ich habe ganz grundsätzlich Mühe mit jeglicher Art von staatlicher Umerziehung, insbesondere bei den Geschlechtern.

Die Politik muss aufpassen, dass sie nicht Frauen in Rollen oder Berufe drängt, die diese gar nicht wollen. Eines zählt: frei zu sein in jeglicher Entscheidung, ohne politischen und medialen Druck. Ich habe ein Beispiel dafür. Die Swiss International Air Lines organisierte einen Besuchstag für junge Leute. Immer noch 90 Prozent der Bewerbungen für Flight Attendants sind Frauen. Auf 30 Bewerbungen für Piloten gibt es zwei Frauen, die Pilotin werden möchten. Jetzt kann man sich fragen, weshalb der überwiegende Anteil von Frauen lieber Flight Attendant und nicht Pilotin werden will. Auch hier ist es wieder eine Tatsache, dass die Frauen frei zwischen dem einen oder anderen Beruf in der Flugbranche wählen können. Jetzt ist das grosse Thema: Wie können wir dieses Verhältnis ändern? Gegenfrage: Weshalb soll man dieses Verhältnis überhaupt ändern? Im Gegenteil, die Frau oder der Mann kann sich frei entscheiden, Pilot oder Flight Attendant zu werden. Das ist meines Erachtens die Hauptsache, auch wenn es eventuell nicht ins heutige gesellschaftliche Bild passen würde. Es darf nicht sein, dass das typisch Weibliche und Männliche mit einer negativen Konnotation verbunden wird. Eine Umerziehung mit grossem finanziellem Aufwand ist nicht nötig, solange beide Geschlechter bei der Berufswahl dieselben Chancen haben. Das ist nichts anderes als sinnlose Geschlechterförderung, meist mit Frauenförderung verbunden, und dazu eine Industriepolitik, die noch nie gut gegangen ist.

Weshalb lässt der Staat diesem natürlichen Zusammenspiel der verschiedenen Bedürfnisse, Familienbilder, Berufswahlen und Neigungen von Frauen und Männern nicht einfach freien Lauf? Weshalb braucht es für alles staatliche

Förderprogramme, die viel Geld kosten? Der Staat sollte nur da Hilfe geben, wo wirklich Not besteht. Auf jeden Fall sollte er von gut gemeinten politischen Umerziehungsprogrammen Abstand nehmen.

Auch eine Einmischung des Staates und der Politik in private Unternehmen, deren Führung, deren Strategien, deren Umgang mit Mitarbeitern und deren Lohnpolitik ist gefährlich und widerspricht einer freien Wirtschaft. Damit ich nicht falsch verstanden werde: Der Staat soll selbstverständlich bedürftigen Familien helfen, aber von einer staatlichen Familienpolitik soll er absehen. Denn die Folgen sind immer dieselben: neue Gesetze, Regeln und eine Prise gutgemeinter moralischen Druck. Gerade die Unternehmen haben ein Eigeninteresse, sich selber in die Pflicht zu nehmen. Denn nur ein Unternehmen, das mit seinen Mitarbeitern gut umgeht, sie schätzt und respektiert, Anerkennung gibt und einen vernünftigen Lohn bezahlt, wird die besten Mitarbeiter rekrutieren können, langfristig Erfolg haben und am Markt bestehen. Es ist heute schon so: Wenn es in einer Firma um die Familienpolitik, Vereinbarung von Beruf und Familie und um Teilzeitarbeit geht, dann werden diejenigen Firmen, die sich flexibel und innovativ zeigen, die Nase vorne haben und einen Marktvorteil erlangen.

Ein Verwaltungsrat findet es ganz wichtig, dass die Wirtschaft auch ein politisches Interesse zeige. Es dürfe den Wirtschaftsführern nicht egal sein, was hierzulande ablaufe, schon deshalb, weil die Verbindung von Politik und Wirtschaft in den letzten Jahren extrem an Bedeutung gewonnen habe. Dieses Zusammenspiel sei lange zu wenig gepflegt worden. Ein Verwaltungsrat sollte sich in der einen oder anderen Form in der Öffentlichkeit engagieren. Am besten eigne sich dafür ein Berufsverband, welcher an der Schnittstelle von Politik und Wirtschaft sei. Das Problem sei halt immer der Zeitaufwand, insbesondere für einen Verwaltungsrat, der auch noch operativ in einem anderen Unternehmen tätig sei.

Eine Verwaltungsrätin sinnierte darüber, dass es in der Finanzkrise 2008 auch gesamtwirtschaftliche und volkswirtschaftliche Betrachtungsweisen gebraucht hätte. Man hätte schon viel früher abwägen müssen, auch aus der Sicht des Staates, was zu tun sei, dass es nie zu einer solchen Krise mit derart schweren Folgekosten für die gesamte Gesellschaft komme könnte. Erst wegen der Finanzkrise seien dann diese unendlichen Too-big-to-fail-Regulierungen entstanden.

3. Politik als Patriarchat

Störend finde ich, dass die Politik mehr und mehr ein Berufs- und Familienmodell fördern möchte, welches nicht den realen Wünschen des Grossteils der betroffenen Frauen und Männer entspricht. Und dies wohl bemerkt mit unser aller Steuergeldern. Eine staatliche Umerziehung ist schleichend im Gange, mit dankbarer Unterstützung der Medien. Diejenigen, die auch hier nicht mitspielen möchten, werden in die Opferrolle gedrängt und brauchen deshalb Hilfe und Unterstützung. Dies sind vorwiegend die Frauen, diese armen Geschöpfe! Aber auch die Männer kommen unter Druck. Dem Mutterschaftsurlaub soll der Vaterschaftsurlaub folgen, denn nur dann kann schon nach der Geburt eine intensive Bindung vom Vater zum Kind entstehen und so eine glückliche Jugend und eine erfolgversprechende Erziehung gewährleistet werden – das ist jedenfalls die Meinung moderner Protagonisten.

Mir fällt es schwer, eine staatliche Bevormundung einfach so hinzunehmen. Weshalb können wir, Frauen und Männer, nicht eigenständig entscheiden, welches Familien- und Berufsmodell unseren Vorstellungen und Wünschen entspricht und wir für gut und lebenswert halten? Es besteht immer mehr die Tendenz, dass der Staat und eine Gruppe von Politikern auch in unsere privaten Lebensbereiche vordringt und Gesetze implementiert, durch die unsere freie Entfaltung und Eigenverantwortung geschwächt werden. Ich möchte selber und aus eigener Kraft entscheiden!

Durch die Einmischung der Politik in die privaten Bereiche ihrer Bürger, vorwiegend in der Familien- und Geschlechterpolitik, wozu auch eine extensive Frauenförderung gehört, bewegt sich die Politik in meinen Augen auf einem patriarchalischen Parkett. So wie früher der Patriarch, der Ehemann, der Vater, der Direktor, der Arzt, der Lehrer bestimmte und auch davon überzeugt war, was gut und richtig ist für die Frauen, übernimmt diese Position immer mehr die Politik, das heisst der Vater Staat. Das Patriarchat wird an die Politik abgetreten und die Politik tut genau das, was sie eigentlich kritisiert.

Im Namen der Diversität sind überall Unterschiede willkommen. Möglichst viele politische Meinungen, möglichst viele unterschiedliche Berufe, unterschiedliche Kulturen, unterschiedliche sexuelle Orientierungen, überall möglichst viele Frauen. Jede Unterschiedlichkeit wird als Bereicherung empfunden und der Diversität zugeordnet. Wenn es sich hingegen um ein Berufs-

und Familienbild handelt, dann möchte der Staat mitreden. Er plädiert dafür, dass Frauen beruflich aktiv sein sollten, bestenfalls eine Karriere machen. Die Berufs- und Studienausbildung sollte wieder in das gesellschaftliche System zurückfliessen beziehungsweise ökonomisch amortisiert werden.

Ein Familienbild, bei welchem beide Eltern arbeiten und gleichzeitig auch die volle Aufmerksamkeit den Kindern gewidmet sein sollte, wird propagiert. Das Kind steht immer mehr im Vordergrund und Mittelpunkt. Es soll mit allen Mitteln gefördert werden, am besten schon gleich nach der Geburt. Die Eltern-Kind-Beziehung wird heute ganz grossgeschrieben. Und jetzt wird es für mich problematisch, weil man parallel dazu nämlich die Frauen aufruft, unabhängig zu sein, ihren Beruf auszuüben und Karriere zu machen. Die Kinder als Lebensinhalt der Eltern und gleichzeitig die Eltern in Beruf und Karriere eingebunden – das muss unweigerlich zu Spannungen und Stress führen! Das ist doch ohne Abstriche entweder in der Kinderbetreuung, etwa durch teilweise Fremdbetreuung, oder im beruflichen Alltag, etwa durch Teilzeitarbeit beider Eltern, nicht zu bewerkstelligen.

Eine Verwaltungsrätin bestätigte, dass, obwohl viele Mütter Teilzeit oder Vollzeit arbeiten, die Priorität immer noch voll beim Kind liege. Das schlechte Gewissen plage viele Mütter, die arbeiten. Ihr Kind könnte etwas verpassen, in der Schule zu wenig gut sein, in zusätzlichen Aktivitäten wie Sport, Musik oder Fremdsprachen gar nicht oder zu wenig gefördert werden. Dies sei ein enormer Stress. Es gebe kein Muster, an das man sich halten könne. Nur eines sei den Müttern gewiss: all das ist nebst ihrer beruflichen Tätigkeit mit viel zusätzlichem Aufwand verbunden.

Es ist eine Tatsache, dass sich die Männer immer noch vorwiegend ihrer beruflichen Tätigkeit widmen. Dies können sie meist aber nur tun, weil ihnen auch heute noch vieles im Privaten von den Frauen abgenommen wird. Das muss nicht per se schlecht sein, vorausgesetzt, dass sich die Partner mit dieser Rollenverteilung einverstanden erklärt haben und es für beide so stimmt. Und nochmals: Ich kann nicht genügend betonen, wie problematisch es ist, wenn die Politik gutgemeinte Regeln erlässt, wie ein modernes heutiges Berufs- und Familienmodell aussehen und gelebt werden solle. Das wäre gefährlich und in jedem Fall schädlich!

Ein Verwaltungsrat teilt meine Meinung, dass es ein falscher Weg sei, wenn die Politik glaubt, gut ausgebildete Frauen müssten jetzt eine Rendite bringen und verpflichtet werden, dem Staat in Form einer Tätigkeit etwas zurückzugeben. Das sei eine Frage von individuellen Werten. Jeder Mensch solle frei und bewusst den Entscheid treffen dürfen, der seinem Lebensbild, Berufsbild und Familienbild entspreche. Ob beide Eltern oder nur ein Elternteil arbeite oder der eine oder andere nur Teilzeit, müsse den jeweiligen Individuen überlassen werden. Keine Option sei besser als die andere. Man laufe je länger je mehr die Gefahr, dass wiederum eine kleine Gruppe der Bevölkerung der grossen Mehrheit ihre Ideen von Berufsausübung und Familienleben aufdrängen möchte – mit gut funktionierender Hilfe der Mainstream-Medien.

4. Opferrolle von Frauen

Ich behaupte, dass die Frauen heutzutage viel zu oft als Opfer bezeichnet und behandelt werden. Meine Wahrnehmung ist allerdings, dass es auch Frauen gibt, die sich selber zum Opfer erklären, hochsensibel überreagieren, bewusst diese Opferrolle zelebrieren und die Privilegien daraus geniessen. Es vergeht kaum ein Tag, an dem in den Medien nicht mehrere Artikel zu Frauen erscheinen; die Aufmerksamkeit für dieses Thema ist riesig.

In ihrem Buch «Es war doch gut gemeint» stellen die Autoren Daniel Ullrich und Sarah Diefenbach die These auf, dass ein Zusammenhang zwischen der Opferrolle von Frauen und der politischen Korrektheit besteht. Weshalb? Weil Opfer eine Minderheit darstellen, geschützt werden und nicht diskriminiert werden dürfen. Das ist richtig. Indirekt werden aber die Privilegierten für die Situation der Minderheiten verantwortlich gemacht, sie sind die Täter. Im Fall der Frauen sind dies die Männer. Einerseits sind es die Frauen, die gefördert und unterstützt werden und besondere Nachsicht geniessen sollten, also die Guten, die Opfer. Andererseits sind es die Männer, die für diese Situation verantwortlich gemacht werden, dafür Kritik erfahren und als die Bösen, eben als die Täter dastehen.

Ich befürworte eine differenziertere, andere Betrachtungsweise. Man sollte Abstand davon nehmen, von den Frauen als Kategorie zu sprechen, und stattdessen dazu übergehen, sie als Individuen zu behandeln. Es könnte ja sein, dass sich nicht alle Frauen als Minderheit und als verletzte, schützenswerte Opfer sehen oder von Dritten so gesehen werden möchten. Es könnte ja auch sein, dass es Frauen gibt, die in ihrer Rolle, beruflich und privat, zufrieden und glücklich sind. Aber dann wären sie ja fast schon wieder Täter, weil sie sich nicht als Opfer sehen.

Ullrich und Diefenbach sprechen in ihrem Buch von verschiedenen Opferstatus und einer Opferhierarchie. Ganz zuoberst stehen die Migranten, dann die Lesben, Gays, Bisexuellen und Transgender, dann die Kinder und dann die Frauen. Diese Hierarchie ist anhand von Beispielen wie der Silvesternacht in Köln entstanden. Mehrere Frauen wurden an diesem Abend von Migranten sexuell belästigt. Die Polizei und die Medien haben diese sexuellen Übergriffe tagelang heruntergespielt oder ganz darüber geschwiegen. Die Migranten wurden bevorzugt behandelt, weil sie als die höher stehenden Opfer gelten. Die sexuellen Übergriffe wurden zwar medial verurteilt, aber das Problem wurde nicht bei den Tätern gesucht. Nein, die Ursache ermittelte man bei der Gesellschaft, weil sie die Täter zu wenig integriert habe. Dort sah man den eigentlichen Konfliktherd.

Ein anderes, nicht so ernsthaftes, dafür geradezu ulkiges Beispiel, wie sich die Medien so richtig für die Opferrolle der Frauen ins Zeug legten und ereiferten: Eine Warenhauskette warb für eine Dampfbügelstation und eine Freiarm-Nähmaschine als Muttertags Geschenk. Postwendend nahm sich eine Journalistin des Opferstatus der Frau an. Sie schrieb aufgebracht, da würden wieder Klischees über die Frau bedient, und überhaupt sei die Werbung sexistisch. Sie forderte Rücksichtnahme auf die Frauen und realisierte dabei nicht, dass sie diesen damit eine Art von Lebensunfähigkeit unterschob, nämlich selber über ein geeignetes Geschenk entscheiden zu können. Auch das ist eine Form des Patriarchats, diesmal aber aus den eigenen Reihen, von einer Frau, von einer Journalistin, von einer Feministin.

Immer noch kümmern sich die meisten Frauen, ob berufstätig oder nicht, um den Haushalt und um die Kindererziehung, dies nur nebenbei bemerkt. Diese Tatsache ist in den Medien oft eine Skandalisierung wert, wird als falsches Rollenbild dargestellt. Dabei wird vergessen, dass dieses Bild der Realität entspricht. Eine Wirklichkeitsverleugnung wird begünstigt. Der Grossteil der Frauen will sich über eine solche Werbung für ein Muttertags Geschenk gar nicht empören. Sie nehmen es als das, was es ist: ein Hinweis für den Kauf einer neuen praktischen Haushaltmaschine.

Erwartet wird, dass sich alle Frauen mit den Opfern solidarisieren, vor allem mit denjenigen Frauen, die sich über das traditionelle Frauenrollenmuster empören. Nicht alle Frauen wollen sich an einer Umerziehung ihres Geschlechts in Beruf und Familie engagieren. Es braucht für sie keine ständige Sensibilisierung und Aufklärung für ihr Rollenmuster. Frei und unabhängig möchten sie sich für ihr eigenes Lebenskonzept entscheiden, auf keinen Fall jedoch als Opfer abgewertet werden. Was sie anstreben ist, als Mensch, der zwar der Kategorie Frau angehört, aber als Individuum mit seiner Persönlichkeit, seinem Charakter und seinen Fähigkeiten wahrgenommen zu werden. Was solche Frauen bestimmt nicht wollen ist eine ständige Bevormundung von Journalisten, Politikern und Gutmenschen, insbesondere, wenn es nichts zu bevormunden und zu bedauern gibt. Einem gesellschaftlichen Wandel stehen weder die Frauen noch die Männer entgegen. Dieser muss aber auf der Freiwilligkeit jedes einzelnen Bürgers beruhen und nicht auf einem bestimmten Idealmodell, vorgegeben durch eine schon fast extrem ideologisch radikalisierte Minderheit. Niemals sollten Entscheidungen nur darauf gründen, wie sie von anderen interpretiert werden. Jeder Mensch soll und darf seinen eigenen Weg zum Glück finden. Leben und leben lassen!

Eine Verwaltungsrätin machte darauf aufmerksam, dass man wegen der politischen Korrektheit und der Diskriminierung den Frauen gewisse Fragen gar nicht mehr stellen dürfe. Das habe Konsequenzen und könne in entscheidenden Fällen auch dazu führen, dass deswegen gewisse Frauen nicht angestellt würden. Umgekehrt sei es in Ordnung, wenn ein Unternehmen sich mit Kinderkrippe und flexiblen Arbeitszeiten für das Funktionieren einer Familie oder eben des Privaten engagiere. Sollten die Frauen nicht offener und auch gewillt sein, ihre Familienplanung mit einem eventuellen Arbeitgeber zu besprechen? Er nähme ja eine aktive Rolle ein, um später eine Anstellung mit Kindern möglich zu machen, aber vorher darüber mehr erfahren dürfe er offenbar nicht. Ist das nicht ein Widerspruch? Wie wichtig die Familienplanung für Frauen ist, zeigt das folgende Beispiel. Ich habe selber einmal an einer Informationsveranstaltung an der Universität Zürich teilgenommen, bei der es um das Verfassen einer Dissertationsarbeit ging. Überwiegend waren Studentinnen anwesend. Eigentlich sollte darüber informiert werden, wie eine Dissertation zu verfassen ist und wie man einen Doktorvater aussucht. Diskutiert wurde aber praktisch nur die Familienplanung, weil das Kinderkriegen irgendwie in den Prozess einer Dissertation eingepasst werden muss.

Die Mehrheit der Frauen, davon bin ich überzeugt, möchten nicht ein Opfer sein. Ich glaube auch, dass man bewusst Probleme herbeiredet, indem man den Frauen ständig einen besonderen Status einräumt, ihnen mehr Aufmerksamkeit als üblich gibt. Erst wenn wir aufhören, Frauen bevorzugt zu thematisieren, wird eine neue Form der Gleichheit unter den Geschlechtern entstanden sein. Wir sind weit davon weg, wenn die Medien jede neue weibliche CEO oder Verwaltungsratspräsidentin oder Politikerin für eine Headline nutzen oder benutzen. Abgesehen davon ist es realitätsfremd, wenn man als Bedingung für einen Führungsposten in der Wirtschaft oder in der Politik unbedingt eine Frau hervorzaubern muss; das dient der Sache und ganz bestimmt den Frauen nicht. Solange die Politik für die Neuwahl eines Bundesrates nur das Argument kennt, es müsse eine Frau sein, sind wir von der Lösung des Problems noch lange Jahre entfernt. Ich kann es nicht genügend betonen: Für eine Führungsaufgabe sind die Persönlichkeit, die Fähigkeiten und der Leistungsausweis eines Menschen ausschlaggebend.

Angesprochen auf die allseits geforderte Zuwahl einer Frau in den Bundesrat erklärte mir eine Verwaltungsrätin, obwohl bei jeder Wahl in den Bundesrat Frauen portiert würden, gebe es immer einen Zeitgeist, dem das Parlament meist Folge leiste. Da könne es sein, dass man unbedingt einen Unternehmer, jemanden aus der Wirtschaft, einen aus einem bestimmten Sprachgebiet oder, wie es sich 2018 abzeichnete, eine Frau haben möchte. Unser System in der Schweiz sei nicht darauf aufgebaut, dass immer die Besten Bundesräte würden; das schweizerische System lebe vom Mittelmass. Das sei systemimmanent und nicht einmal so schlecht, weil so auch alle Interessen befriedigt würden. Die Schweiz habe gute Erfahrungen damit gemacht. Wer für den einen der Beste sei, sei nicht für alle anderen auch der Beste. Wenn in unserem System jemand den Kopf etwas zu hoch oben habe, dann würde dieser sehr schnell zurückgestutzt. Dazu kämen auch die politischen Spiele: Linke Frauen würden keine bürgerlichen Frauen wählen und beklagten sich dann, wenn ein Mann zum Zug komme. Umgekehrt sei eine linke Frau für die Bürgerlichen nicht wählbar. Das sei alles parteipolitisch bedingt, und man müsse es anerkennen.

5. Lohnexzesse – Transparenz

Weil die Lohnexzesse gewisser Manager ein Dauerthema in den Medien und der Politik sind und auch mich beschäftigen, möchte ich diesem Thema hier einen Abschnitt widmen. Für viele Verwaltungsräte stellt es nämlich ein Problem dar, dass eine eher geringe Anzahl von Wirtschaftsführern Lohnexzesse betreiben und dabei abgehoben sind. Erklärungsbedürftig ist immer wieder, wie es sein kann, dass ein Manager mit Zustimmung des Verwaltungsrates ein Salär in zweistelliger Millionenhöhe bezieht und gleichzeitig der Aktienkurs seiner Firma seit Jahren sinkt. Und zusätzlich, wenn etwas schief läuft in der Firma, die Verantwortung auf untere Chargen übertragen wird mit dem Hinweis, sie hätten von den Verfehlungen nichts gewusst. Dabei legitimieren sie ihr hohes Salär stets mit Ihrer grossen Verantwortung, ein wahrlich gewagtes Argument! Eine solche Haltung, dies sagen mir viele Verwaltungsräte klar, sei eine grobe Verletzung des Anstandes. Ein paar wenige Wirtschaftsleute haben tatsächlich den Bezug zur Realität und zur Bevölkerung verloren und fügen der Wirtschaft einen grossen Reputationsschaden zu. Neid, Eifersucht und Wut werden so in der Gesellschaft geschürt. Gleichzeitig wird aber auch eine ganze Managergilde medial, vorwiegend von linken Politikern, diffamiert und in denselben Topf geworfen.

Francis Fukuyama kommt in seinem neusten Buch «Identity: The Demand for Dignity and the Politics of Resentment» zum Schluss, dass das Einkommen in absoluten Zahlen für das Selbstbewusstsein der betroffenen Manager weniger wichtig ist als der Vergleich mit jenem von anderen. Diese Vergleiche stehen in engem Zusammenhang mit der Lohntransparenz. Denn verglichen werden kann nur, wenn eine Lohntransparenz besteht.

Die Transparenz. Lassen Sie mich geschwind ausholen. Ganz allgemein besteht heute nämlich eine imperative Pflicht zur Transparenz. Alles muss öffentlich gemacht werden und für jedermann zugänglich sein, ansonsten wird spekuliert, man habe etwas zu verbergen. Das ganz Private und Persönliche ist immer schwieriger zu schützen. Der Druck, dem Zeitgeist der Transparenz nachgeben zu müssen, ist riesig. Dem gegenüber wird die Wirkung davon vernachlässigt, kaum thematisiert oder schlicht ignoriert. Zu den gravierendsten Folgen gehören für mich die allmähliche Auflösung unserer Freiheit und Selbstbestimmung. Aber eben, wer möchte schon als altväterisch, konservativ, traditionell, verkrustet oder hinterwäldlerisch betitelt werden? Heute gibt man sich lieber den Anstrich von progressiv und liberal, sowohl auf der politisch linken wie rechten Seite.

Die Gefahr der Transparenz lauert noch ganz woanders. Dort nämlich, wo sie einseitig genutzt werden kann. Wie beispielsweise von Google, Facebook und anderen Internetfirmen. Algorithmen, von denen wir nicht einmal wissen, wie sie funktionieren, generieren unsere Daten und werden von dem jeweiligen Unternehmen ausschliesslich zu ihrem eigenen Nutzen und Gewinnstreben verwendet. Dazu kommt, dass die Monopolstellung dieser Firmen derart gross ist, dass wir abhängig und gezwungen sind, sie zu benützen. Uns sind die Hände gebunden, der Transparenz sei Dank!

Die Lohntransparenz wird als klassisches Merkmal einer modernen Unternehmenskultur gefeiert. Dadurch sind die Löhne zu einem öffentlichen Thema geworden und erhalten eine gesellschaftliche Bedeutung. Es gibt Firmen, die ein Sensorium für den Lohn eines einfachen Angestellten im Verhältnis zur Geschäftsleitung haben; dort gibt es bei den Löhnen eine kritische Schwelle, die nicht überschritten wird. Es gibt aber auch Firmen, die trotz Milliardenverlusten Löhne in Millionenhöhe bezahlen. Die Verwaltungsräte, vor allem von grossen Firmen, insbesondere in der Finanzbranche, nehmen leider immer noch wenig Rücksicht, ob die Löhne sozialpolitisch akzeptabel und vertretbar sind. Die Gefühle in der Bevölkerung werden oft ignoriert. Die Vorbildfunktion, die Integrität und die Bescheidenheit vereinzelter Wirtschaftsführer sind in der öffentlichen Wahrnehmung ein gesuchtes Gut. Wie schade!

Ich kann mich noch gut erinnern, wie ein CEO einer Grossbank an der Generalversammlung sein Salär in zweistelliger Millionenhöhe bekanntgab. Ich war geschockt, wie sicher viele andere Mithörer am Radio. Somit war die Transparenz hergestellt und gleichzeitig ein Lohn-Rad in Betrieb gesetzt, welches bis heute munter weiterdreht. Es war der Anfang eines Wetteiferns und gegenseitigen Aufschaukelns für noch höhere Löhne unter den Wirtschaftsführern. Sie frönen, wie es auch Fukuyama sagt, unserer menschlichen Neigung: sie vergleichen. Und alle möchten, egal ob ihr Unternehmen börsenkotiert ist oder nicht, ganz oben am Salär-Himmel mitspielen. Der Lohn wird zu einem nie dagewesenen Statussymbol stilisiert und verspricht ein hohes soziales Ansehen. Aber dafür muss man immer wieder den Vergleich haben, um überhaupt vergleichen zu können.

Dabei wird von den Beteiligten vergessen, was das für Menschen mit niedrigerem Lohn und demzufolge tiefem Status bedeutet und was sie empfinden. Wohlverstanden, ich spreche hier nicht von mehr Lohn, auch nicht von sehr viel mehr Lohn als der Durchschnittsverdiener nach Hause trägt. Ich spreche von exorbitanten Löhnen, die für einen normalen Bürger nicht mehr nachvollziehbar sind, weil sie mit keiner entsprechenden Leistung verbunden sein können.

Die Folge dieser Lohntransparenz ist, dass ein Grossteil der Bevölkerung wütend und frustriert wird. Es staut sich Neid auf. Neid deshalb, weil die Leute darum wissen, nie im Leben die Möglichkeit und Chance zu haben, so viel zu verdienen, auch wenn sie noch so hart arbeiten würden. Im Kanton Schwyz sagt man angeblich, nur der Föhn sei älter als der Neid! Nebenbei erwähnt sei, dass es sich beim Neid um eine noch stärkere Emotion als Eifersucht handelt. Weshalb? Weil Eifersucht immer noch eine Möglichkeit in sich birgt, vielleicht später beispielsweise doch auch wie der Nachbar ein teures Auto kaufen oder sich luxuriöse Ferien leisten zu können. Neidisch ist man hingegen immer auf etwas, was man nicht haben und auch nicht kaufen kann, wie ein extrem hoher Lohn, eine ausserordentliche Begabung oder ein schönes Gesicht. Insofern ist Neid viel stärker und kann zermürbende und zerstörerische Folgen haben. Die Kommentare in den Medien bestätigen diese These manchmal in geradezu erschreckender Weise.

Kein vernünftig denkender Mensch kann sich vorstellen, ein zweistelliges Millionensalär durch Leistung zu verdienen. Das ist einfach unanständig und eine Ohrfeige in jedes Gesicht, welches sich täglich mit einer Arbeit abmüht und alles daransetzt, eine Familie zu ernähren, den Kindern eine Ausbildung zu finanzieren und vielleicht noch einen kleinen Batzen zur Seite zu legen. Es führt zu einer Entfremdung zwischen den besser Verdienenden und den normalen Angestellten. Insbesondere ärmeren Menschen schlägt dies aufs Gemüt, was in Studien belegt ist. Wenn man nichts Konkretes gegen diese uferlosen Löhne tun kann, weil die Aktionäre sie absegnen und bewilligen und es sich um Firmen in Privatbesitz handelt, dann frage ich mich schon, ob diese Lohntransparenz, wo jedem Bürger die hohen Lohnbezüge vor Auge geführt werden, nicht mehr Schaden als Nutzen angerichtet hat.

Ein Bericht zur Steuertransparenz in Norwegen beinhaltet Folgendes: Seit dem 19. Jahrhundert sind in Norwegen die Steuerregister öffentlich. Für eine

Auskunft musste man einen Antrag stellen und kriegte dann Einsicht in sämtliche Steuerregister. Im Jahre 2001 änderte dies: Die Steuerdaten wurden digitalisiert und von den Medienhäusern online gestellt. Die Idee hinter dieser neuen Kategorie der Transparenz war die Steuerehrlichkeit. Innert Sekunden konnte man also die Steuerdaten seines Nachbarn und seines Arbeitskollegen ausfindig machen. Die Steuertransparenz wurde damit bald zum Werkzeug der reinen Schnüffelei, und die norwegische Regierung griff ein. Seither können die Steuerdaten zwar immer noch eingesehen werden, aber der Steuerpflichtige kann sehen, wer die Daten abgerufen hat. Ab dann sind die Suchanfragen um 88 Prozent eingebrochen!

In meinen Augen geht die Lohn-Transparenz immer und überall im Privaten und Öffentlichen eindeutig zu weit. Ich bin mir bewusst, dass es sehr schwierig ist, sie zu stoppen. Ich hoffe indessen, dass sich Verwaltungsräte, CEOs und die Wirtschaft allgemein gegen diese «Transparenzpsychose» dort vehement wehren, wo sie unnötig ist – auch wenn dies anfangs schwierig sein könnte. Viel Mut ist nötig. Das ist aber immer so, wenn man sich einem Trend und dem Mainstream entgegensetzt. Den Lohn sollte man nach wie vor als Privatsache betrachten.

Es ist bedauerlich, dass es an namhaften Wirtschaftsvertretern fehlt, die in der Öffentlichkeit zugeben, dass auch sie mit den astronomisch hohen Salären von ein paar wenigen Managern nicht einverstanden sind und sie klar verurteilen. Aber eben, da kommt wieder die alt bekannte Abhängigkeit der Wirtschaftselite, die sich gegenseitig nicht auf die Füsse treten möchte. Vielleicht kann einem der eine oder andere Kollege doch irgendwann nützlich sein. Trotzdem, solche Erklärungen hätten für mich eine unglaublich positive Wirkung, wären vertrauensbildend für die Bevölkerung und schlussendlich zum Nutzen der gesamten Wirtschaft.

Nach solchen öffentlichen Äusserungen wäre vermutlich eine 1:12 Initiative, nach der der Höchstverdienende in einer Firma nicht mehr als 12 Mal mehr hätte verdienen dürfen als der Tiefstbezahlte, aussichtslos und gar nie zustande gekommen. Diese Initiative war nichts anderes als eine Retourkutsche einer aufgebrachten Bevölkerungsgruppe. Eine Annahme dieser Initiative hätte ein katastrophales Zeichen gesetzt. Nicht mehr die Eigentümer eines Unternehmens, hätten die Löhne bestimmt, sondern die Politik. Was für ein Eingriff in die freie Marktwirtschaft!

Ganz zum Schluss sei bemerkt, dass diese Lohnexzesse kein geschlechtsspezifisches Problem sind, denn es gibt heute ebenso Frauen, die sich in diese Lohnspirale hinein schlängeln lassen. Ein Paradebeispiel dafür ist, Marissa Mayer, ehemalige Präsidentin und CEO von Yahoo, deren Vermögen dank ihren astronomischen Lohnzahlungen im Jahre 2012 auf 300 Millionen US-Dollar geschätzt wurde.

6. Kritische Stimmen zur Politik

Ein Verwaltungsrat hob hervor, dass an einem einzigen Ort die Gleichheit absolut essentiell sei: bei der Chancengleichheit. Es dürfe keine Rolle spielen, welche Nationalität, welche Kultur, welche Familie und welches Geschlecht ein Mensch habe. Für das sollten wir uns einsetzen. Aber dass diese Chancen alle gleich nutzen würden, das finde einfach nicht statt. Die Leute sässen vor einer Goldmine, hätten keine Ahnung, dass es eine Goldmine sei und liefen davon weg. Dann gebe es diejenigen, die aus schwierigsten Verhältnissen kämen und diese Opportunität zu packen wüssten. Mit einem überdurchschnittlichen Einsatz und einer Passion könne man es auch heute noch zu viel Erfolg bringen. Jeden Tag hätten wir eine Chance, wir müssen sie nur packen. Man dürfe nicht bei allem den einfachsten Weg suchen und denken, im Notfall bezahle dann der Staat schon. In der Schweiz sei ja einfach alles da. Er habe aber 100 Länder auf dieser Welt gesehen, und es mache ihm Sorgen, mit welchem Tempo diese Länder in der Entwicklung, Forschung und Ausbildung unterwegs seien. Jetzt seien die Drittweltländer noch weit hinter uns, aber wenn diese Menschen in solch einer Fahrt weitermachten, würde die Schweiz innerhalb kurzer Zeit ein Problem haben. Es sei schwierig, dies den Leuten hier zu erklären, weil man einfach keine schwerwiegenden Probleme habe. Alles sei da, und von allem könnte es ein bisschen mehr sein. Diese Mentalität sei wirklich ein Problem.

Ein anderer Verwaltungsrat ärgerte sich über die OECD, die sage, die Schweiz habe eine der tiefsten Akademikerquoten auf der Welt. Das solle die Schweiz ändern. Das sei ein völliger Blödsinn, denn eine gute Lehre sei hundert Mal wichtiger als ein Akademiker, den man nicht beschäftigen könne. Abgesehen davon urteile die OECD über ein System, dasjenige der Schweiz, welches sie gar nicht kenne. Er betont, dass wir da den Mut haben müssten, einen eigenständigen Weg zu gehen. Das sei doch immer noch eine Stärke der Schweiz, sagte er und lachte. Man müsse seine Identität nicht verneinen und ein gutes Selbstvertrauen an den Tag legen, aber man müsse sauber bleiben. Wichtig sei immer, sich zu getrauen, auch gegen den Strom zu schwimmen und sich dabei zu verteidigen. Der Verwaltungsrat erzählte überdies, dass er einen grossen Schweizer Wirtschaftsführer als Chef gehabt habe, und der hätte ihm gesagt, die meisten dieser Manager strauchelten über das eigene Ego. Und das sei völlig richtig. Man müsse zu diesem Thema nur jeden Tag die Zeitung lesen.

Problematisch fand ein Verwaltungsrat, dass man in der Schweiz die wichtigen CEO- und Verwaltungsratsmandate nicht mehr mit eigenen Leuten besetzen könne, sondern nur noch mit Ausländern. Das Problem sehe er darin, dass wir Fett angesetzt hätten. Beim Studienbeginn seien es noch 75 Prozent Schweizer und 25 Prozent Ausländer. Im Masterprogramm sei das Verhältnis 50 zu 50 Prozent. Beim Doktorieren seien es knapp 20 Prozent Schweizer und 80 Prozent Ausländer. Die Jugend sei einfach zu bequem und zu verwöhnt, es ginge ihr zu gut. Die Jungen müssten nicht kämpfen, hätten keinen Biss und wichen jedem Widerstand aus. Auch möchte man sie von jeglichem Risiko fernhalten. Diejenigen, die noch kein Fett angesetzt hätten, die im Leben weiterkommen möchten, die sässen dann in den Chefetagen. Einerseits sei das bedauerlich, aber andererseits seien die Schweizer Unternehmen auch so stark und «saugut». Was wir in der Schweiz erschaffen hätten, sei sensationell, und es seien halt immer Ausländer dabei gewesen. Ohne Ausländer gäbe es die Pharma-, Uhren-, Nahrungsmittel- und Maschinenindustrie nicht.

Ganz generell bedauerte ein Verwaltungsrat, dass das offene Gespräch, welches früher unter den Wirtschaftsführern stattgefunden habe, durch die vielen Regulierungen, Einschränkungen und Formalisierungen weitgehend verloren gegangen sei. Man müsse ständig schauen, dass überall die Erwartungen und Anforderungen rechtlicher Natur erfüllt seien – ein furchtbarer Formalismus. Viele Leute interessiere dies einfach gar nicht mehr, und sie seien verstummt. Was für ein Verlust!

C. Frauenquoten – Abneigung

Ich bin ganz generell gegen jegliche Art von Quoten, Zwang und Bevormundung, die nur den geringsten Anschein erwecken, ich könnte in meinem freiheitlichen Denken, Handeln und Wirtschaften von Dritten eingeschränkt werden. Abgesehen davon sind Quoten ein Zeichen von Schwäche, was automatisch auch die von den Quoten Profitierenden schwach aussehen lässt. Eine Quote heisst nichts anderes, als dass ich es alleine nicht schaffe und Hilfe brauche. Wer möchte gerne als schwach gelten und Hilfe in Anspruch nehmen müssen? Ich bin gegen Frauenquoten!

1. Ich bin gegen Frauenquoten

Ja, ich bin entschieden gegen eine Frauenquote. Warum? Ganz einfach deshalb, weil sie uns Frauen nicht gerecht wird. Ich möchte dank meiner Leistung, meiner Errungenschaften, meiner Ausbildung, meines Charakters und meiner Persönlichkeit in der Wirtschaft (auch im Privaten, übrigens) etwas erreichen und Karriere machen. Ich persönlich, als Individuum, möchte wahrgenommen werden, losgelöst davon, welchem Geschlecht ich angehöre. Ich bin müde ob der ständigen Debatte zu den Frauen, insbesondere der Frauenquote! Ich bin es überdrüssig, stets als diskriminiertes Opfer angesehen zu werden! Und wie schrecklich, dem Stigma einer Quotenfrau zu unterliegen!

Der Philosoph, Unternehmensberater und Autor Dr. Reinhard K. Sprenger hat es mit seinem in der Neuen Zürcher Zeitung vom 7. März 2019 erschienenen Artikel «Hört auf mit dem Frauenzählen» in grossartiger Weise auf den Punkt gebracht. Er spricht von einer Obsession in Wirtschaft, Politik, Kultur und Ausbildung, ständig von der Unterrepräsentation der Frauen zu sprechen. Es sei ein Trugschluss, gleich von Unterdrückung und Ungerechtigkeit zu sprechen, nur, weil eine mangelnde Repräsentanz von Frauen in diesen Bereichen bestehe. Überall, in der Wirtschaft, in der Politik, im Erziehungswesen, in der Kultur wird Frauenförderung mit einem hohen finanziellen Aufwand betrieben. Es gehört schon zum guten Image einer Firma, Frauen zu suchen, alle suchen Frauen. Die Chancen für die Frauen, an Macht, Geld und Einfluss zu kommen, standen noch nie so gut wie heute. Aber die Frauen müssen sie packen, sie nutzen und es wollen. Viele Frauen wollen jedoch gar nicht in einer verantwortungsvollen Position tätig sein; sie entscheiden sich für einen anderen Lebensweg. Das ist gut so und zu respektieren.

Vielleicht sollten wir in der Schweiz ganz generell unsere Einstellung zu Frauen die arbeiten, überdenken. Früher mussten bei den armen Leuten auch die Frauen arbeiten, weil es einfach nicht genügend Brot und Milch auf dem Tisch hatte. Dannzumal war arbeiten bestimmt kein positives Statussymbol, sondern ein Mittel, um zu überleben. Heute ist es umgekehrt: Das berufliche Aktivsein von Frauen ist zu einem Statussymbol stilisiert worden. Zeitgemäss ist, dass eine moderne Frau mit Kindern arbeitet, zumindest Teilzeit. Könnte man es nicht etwas lockerer sehen und einfach sicherstellen, dass alle Frauen und Männer die Möglichkeit haben, einer Arbeit nach eigener Wahl und einer ihr oder ihm entsprechenden Karriere nachzugehen? Dazu braucht es doch keine Frauenquote!

Einige Verwaltungsrätinnen, die diesen Job schon lange machen, sind sich bewusst, dass sie die Quotenfrau sind. Aber das ist ihnen egal und hat sie keineswegs davon abgeschreckt, ein Verwaltungsratsmandat anzunehmen. Sie haben sich ja frei dafür entschieden und empfinden es als positive Herausforderung.

Als «Quotilde» unterwegs zu sein findet hingegen eine andere Verwaltungsrätin nicht besonders lustig. Eine Frauenquote sei völlig absurd. Ihren Karriereweg habe sie frei gewählt und es ganz ohne Quote nach oben geschafft. Sie weiss, was zählt, nämlich ihr Leistungsausweis, ihre Ausbildung, ihre Persönlichkeit und nicht zuletzt ihre Führungserfahrung.

Mit Humor sagte eine andere Verwaltungsrätin, die Frauenquote könnte man heute schon ganz simpel erfüllen, indem man einfach die Anzahl Sitze in einem Verwaltungsrat verringere. Sechs Verwaltungsräte, davon zwei Frauen, dann komme man sogar auf über 30 Prozent.

2. Problem der Qualität

Das Problem der Qualität unter einer Quotenregelung sieht man in den USA durch die «Affirmative Action». Dabei handelt es sich um eine Quote für Minoritäten; gemeint sind überwiegend Personen, welche wegen ihrer Hautfarbe diskriminiert werden. Wegen dieses Gesetzes muss man an Universitäten und in verschiedenen Berufszweigen die gesellschaftliche Benachteiligung ausgleichen durch gezielte Vorteilsgewährung, was bei den Gegnern zu grosser Kritik führte, da diese befürchten, dass Personen akzeptiert oder aufgenommen werden müssten, die nicht genügend qualifiziert seien. Ähnliche Befürchtungen könnten auch bei der Einführung einer Frauenquote aufkommen, davon sind viele meiner Gesprächspartner und auch ich selber überzeugt. Wichtig ist, dass die Frauen die Möglichkeit haben, Karriere zu machen, um später auch die Erfahrungen mitbringen zu können, die für ein Verwaltungsratsmandat nötig sind. Das Problem ist heute nach wie vor, dass es sehr viele gute Frauen gibt, jedoch nicht genügend Managerinnen. Immer noch ein zentrales Argument ist, dass dieser Umstand behoben werden könne und Frauen einer Karriere nachgehen könnten, indem es – wie im Ausland üblich – flächendeckend genügend Tagesschulen geben müsste, ohne Verpflichtung, dass die Eltern ihre Kinder auch dorthin schicken müssten. Es fragt sich, bis zu welchem Punkt es eine staatliche Aufgabe ist, den Frauen in ihrer Karriere zu helfen, ob dies wünschenswert ist und auch funktioniert. Eine Gefahr sieht eine Verwaltungsrätin beispielsweise, wenn man etwa Gesetze einführen würde, welche Firmen verpflichten, Teilzeitstellen für Mütter mit kleinen Kindern zu offerieren. Damit würde man einfach die Qualität kaputtmachen, ganz abgesehen davon, dass gewisse Arbeiten gar nicht in Teilzeit ausgeübt werden könnten.

Das Problem für viele Frauen ist, dass sie als illoyal dem eigenen Geschlecht gegenüber wahrgenommen und diffamiert werden, wenn sie sich gegen eine Frauenquote aussprechen. Diesen Quotengegnerinnen geht es darum, die Qualität ihres eigenen Geschlechts zu schützen, und auch ganz allgemein um das wirtschaftliche Vorwärtskommen und um die Gefährdung unseres Wohlstandes, wenn eine Frauenquote implementiert würde. Diese Befürchtungen würde sicherlich auch jeder Mann unterschreiben. Ich fände es wichtig, dass die weiblichen Stimmen, die klaren Gegnerinnen einer Frauenquote, vermehrt auch den Mut aufbrächten, sich in der Öffentlichkeit zu äussern. Sie sind doch schlussendlich alle gute Beispiele, die ihren Erfolg ohne Frauenquote erreicht haben. Die weiblichen Befürworter einer Frauenquote erhalten meines Erachtens zu viel Aufmerksamkeit. Aber daran sind die Gegnerinnen eben nicht ganz unschuldig.

Eine Verwaltungsrätin sah eines der Probleme in der westlichen Gesellschaft. Man mache immer mehr Versprechen, ohne daran zu denken, dass man als Gesellschaft ein geschlossener Raum sei. Wenn man einem Teil der Leute etwas verspreche, dann müsse der andere Teil dafür bezahlen. Wenn man generell die Qualität einfach heruntersetzen möchte, weil Frauen im Gegensatz zu den Männern ein Recht haben sollen, dank einer Frauenquote in einen Verwaltungsrat zu kommen, dann habe man einfach weniger Leistung in der Wirtschaft. Das sei fast automatisch.

Ein Verwaltungsrat ärgerte sich darüber, dass es mit dieser «dummen» Quotenfrage für eine Frau viel einfacher sei, Verwaltungsratsmitglied zu werden als für einen Mann. Die Qualität des Gremiums leide darunter, weil man gezwungen würde, Frauen zu wählen, die den Anforderungen schlicht nicht genügten. Es gebe im Moment einfach weniger qualifizierte Frauen als Männer. Das sei noch eine Generationenfrage; in ein paar Jahren habe es genügend bestens qualifizierte Frauen. Meines Erachtens hat es heute schon genügend fähige Frauen, es hat nur zu wenige, die auch wollen!

Das Problem löse sich sowieso von selber, pflichtete ein anderer Verwaltungsrat bei, auch er ein strikter Quotengegner. Die Frauen seien an den Universitäten schon zu mehr als zu 50 Prozent vertreten und machten die besseren Abschlüsse. Wenn nur die Hälfte dieser Frauen Karriere mache, dann komme man schon auf eine Quote von 25 Prozent, was schon nahe bei einem Drittel sei. Und sowieso, wenn heute zwei Bewerber die mehr oder weniger gleichen Fähigkeiten hätten, würde man die Frau nehmen. Er stelle nicht eine Frau ein, weil sie eine Frau sei, da brauche es schon mehr. Er sei überzeugt, dass es Firmen gebe, wo Frauen in den Verwaltungsräten sässen oder als CEO tätig seien, wo es ein Mann mit dem gleichen Fähigkeitsausweis nicht in eine solche Position geschafft hätte. All das schade doch den Frauen.

Der Bundesrat möchte eine Geschlechterquote bei der Geschäftsleitung und im Verwaltungsrat einführen. Frauen sollen künftig 30 Prozent der Sitze im Verwaltungsrat und 20 Prozent der Sitze in der Geschäftsleitung besetzen. Gäbe es da nicht noch andere Quoten, die berücksichtig werden sollten? Eine

Altersquote, eine Behindertenquote, eine Ausländerquote, eine Homosexuellenquote, eine Religionsquote, eine Quote für Frauen mit Kindern und eine ohne Kinder, eine Tierfreundquote, eine Quote für Fleischesser, Vegetarier und Veganer – die Liste wäre endlos. Hat nicht jede Quote etwas Erniedrigendes und Hilfloses in sich, weil man es offenbar aus eigenen Kräften nicht schaffen könnte? Dabei gibt es doch heute schon unzählige Beispiele von Frauen, die es in Kaderpositionen geschafft haben, und abgesehen davon auch Politikerinnen wie Margaret Thatcher, Angela Merkel, Indira Gandhi, die auf der grossen Weltbühne mitreden oder mitgeredet haben.

Das Vorhaben einer gesetzlich festgelegten Frauenquote fand ein Verwaltungsrat etwas vom Schlimmsten. Es habe schlicht zu wenig qualifizierte Frauen; gerade für börsenkotierte Unternehmen sei dies ein Problem. In solch einem grossen Unternehmen sei die Voraussetzung für eine oberste Führungsposition, dass man zuerst eine Abteilung führe. Wenn man dies gut mache, dann würde man befördert, dann führe man irgendwann einen Geschäftsbereich in der Schweiz, dann gehe man ins Ausland und führe vielleicht eine Tochtergesellschaft, dann habe man mal ein paar tausend Unterstellte. Das müsse alles gelernt sein. Man könne nicht mit einer Frauenquote von null auf hundert «pumpen», das sei einfach unmöglich.

Die nächsten zehn Jahre müsse man einfach ohne gesetzliche Dummheiten überstehen, davon ist ein anderer Verwaltungsrat überzeugt. Der Rest ergebe sich von selbst, weil die Frauen mit den guten Universitätsabschlüssen jetzt Erfahrungen sammelten und dann in absehbarer Zeit bereit seien für Verwaltungsratsmandate. Er sorge sich aber um die nächste Generation Männer: Er mache die Beobachtung, dass die jungen Frauen viel fokussierter seien als die jungen Männer. Das Ziel sollte ganz generell sein, dass das Frau-Mann-Thema eben kein Thema mehr sei. Es komme eine ganze Generation mit einem anderen Selbstverständnis.

Eine grosse Gefahr bestehe darin, dass man wegen einer Frauenquote Frauen befördern müsse, die einfach noch nicht genügend qualifiziert seien und die verlangten Fähigkeiten noch nicht mitbringen würden. Dies ist die Meinung von vielen Verwaltungsräten. Insbesondere wenn man an die politische Ebene denke und mit was für einer Macht eine Quote verbunden sei, dann würde dies ein Problem; das könne nur schief gehen. Die Wirtschaft müsse sich vehement wehren und in der Öffentlichkeit noch mehr kundtun, was für die Frauen schon alles getan werde.

Eine Verwaltungsrätin betont, dass sie auch eine Quotengegnerin sei. Sie gestehe aber ein, dass es langsam eine Überwindung brauche, diese Quote aus prinzipiellen Gründen abzulehnen, weil die Selbstverantwortung in den Unternehmen einfach unterschiedlich wahrgenommen würde. Sie sei ihren Prinzipien treu, aber sie habe ein leichtes Verständnis für bürgerliche Parlamentarier, die der Frauenquote zugestimmt hätten. Dieser Einschätzung kann ich nicht zustimmen. Für mich zeugt dies von einer unreflektierten Frauensolidarität, an der heutige – vorwiegend weibliche – Politiker offenbar einfach nicht vorbeikommen. Ich wünsche mir vielmehr Frauen, die aufstehen und rufen: «Wir können es aus eigenen Kräften, hört auf mit der Bevormundung und respektiert uns mit all unseren herausragenden Qualitäten! Und davon haben wir mehr als genug!»

Ein klares, kurzes Statement von einem Verwaltungsrat: Er sei der erste, der eine Frau in einen Verwaltungsrat hineinbefördern würde, aber nie wegen einer Quote, dagegen wehre er sich mit allen Mitteln. Sondern nur deshalb, weil die Frau einfach gut sei. Die Liste mit fähigen Frauen für Verwaltungsratsmandate findet er schon kühn, aber nicht unproblematisch. Er frage sich nämlich, wie die Frauen ausgewählt wurden.

Ein besonderes Problem mit der Einführung einer Frauenquote würde in Industriefirmen bestehen. In diesen technischen Berufen hat es generell zu wenige Frauen, und dann zusätzlich noch fast keine mit Führungserfahrung. Ein Verwaltungsrat mochte dies bestätigen und meinte auch, die Frauen seien noch zu jung. Es brauche noch ein paar Jahre.

Ein Verwaltungsrat gab zu verstehen, dass er nicht sagen könne, ob sich in Norwegen durch die Frauenquote die Verwaltungsratsarbeit geändert oder sogar verbessert habe. Eines könne er jedoch sagen: man müsse andere Suchstrategien entwickeln, anders suchen. Das Boys-Netzwerk, wo man unter seinesgleichen suchte, reiche nicht mehr aus. In vielen Rotary-Clubs seien Frauen immer noch gar nicht zugelassen. Die Suche sei wesentlich aufwendiger, aber durch eine andere Suche finde man auch andere Männer – das sei auch positiv.

Was es für Konsequenzen haben kann, wenn ein Mann, ein italienischer Gastforscher am CERN in Genf, seine Meinung zur Qualität der Frauen und Anstellung von Frauen in seinem Forschungsgebiet öffentlich kundtut, davon sei hier berichtet. Einerseits behauptete er an einem Workshop zur Geschlechtergleichberechtigung, die Physik sei von Männern erfunden und aufgebaut worden. Und andererseits – das war die Bombe – sagte er, unqualifizierte Frauen würden heute Posten in den Naturwissenschaften einfordern und zwar aus rein politischen Gründen. Die Diskriminierung treffe seiner Ansicht nach vielmehr die Männer. Nach einer internen Untersuchung am CERN war er seinen Posten als Professor los. Dieses Vorkommnis war den Medien gerade mal eine kleine Meldung wert.

Wer heute die Qualität der Frauen in ihrem Beruf, in ihrem privaten Leben und in ihrer sozialen Stellung in Frage stellt, erntet Empörung, wird als intolerant, paternalistisch, altbacken, konservativ und als nicht progressiv genug bezeichnet und gerät zum guten Schluss selber in eine Skandalisierungswelle. Wer tut sich dies schon freiwillig an? Viele Menschen tun es zwar, jedoch nur hinter vorgehaltener Hand, weil sie die Folgen scheuen. Der genannte Professor ist eine der wenigen Ausnahmen.

Wir alle kennen die Äusserungen, wonach jemand eine Stelle, eine Beförderung, ein Mandat oder eine finanzielle Unterstützung nur erhalten habe, weil sie eine Frau sei. Und solche Bemerkungen tragen immer unterschwellig eine zweite Botschaft, nämlich, dass nicht die Qualität des Bewerbers ausschlaggebend war für die Entscheidung, sondern das Geschlecht. Das darf es doch nicht sein! Ja, es gibt bestimmt Beispiele, wo diese Qualitätsvorbehalte den Frauen gegenüber zutreffen, sonst käme das Thema in dieser Form gar nicht erst in die Öffentlichkeit. Bei all dem vergisst man aber oft, wie viele Frauen, und sie sind die grosse Mehrzahl, höchsten Qualitätsanforderungen beruflich wie privat entsprechen. Sie werden wegen dieses enormen Drucks aus der Politik und auch seitens der Medien in denselben Topf geworfen mit jenen Frauen, die wissen, wie sie aus diesem Druck für ihren eigenen Nutzen Profit schlagen können. Solche Frauen wären die Gewinnerinnen unter einer Frauenquote. Wollen wir das?

3. Problem der Minderheit

Ein Verwaltungsrat ist überzeugt, dass man von einer Frauenquote unbedingt absehen müsse, weil das die Frauen einfach erniedrige. Er berichtete von einem

Fall einer Angestellten in seiner Firma in den USA. Frauen, die damals in seinen Unternehmen dort angestellt waren, hätten nach zehn Jahren ganz normal gekündigt, weil sie eine Familie gründen wollten. Dann sei unter Präsident Bill Clinton dieses neue Diskriminierungsgesetz, die schon erwähnte «Affirmative Action»-Regel, in Kraft getreten. Und schon sei es passiert! Eine Mitarbeiterin habe via ihren Anwalt behauptet, sie sei wegen ihrer Schwangerschaft nicht befördert worden und fühle sich dadurch diskriminiert. Am nächsten Tag habe er eine Diskriminierungsklage in zweistelliger Millionenhöhe Dollar am Hals gehabt. Die Sache habe sich für die Angestellte gelohnt. 20 Millionen wurden ihr zugesprochen, und der Anwalt erhielt eine Beteiligung von 30 Prozent! Nur einfach die Behauptung, sie sei wegen ihrer Schwangerschaft nicht befördert und diskriminiert worden, obwohl sie im besten Einvernehmen gegangen sei, habe gereicht.

Ein Verwaltungsrat machte dieselben Einwände. Man fahre immer mehr auf Minderheiten ab, das käme vorwiegend aus den USA. Wenn alle Minderheiten dabei sein müssten, dann ginge das nur mit Quoten, und das findet auch er sehr problematisch. Er zeigte dies anhand eines Beispiels: Ein Verwaltungsratsmitglied werde 70-jährig und höre auf. Dann töne es so: «Jetzt nehmen wir doch die Gelegenheit wahr, eine Frau in den Verwaltungsrat zu wählen.» Er enervierte sich dabei kräftig. Man stelle nämlich gar nicht mehr die Frage, welche speziellen Kompetenzen es brauche, das Attribut, eine Frau zu sein, sei ausreichend. Das könne es doch nicht sein!

Ein Horror wäre es, wenn die Frauenquote komme, manifestierte ein Verwaltungsrat, davon würden genau die streitsüchtigen Frauen profitieren. Auch er hat hierzu ein Beispiel. Ein guter Freund von ihm, ein Franzose mit einem hervorragenden Curriculum, suche eine Anstellung. Da er, der Verwaltungsrat, gute Kontakte zu französischen Firmen pflege, habe er denen gesagt, dieser Mann wäre auf dem Markt. Die Reaktion dieser Firmen sei immer die gleiche gewesen: Gerne würden sie diesen Mann nehmen, aber sie müssten die Frauenquote einhalten und könnten in nächster Zeit keinen Mann mehr anstellen. Das gebe eine Generation von Männern im Beruf, die verschwinden werde, und das sei nicht akzeptabel.

Es ist eine Tatsache, dass zwei Drittel der HR-Leute Frauen sind. Das sei auch deshalb so, berichtete ein Verwaltungsrat, weil die HR-Leute oft auch in der Geschäftsleitung sitzen und dadurch eine Frau automatisch Teil dieses

Führungsgremiums wird. Und das sieht gut aus. Die Männer sagten bereits, sie hätten aufgegeben, eine Stelle als HR-Leiter zu suchen, sie hätten da keine Chance, weil immer eine Frau bevorzugt würde. Er kenne einen Mann, der oft mit seiner Bewerbung in der Schlussrunde sei, dann würde aber immer eine Frau eingestellt, dies wohlverstanden noch ganz ohne Quote. Es würde von den Verantwortlichen auch offen ausgesprochen, gleichzeitig verbunden mit der Entschuldigung, dass es ihnen leid tue, aber die Firma suche eine HR-Frau. Das ist offensichtlich die Gelegenheit, das Frauenmanko auszubügeln. Ist es da zu früh, von einer umgekehrten Diskriminierung zu sprechen, nämlich derjenigen der Männer?

4. Problem der Überreglementierung

Um der Überreglementierung entgegenzutreten, hat die Dachorganisation der schweizerischen Wirtschaft, die Economiesuisse, einen Code of Best Practice verfasst. Darin steht ausdrücklich, dass ein Verwaltungsrat aus Frauen und Männern, unabhängig der Anzahl, bestehen sollte. Es wird auch direkt auf Verwaltungsratspräsidenten eingegangen, die noch keine Frau in ihrem Verwaltungsrat haben. Ebenso kommen die Headhunters immer mehr unter Druck, dass auf ihrer Shortliste, darauf sind die Kandidaten für die letzte Auswahlrunde, mindestens eine realistisch in Frage kommende Frau stehen müsse.

Ein Verwaltungsrat betonte, dass es nicht die Aufgabe des Gesetzgebers sei, der Privatwirtschaft vorzuschreiben, was sie machen solle. Seine Befürchtung sei, dass man ein Gesetz nicht mehr wegkriege, sobald es einmal implementiert sei. Die Überreglementierung sei für die Unternehmen ein grosser Hemmschuh. Als er mit einer Liste von fähigen Frauen in Bern bei der damals zuständigen Bundesrätin vorstellig wurde, um zu zeigen, dass sich die Privatwirtschaft für Frauen engagiere und sich ohne den Gesetzgeber um das Thema kümmere, sei die Reaktion gewesen, dann könne man ja jetzt die Quote einführen. Die Liste zeige ja, dass es an qualifizierten Frauen nicht mangle. Diese Denkweise ärgere ihn, vor allem wenn sie von denen komme, die immer das Gefühl hätten, die Wirtschaft schaue nur auf ihren eigenen «Sack» und das Gemeinwohl interessiere sie nicht.

5. Beispiel einer Ursache für das Problem

Die Hoffnung und der Druck auf Institutionen und Regierungen, dank einer Quote das Gleichberechtigungsproblem gelöst zu haben, sind steigend. Ein Verwaltungsrat meinte, dabei ginge die Ursache dieser Schwierigkeit vergessen. Diese liege für ihn ganz woanders, nämlich in der Gesellschaft insgesamt; die Gleichberechtigung habe wenig mit den Unternehmen zu tun. Unternehmen versuchten zum Teil auch auf «plumpe» Art, die Probleme in der Gesellschaft zu übertünchen, indem sie einer Frau zu helfen versuchten. All das Gerede um die Tagesschulen sei «Peanuts», wenn es um die Gleichberechtigung gehe. Aus seiner eigenen Erfahrung aus Diskussionen mit Frauen in seinem grossen Betrieb stehe das Thema Tagesschulen bei ihnen in der Regel auf Platz 27. Er sei fest davon überzeugt, dass das Problem zuhause in der Familie anfange. Wenn man dort nicht Gleichberechtigung lebe, wenn dort die Eltern nicht auf Augenhöhe miteinander umgehen und als Vorbild von den Kindern wahrgenommen würden, dann sei es trotz aller politischen Anstrengungen schwierig, dies später im Leben wieder wettzumachen. Er wollte beispielsweise Frauen anstellen, die dann zu den 200 obersten Angestellten im Konzern gehört hätten. Dies sei, man höre und staune, daran gescheitert, dass der Ehemann das nicht gut gefunden habe, dies nicht zuletzt deshalb, weil die Frau dann mehr verdient und dadurch in der Gesellschaft besser als er dagestanden hätte. Das sei aber auch ein Fehler der Frau, weil sie klein beigebe, in der Regel konsensorientiert sei und den Ehemann auch nicht verlieren möchte. Das Harmoniebedürfnis der Frauen überwiege einfach.

III. TEIL

Im *dritten* Teil des Buches möchte ich die Business-Frauen und alle, die es werden möchten, die berufliche Ambitionen haben, mit ein paar von mir gemachten Beobachtungen und Erfahrungen ermutigen, sich aktiv und freudvoll zu vermarkten. Die vielfältigen Möglichkeiten, die sich uns Frauen in der immer noch vorwiegend männlichen Geschäftswelt anbieten, sollten wir unbedingt zu unserem Vorteil ausnutzen. Dazu gehören insbesondere, unsere unterschiedlichen individuellen Stärken kraftvoll, im richtigen Moment, mit einer guten Portion Gelassenheit und einer Prise Humor strategisch gut zu platzieren. Es lohnt sich!

Ermutigung für Business-Frauen

Die nachfolgenden Anregungen sind in der aufgeführten Reihenfolge nicht wertend zu verstehen. Es steht dem Leser frei, diejenigen Ermutigungen auszulesen, von denen er glaubt, am meisten zu profitieren. Und übrigens könnte es auch die Männer interessieren, um zu wissen, wie sich Frauen in der Wirtschaft noch besser zu positionieren versuchen. Das sind durchaus auch Soft-Skills wie Kreativität, Überzeugungskraft, Analytisches Denken, Team- und Anpassungsfähigkeit. Jedenfalls ist es immer gut, mehr über die «Gegenseite» zu erfahren!

1. Selbstverständlich im Verwaltungsrat

Mitglied in einem Verwaltungsrat zu sein sollte für jede Frau als Selbstverständlichkeit und als natürliche Entwicklung in ihrer beruflichen Karriere angesehen werden. Dritte – wie Interessengruppen jeder Art, die Politik und die Medien – tun sich oft schwer damit und drängen auf besondere Aufmerksamkeit für weibliche Karrieresprünge. Für einen Mann ist es selbstverständlich, dass er einem Verwaltungsrat angehört, ohne dass dies ein grosses Aufsehen erregt.

Wenn etwas selbstverständlich ist, im vorliegenden Fall ein Verwaltungsratsmandat, dann braucht es dafür keine Erklärung. Das ist genau der Punkt. Bei Frauen wird es nicht als natürlich angesehen, dass sie in einem Aufsichtsgremium sitzen, bei ihnen braucht es eine Ausdeutung. Das ist falsch! Ich würde sogar behaupten, dass dadurch eine Ungleichbehandlung gegenüber den Männern entsteht, und als Folge davon wird mit unterschiedlichen Ellen gemessen. Das wollen weder die Frauen noch die Männer.

Frauen, die es in einen Verwaltungsrat geschafft haben, werden dank ihrer Ausbildung, ihrer beruflichen Fähigkeiten, ihrer Erfahrungen und ihres Charakters auf diesen Posten gehievt – zumindest sollte es so sein. Aber solange man diesem Umstand nicht Rechnung trägt und das Attribut Frau, vor allem medial, in den Vordergrund stellt, wird keine Selbstverständlichkeit erreicht, mit welcher Frauen einen beruflichen Aufstieg in den Verwaltungsrat machen. Schade!

Wie kann man den aktuellen Frauen-Hype stoppen? Das ist sehr schwierig. Ich schlage allen Frauen vor, die es beruflich ganz nach oben geschafft haben, sich gegen die zusätzliche und andauernde spezielle Aufmerksamkeit für die Frauen zu wehren. Denn diese hilft uns Frauen nicht. Vielmehr schadet sie unserem Selbstverständnis, Karriere zu machen, weil wir dies aus objektiven Gründen gerne möchten und uns auch fähig fühlen, aber nicht, weil wir dazu, aus welchen Motiven auch immer, getrieben werden. Die Problematik eines fortlaufend überhöhten Interesses an Frauen sollte bei möglichst vielen Begegnungen mit Berufskollegen, Wirtschaftsführern, Interessenvertretern, Politikern und insbesondere mit Journalisten angesprochen und diskutiert werden.

2. Proaktiv – Gemischte Netzwerke – Konferenzen

Auch heute werden immer noch wesentlich Karrieren durch Netzwerke gemacht; in diese muss man aber zuerst hineinkommen. Geschlechtergetrennte Netzwerke können allerdings auch problematisch sein: Positiv sind sie, weil man Beziehungen knüpfen und dadurch das eine oder andere Mandat oder Aufträge erhalten kann; negativ, weil man sich immer in denselben Kreisen bewegt, eine Komfortzone bevorzugt und sich der Blick langsam verengt.

Es gibt Frauen- und Männernetzwerke; beide sollten unbedingt durchmischt werden. Insbesondere Frauen müssen aus ihren separaten Netzwerken heraustreten und sich in Männernetzwerke hineinbegeben. Es nützt nichts, wenn die Frauen unter sich bleiben. Die Männer sind offen für Frauen in ihren Netzwerken, das wurde mir in all meinen Gesprächen versichert, und ich glaube diesen Aussagen auch. Die Grenzen der Netzwerke sollten ganz selbstverständlich durchbrochen werden, ohne grosses mediales Brimborium. Das würde auch heissen, einmal ein Bier trinken zu gehen! Und abgesehen davon: Wenn man schon überall, in Wirtschaft, Politik und Kultur, von Diversität spricht, dann darf doch ein Netzwerk nicht einseitig nur mit einem Geschlecht besetzt sein.

Ob Frauennetzwerke überhaupt reibungslos funktionieren können, bin ich mir sowieso nicht so sicher. Handelt es sich nicht eher um einen Mythos einer weiblichen Solidarität? Einerseits werden die Frauen schnell zu Rivalinnen, wenn etwa die andere durch ihre äusserliche Attraktivität mehr Aufmerksamkeit geniesst. Der Neidfaktor unter den Frauen ist schlicht Realität. Im Extremfall kann die Missgunst auch zickenkriegartige Ausmasse erreichen und wird manchmal erst noch hinter dem Rücken der Konkurrentin ausgelebt. Der Konkurrenzkampf ist unter Frauen virulent. Andererseits spielen die Herkunft und die Klasse, die eine Frau darstellt, eine nicht unbedeutende Rolle. Dies ein weiterer Grund, weshalb eine Frau nicht uneingeschränkt mit einer anderen solidarisch ist.

Und sollte man trotz allen Versuchen in männliche Netzwerke vorzudringen, gleichwohl aus der Firma ausscheiden müssen, nicht befördert oder für ein Mandat nicht gewählt werden, dann darf man dies nicht sofort darauf beziehen, eine Frau zu sein. Es gibt nämlich auch Männer, die es nicht schaffen, aber darüber wird wenig bis fast gar nichts berichtet.

Proaktiv ist, wenn Frauen Ausschau halten, welche Leute auf einflussreichen Verwaltungsratsposten sitzen und wo sich wichtige Menschen aus der Wirtschaft treffen, die etwas bewegen und entscheiden, und dann versuchen, mit ihnen in Kontakt zu treten. Das sind eben auch heute noch immer vorwiegend Männer – was ja kein Nachteil ist! Das könnte ein Vorgehen sein, um auf eine Liste mit potentiellen Verwaltungsräten zu kommen.

Eine andere Möglichkeit wäre, Headhunters direkt zu kontaktieren. Proaktiv heisst auch ganz gezielt den Blick darauf zu richten, in welchen Verwaltungsräten Sitze frei werden. Bei solchen Vorgehensweisen kommt den meisten Frauen ganz von selbst eine ihrer grössten Stärken zugute, nämlich eine mit Leidenschaft und Emotionen verbundene Beziehungspflege. Diese positive Kraft sollten sie auch hemmungslos für ihr berufliches Weiterkommen nutzen. Unbegründete Bedenken sind fehl am Platz und lassen sich überwinden. Die anfängliche Anstrengung weicht bald einer routinemässigen Übung, die mit der Zeit Freude bereitet und Erfolg zeitigt.

Auch Konferenzen, Sitzungen und Seminare sind immer noch sehr männlich geprägt; ein Verwaltungsrat gestand mir dies unverblümt ein. Er würde jedoch solche Gelegenheiten gerne benützen, um Kontakte zu potentiellen Kandidatinnen für einen Verwaltungsrat zu knüpfen. Gleichzeitig sagte er auch, dass die Frauen aufpassen sollten, nicht allzu stark zu «pushen», denn das könne kontraproduktiv sein.

An einem Anlass lernte ein Verwaltungsrat eine Dame kennen, die wie er einen Vortrag hielt. Beim Mittagessen sass er neben ihr und war von ihrem Wesen und ihrer Art so begeistert, dass er sie für seinen Verwaltungsrat anfragte. Nach Gesprächen mit den restlichen Verwaltungsräten wurde sie mit Begeisterung gewählt. In diesem Verwaltungsrat hatte es schon genügend Akademiker, jetzt brauchten sie etwas komplett anderes, und diese Frau konnte dies einbringen. Dabei spielte für ihn auch die Überlegung mit, dass 80 Prozent der Kaufentscheidungen für sein Produkt von Frauen gemacht werden. Eine Frau bringt kritisches Denken, einen kreativen Geist, die Wahrnehmung der Kundinnen und Aspekte in die Diskussionen, die vorher nie thematisiert wurden. Der Enthusiasmus des Verwaltungsrates für die neue Kollegin sei beträchtlich gewesen und sei es immer noch.

3. Förderer – Mäzen

Jeder Mensch, der im Leben weiterkommen möchte, egal ob privat oder beruflich, ist auf Unterstützung angewiesen. Ohne einen Förderer oder Mäzen ist ein berufliches Weiterkommen schwierig. Deshalb ist es wichtig, dass Frauen den Kontakt zu einer Persönlichkeit aus der Wirtschaft suchen und pflegen. Es sollte jemand sein, dem sie vertrauen, den sie im besten Falle schon lange kennen, der an sie glaubt und der sie ehrlich und möglichst ohne Eigennutz beraten und unterstützen möchte.

So eine Unterstützung fehlte einer Verwaltungsrätin vor zwanzig Jahren, was sie noch heute bedauert. Sie bereut auch immer noch, dass sie ein Jobangebot aus China ablehnte, nur, weil der Ferne Osten so weit weg ist und sie hier in einem bequemen Umfeld lebte. Aber eigentlich habe ihr einfach der Mut gefehlt, die Koffer für ein paar Jahre zu packen und eine ganz neue berufliche Herausforderung anzunehmen. Es fehlte ihr jene Person, die ihr den einfachen Satz gesagt hätte: «Trau Dich!»

Ich empfehle einer Frau, einen Förderer eher unter den Männern zu suchen. Nicht nur, weil die Männer immer noch an den wichtigen Schalthebeln der Wirtschaft sitzen, sondern auch – etwas, was ich immer wieder zu hören bekomme – weil Frauen nicht notwendigerweise Frauen unterstützen. Ein Extrembeispiel dafür sind bestimmt die Präsidentschaftswahlen 2016 in den USA, wo gerade viele Frauen eben nicht Hillary Clinton unterstützten. Allerdings hatte das auch mit ihren politischen Ansichten und in den Augen vieler Wähler mit ihrer bisherigen beruflichen politischen Arbeit zu tun gehabt. Aber die viel gelobte Frauensolidarität, auf die Clinton so sehr gezählt und gehofft hatte, liess zu wünschen übrig, und das Resultat kennen wir alle. Ein Verwaltungsrat bemerkte in diesem Zusammenhang, es gebe auch ein unsichtbares Netzwerk, welches bei den Frauen stark von Neid und bei den Männern stark von Macht getrieben sei.

4. Ohne Gender-Karte

Bei vielen Verwaltungsräten kommt das grosse Gähnen, wenn ein neues Mandat auf die Genderfrage reduziert wird. Ein Hinweis an alle Frauen: Auf keinen Fall die Gender-Karte spielen! Die Ausbildung, der Leistungsausweis und die Erfolgsgeschichte der Frau sind ausschlaggebend, aber nicht das Geschlecht.

Eine Gender-Karte ziehen heisst für viele Verwaltungsräte, zu meinen, in einer Sitzung einen weiblichen Vorteil herausholen zu können. Darauf sind die Männer nicht gut zu sprechen. In Sitzungen muss man sich fachlich, sachlich und als glaubwürdiger Teamplayer einbringen können, aber ohne die weibliche Karte zu spielen. Es gibt Verwaltungsräte, die schon erlebt haben, dass Frauen in einem Team richtig schwierig werden können, wo hingegen die Männer eher fünf gerade sein lassen.

Für die Männer hat die Gender-Karte dann einen Nutzen, wenn sie im Sinne der emotionalen Intelligenz eingesetzt wird. Diese ausgeprägte Stärke der Frauen ist den Verwaltungsräten sehr bewusst. Sie schätzen diese charakteristische Fähigkeit der Frauen und betrachten sie für jedes Team als grossen zusätzlichen Gewinn.

Es gibt Verwaltungsräte, die immer wieder Anfragen von Frauen erhalten, die das Gefühl haben, für ein Verwaltungsratsmandat qualifiziert zu sein. Das wichtigste Argument, welches sie dabei anscheinend vorbringen ist, dass sie eine Frau seien. Sämtliche Verwaltungsräte helfen Frauen gerne, aber nicht, weil sie Frauen sind, sondern weil sie ein grossartiges berufliches Curriculum haben. Ein Verwaltungsratspräsident sagte sogar, er sehe ganz wenige Frauen, die wirklich qualifiziert seien. Ehrlicherweise müsse er auch sagen, dass 90 Prozent der Frauen auf den Listen, die er bekomme, sich völlige Illusionen darüber machten, was es eigentlich heisse, in einem Verwaltungsrat zu sitzen. Auch das Argument, sie brächten einen neuen Gesichtspunkt ein, genüge für sich alleine nicht.

5. Karriereplanung

Eine generelle Voraussetzung, ob für eine Frau oder einen Mann, ob mit oder ohne Familie, sind die Motivation, der Wille und der Hunger, sich zugunsten einer Karriere durchzubeissen. Jede Karriere erfordert sehr viel Zeit, Aufwand und Verzicht; das ist die Realität. Viele Menschen sind auch bereit, das zugunsten einer grossartigen Karriere zu akzeptieren. Das Private kommt oft zu kurz, was von vielen Wirtschaftsführern erst in einem späteren Lebensabschnitt sehr bedauert wird.

Wenn es um die Vereinbarkeit von Familie und Beruf geht, dann ist das Bild, nicht zuletzt jenes der Frauen selbst, eher konservativ geprägt. Im Grunde geht es ja immer um die Karriere der Frau. Ich möchte hier nicht auf die allgegenwärtigen Diskussionen über Kinderkrippen, Elternurlaub, Lohngleichheit, Gleichstellung, Fördermassnahmen, etc., etc. eingehen. Es gibt in meinen Augen nur ein Patentrezept, nämlich, dass jede Frau und jeder Mann in Freiheit und ohne jeglichen gesellschaftlichen Druck ihr gemeinsames Familienmodell und ihre beruflichen Tätigkeiten und Ambitionen selber bestimmen und leben können.

Eine Verwaltungsrätin war sehr dezidiert und fand, dass sich die Frauen selber aufrütteln und aus der Komfortzone begeben sollten – vorausgesetzt, dass sie das auch wollten. Man müsse eine Karriere wollen. In den Fünfzigerjahren wollte man die perfekte Ehefrau sein. Heute müsse man wollen, ein CEO zu werden. Sie stehe auch diesen extremen feministischen Ansichten skeptisch gegenüber und finde sie höchst problematisch. Klar müsse man sich getrauen, aufzustehen, wenn man mit etwas nicht einverstanden sei, aber nicht, weil man gezwungen oder als Frau von den Feministinnen instrumentalisiert werde.

Eine Karriereplanung wird meist nach einem Studium oder nach ein paar Jahren im Berufsleben gestartet. Jeder beruflich aktive Mensch macht sich irgendwann darüber Gedanken. Ehepartner sind zusätzlich gefordert, wenn es um eine Familienplanung geht und offen und mutig darüber gesprochen werden muss, vor allem dann, wenn beide Teile eine Karriere machen möchten.

Eine Verwaltungsrätin empfiehlt den Frauen, sich zuerst zu fragen, was für eine Karriere sie bevorzugen: eine Corporate-Karriere, selber Unternehmerin werden, Start-Ups? Und wer möchte sie in zehn, zwanzig Jahren sein? Dann sollen sie gezielt versuchen, Leute zu treffen, die ihnen bei ihrer Karriere helfen und von Nutzen sein können. Das bezeichne sie als gezieltes Networking.

Ein Verwaltungsrat sieht die Karriereplanung dagegen ganz anders. Leute mit einem ausgesprochenen Karrieredenken würden sich verkrampfen, und die möchte er lieber nicht anstellen. Die CVs schaue er kaum an, lege sie beiseite. Er möchte die Leute kennenlernen und sie spüren. Er selber habe in seiner über 30-jährigen Berufserfahrung nie ein Karrieregespräch gehabt und auch nie über einen Lohn gesprochen. Er sei jederzeit interessiert gewesen, habe sich eingesetzt, eine Leistung erbracht und Verantwortung getragen, dabei aber nie an eine Karriere gedacht. Diese sei von alleine gekommen. Was es aber immer brauche, so sagte er weiter, sei die nötige Portion an Demut und eine gewisse Bescheidenheit. Damit hätten vor allem die Männer Probleme. Aber ohne diese Tugenden komme in seiner Firma niemand irgendwohin. Bei den Frauen sehe er oft das Problem des Überkompensierens, wenn sie meinen, sich den Männern anpassen, ja, angleichen zu müssen. Das sei für ihn schlimm.

In der Schweiz und in Europa geht es den Menschen sehr gut. Diesen Hunger, für eine Karriere etwas zu leisten, ja mehr zu leisten, sehen viele Verwaltungsräte nur noch in Amerika und in Asien. In den USA kämpfen sich die Frauen trotz Familie in einem Betrieb hoch; dort sind aber auch die Kinderkrippen und Tagesschulen hervorragend ausgebaut. Die meisten Leute, die immer nur fordern, haben noch nie im Ausland gelebt und gearbeitet und gesehen, wie die Lebensumstände auch noch sein könnten. Diejenigen, die allzu stark den Lohn und eventuelle Beförderungen in den Vordergrund stellen, könnten dort Probleme bekommen.

Immer wieder kommt bei den Verwaltungsräten das Argument, dass viele Frauen gar nicht die oberste Karriereleiter erreichen möchten, obwohl in den meisten grossen Firmen die Frauen wirklich aktiv gefördert werden. Wenn nämlich der Zeitpunkt gekommen ist, wo sie in die Geschäftsleitung einziehen könnten, dann zögern die Frauen. Sie haben bereits einen super Job und möchten nicht noch mehr Verantwortung übernehmen. Das jedenfalls behaupten einige Verwaltungsräte und sagen, dass sie aus gemachter Erfahrung sprächen.

Dazu kommt, dass wenn eine Frau glaubwürdig in einem grossen Unternehmen Karriere machen möchte, irgendwann der Moment kommt, wo sie sich internationale Erfahrung aneignen sollte. Dafür sollte sie im Ausland gearbeitet haben, und zwar in vielen Betrieben für einige Jahre. Das verursacht oft zusätzliche Probleme; insbesondere wenn der Lebenspartner auch berufstätig ist, müssen solche Auslandaufenthalte aufeinander abgestimmt werden. Das ist machbar, aber für viele Frauen schwierig.

Die erste Phase der beruflichen Karriere einer Frau geht im Allgemeinen gut, weil sie dann noch keine Kinder hat. Ein Verwaltungsratspräsident sieht immer wieder Frauen, von denen er sage, dass sie es ganz weit bringen. Doch ab dreissig gründen diese Frauen meistens eine Familie, und mit vierzig kommen sie zurück. Aber dann ist der Zug schon abgefahren. Es reicht für eine interne Karriere im Betrieb, aber ganz nach oben kommen sie nicht mehr. Dort wird es unfair, weil die Frauen wegen der Familie keine Möglichkeiten haben, im entscheidenden Alter internationale Erfahrungen zu sammeln und in einer Linienfunktion gearbeitet zu haben, und weil sie zehn Jahre vom Beruf weg waren. Der Verwaltungsratspräsident führte weiter aus, dass wenn die Kinder grösser seien und die Frauen wieder arbeiten möchten dann können sie nicht sagen: «Ich habe vor fünfzehn Jahren mal eine Anstellung gehabt, dann Kinder grossgezogen, und jetzt bin ich qualifiziert für einen Verwaltungsrat.» So ginge es nicht. Wenn hingegen eine Frau während der Kinderzeit immer Teilzeit gearbeitet und sich beruflich weitergebildet habe, dann sei dies für einen Wiedereinstieg zur vollen Berufstätigkeit das Optimum.

Wie auch immer: Heute ist ein schneller Änderungsprozess bei der Beförderung von Frauen in die Chefetagen zu sehen. Alle Unternehmen suchen Frauen. Als Frau hat man eine extrem gute Chance, eine steile Karriere zu machen. Das wird auch immer wieder von Headhunters bestätigt. Weshalb hat es trotzdem zu wenig Frauen? Weil sich viele von ihnen eben immer noch eher für eine Familie entscheiden und eine Teilzeitarbeit einer grandiosen Karriere vorziehen.

6. Gute Organisation

Wenn sich eine Frau, idealerweise zusammen mit ihrem Partner, für ein Berufs- oder Familienmodell oder eine Kombination von beiden entschieden hat, dann ist die nächste Hürde eine gute Organisation. Mit dieser ist nämlich jedes Modell möglich: Voll- oder Teilzeit zu arbeiten, eine Karriere zu machen und gleichzeitig Kinder grosszuziehen. Es gibt für alles eine Lösung, nur ist diese nicht gratis, sondern mit zusätzlichem persönlichem Aufwand, Disziplin und Flexibilität und nicht zuletzt auch mit Geld verbunden. Dessen muss man sich als Frau einfach bewusst sein, denn immer noch sind mehrheitlich wir für eine gute Organisation, privat wie beruflich, zuständig.

7. Perfektionismus – Selbstvertrauen

Perfektionismus kann Stress für einen selber und für die anderen auslösen, weil man auf jedes kleine Detail fokussiert ist und sich selbst unter Druck setzt, dass ja nichts falsch läuft. Die Angst, dass das ganze Bild oder ein Vorhaben ruiniert werden könnten, ist gross – die Enttäuschung auch. Wer zu perfektionistisch ist, neigt dazu, alles kontrollieren zu wollen. Delegieren und Prioritäten setzen fallen schwer. Aber perfekt zu sein ist schlicht unrealistisch, und darüber sollten sich die zu Perfektionismus neigenden Frauen klar sein. Es fördert negative Neigungen und schwächt das Selbstvertrauen. Nicht zu kontrollieren, dafür zu delegieren und zu priorisieren sollte man als Massstab nehmen, vorausgesetzt, dass man akzeptieren kann, nicht perfekt zu sein.

Frauen sind bekannt für ihre fachliche Kompetenz und Sachlichkeit. Vergessen wird jedoch oft, dass das Selbstvertrauen mehr zählt als die Kompetenz. Diejenigen, die ein gesundes Selbstvertrauen haben, strahlen es unweigerlich aus, sind eloquent und zeigen es in ihrer Körpersprache. Sie werden mehr respektiert. Das könnte eine Erklärung sein, weshalb Leute mit weniger Kompetenz, dafür mit einem gesunden Selbstvertrauen befördert werden. Es darf aber nicht in narzisstische Züge abgleiten und arrogant wirken; Selbstvertrauen muss authentisch herüberkommen, alles andere merkt man sofort.

Im Idealfall sollte das Selbstvertrauen Teil der Kompetenz sein. Das heisst für die Frauen, dass sie sich optimaler positionieren würden mit weniger Perfektionismus, mit mehr Selbstvertrauen und Einbringung Ihrer Kompetenz. Und falls einmal etwas schief geht, weil eine Frau nicht mehr so ganz perfekt ist, sollte sie nicht gleich an sich selbst zweifeln und den Fehler bei sich suchen und stattdessen ruhig und gelassen «move on» zelebrieren – ganz wie die Männer auch!

Bei den Männern kommt ein starkes Selbstvertrauen manchmal auch durch ein simples «Bluffen» herüber. Die Folge ist, dass sich die Frauen dann zurückziehen. Auch die Frauen sollten ein bisschen «bluffen» und vielleicht lernen etwas «theatralischer herüberzukommen». Sie sollten dieses Spiel des «Bluffens» mit viel Selbstvertrauen mitmachen.

Es gibt eine plausible Erklärung, weshalb Frauen immer glauben, sie müssten perfekt sein. Solange sie in der Minderheit sind – und das sind sie meistens –, müssen sie fehlerfrei sein. Sie können es sich gar nicht erlauben, einfach daherzuquatschen, wenn sie etwas sagen wollen, weil das Umfeld das sofort vermerkt. Trotzdem sollten sich die Frauen mit gesundem Selbstvertrauen getrauen zu reden, ohne 100-prozentig perfekt vorbereitet zu sein, was die Männer in der Regel in aller Selbstverständlichkeit tun.

Ein kleiner Abstecher in die Mathematik: Experimentell ist bestätigt, dass sich Buben stärker überschätzen als Mädchen. Aber das hängt mehr mit der gesellschaftlichen Stellung und auch mit der Art und Weise zusammen, wie sie aufgezogen werden. Es gibt ein Beispiel von Mathematiktests, wo sich die Mädchen anfangs schlechter eingeschätzt hatten als die Buben und am Schluss die besseren Noten erzielten – eine Falscheinschätzung der Mädchen. In Mädchenschulen sind die Schülerinnen in Mathematik genauso gut wie die Knaben, nicht aber in gemischten Schulen. Dort sind die Mädchen schlechter. Warum? Weil sie suggeriert bekommen, dass es unweiblich ist, in diesem Fach gut zu sein. Hier ist die Kraft der Stereotypen am Werk!

Etwas darf man dank dem Perfektionismus und der Kompetenz von Frauen nicht ausser Acht lassen: Die Frauen sind stark in ihren Argumentationen. Die fundierte Vorbereitung zahlt sich durch wertvolle Aussagen und nicht durch das Geschlecht aus. Das realisieren die Männer, und wie mir ein Verwaltungsrat anvertraute, findet er das «sensationell». Es tönt dann so, dass er eine solche Frau als Nachfolgerin für seinen Posten haben möchte.

8. Mehr reden

Wie die Männer sollten sich die Frauen auch nicht scheuen, etwas bereits Gesagtes, obgleich es in ihren Augen bereits Hand und Fuss hatte, zu repetieren. Oft hören die Männer einfach nicht sofort zu. Dieses Spiel sollten die Frauen bis zu einem gewissen Grad mitspielen. Aber nie vergessen, dabei authentisch zu bleiben! Repetitionen können auch für den Sitzungsleiter heissen, dass die Ausführungen angekommen sind und deren Rekapitulation als Feedback betrachtet werden soll. Also: Bitte keine Angst haben, etwas zu wiederholen.

Je weniger man spricht, desto weniger wird man gehört und folglich wahrgenommen. Die Frauen müssen ihre Stimme erheben. Diese Änderung im Redeverhalten löst Kräfte aus und stärkt das Selbstvertrauen. Es besteht sonst die Gefahr, dass am Schluss alle etwas gesagt haben ausser der Frau, und das kommt schlecht an. Beim ersten Mal muss man sich einen Stoss geben, weil es nicht ganz zu unserem Naturell passt, aber das ist einfach Teil des Jobs. Irgendwann ist man damit vertraut, meldet sich automatisch und fühlt sich auch wohl dabei. Eine Verwaltungsrätin erzählte, dass man in internationalen Gremien als Schweizer, egal ob Frau oder Mann, seine Bescheidenheit und Zurückhaltung ablegen muss. Vor allem mit Deutschen und Engländern am Tisch müssen die Schweizer aufpassen, nicht unterzugehen.

Mehr oder weniger zu reden ist der eine Punkt. Der andere, ebenso wichtige ist, klar zu sagen, was man möchte und was nicht. Auch wenn man die einzige Frau ist, soll man sich nicht in eine Ecke stellen lassen und auch nicht warten, bis man gefragt wird, sich aber auch nicht aufdrängen. Und bitte auch nicht beleidigt sein, wenn man nicht gefragt wird! Man muss die Sache mit Fingerspitzengefühl angehen, vor allem, wenn es darum geht, offensiv nach einem Verwaltungsratsmandat Ausschau zu halten. In solchen Momenten ist es wichtig, über seine beruflichen Erfolge und Tätigkeiten zu berichten, seine Geschichte zu erzählen, weil man nicht automatisch annehmen kann, dass die anderen diese schon kennen oder, wie es sehr oft passiert, gar nicht danach fragen. Aber bestimmt keinen unpersönlichen Massenversand starten!

9. Bewusst anders sein

Die Frauen sollen ihre Unterschiedlichkeit zu den Männern bewusst herausstreichen, natürlich nicht im kognitiven Sinne, jedoch durch ihre zusätzlichen Kompetenzen. Dafür müssen sie nicht die super Finanzspezialistin, nicht die super Rechtsspezialistin, nicht eine super Branchenspezialistin sein, sondern einfach die *Andere* im Verwaltungsrat. Sie sollen bewusst hervorheben, dass sie einen anderen Blick haben, eine andere Sichtweise, einen breiteren Horizont, und diejenigen Fragen stellen, die sonst niemand stellt. Das Wie ist wichtig. Man darf nicht gleich bei der ersten Verwaltungsratssitzung mit der Türe in Haus fallen, sonst ist man schon verloren. Aber man muss auch aufpassen, die Türe nicht allzu weit zu öffnen, weil dies dann wiederum Angriffsflächen bieten könnte.

10. Äusseres Erscheinungsbild

Das äussere Erscheinungsbild ist etwas ganz Bedeutendes. Wir alle reagieren darauf, denn es sagt etwas über unsere Persönlichkeit aus. Das Aussehen und die Aufmachung sind ein Teil unserer Körpersprache, die gewollt oder ungewollt eingesetzt werden und viel bewirken können. Kleider machen Leute, das ist einfach so.

Es ist unbestritten, dass wir Frauen hier im Vorteil sind. Mit unserem äusseren Erscheinungsbild können wir mehr oder weniger Aufmerksamkeit auf uns ziehen; dem stimmen auch die Männer zu. Damit ich nicht falsch verstanden werde: Natürlich soll der Mensch mit seinen Eigenschaften, seinen Fähigkeiten, seiner Persönlichkeit und seinem Charakter im Vordergrund stehen und nicht das Äussere. Aber so ganz voneinander trennen kann man es doch nicht. Ein Statement muss her!

Frauen haben durch ihre Erscheinung ein zusätzliches Power-Mittel in der Hand, welches sie auch ungeniert intelligent und schlau einsetzen dürfen und sollten. Meistens überlegen sich Frauen ganz gezielt, was sie wann und wo anziehen, und betrachten es als eine Kunst, dieses Potential mit einer spielerischen Freude zu nutzen. Auch das ist ein Teil unserer weiblichen individuellen Freiheit, zu der wir uns keine Vorschriften machen lassen sollten, auch nicht von Feministinnen. Lippenstift und hohe Absätze bedeuten nicht gleich, dass ich mich einem Patriarchat unterziehe. Wenn ich sehe, wie sich die Journalistinnen des amerikanischen Senders CNN vor der Kamera kleiden, dann ist das sehr powerful, elegant und für den Zuschauer einfach schön anzusehen.

Selbstverständlich muss man auch vorsichtig sein und darf die Kleidung nicht überbewerten. Nicht zu schön und zu aufwendig geschminkt, die Haare gut gestylt, aber nicht wie für eine Operngala, die Kleidung weiblich, chic, dezent sexy, und ein eleganter Schuh – das kann nie falsch sein. Frauen in leitenden Positionen dürfen nicht mit der Sekretärin verwechselt werden. Ganz allgemein gilt: keine blauen Blazer mit weisser Bluse und blauem Jupe. Und nie vergessen, dass schlussendlich die Kompetenz ausschlaggebend ist! Wenn sich das äussere Erscheinungsbild zusätzlich mit den Fähigkeiten einer Frau ergänzt, dann ist das ein nicht zu unterschätzender Einstieg zum Erfolg.

Die Authentizität einer Frau hat immer auch mit dem Äusseren zu tun. Das sich selbst Sein soll immer gewährleistet bleiben, alles andere spürt das Gegenüber, das nicht selten ein Mann ist. Ein Kompliment für das Auftreten oder die Kleidung sollten wir Frauen stets dankend entgegennehmen, nicht gleich eine Erklärung oder sogar eine Entschuldigung nachreichen und bestimmt nicht «MeToo» auf die Bühne rufen. Mit solch liebenswürdigen Gesten sollten die Frauen mit Humor und Freude umgehen.

Ein Verwaltungsrat erzählte, er habe einmal gesagt, dass er gerne mehr Frauen in Gremium hätte, weil dieses dann schöner und farbiger wäre. Das sei von ihm als ehrliches Kompliment gemeint gewesen. Der Schrei der Entrüstung sei postwendend gekommen! Das Verhältnis zu den Frauen müsse, losgelöst vom Erscheinungsbild, rein professionell sein, das sei klar. Es dürfe aber nicht sein, dass es für einen Mann einfacher sei, sich nur mit einer äusserlich nicht sehr attraktiven Frau auf Geschäftsreise zu begeben und er demgegenüber mit einer attraktiven Frau sofort Opfer von Gerüchten und Spekulationen werde. Das sei verheerend!

Es gibt nicht selten Männer, die sich der Wichtigkeit des Auftritts bewusst sind und sich dafür extra coachen lassen. Viele Frauen schauen übrigens bei den Männern auf ihre Krawatte und noch mehr auf ihre Schuhe, darauf, ob diese gepflegt sind. Und die Männer schauen auf die Kleidung und die Fingernägel der Frauen. Ob die Männer untereinander auf das Äussere schauen, konnte ich nicht eruieren, ich vermute aber, dass dies weniger der Fall ist. Die Frauen sind schon eher diejenigen, die das Äussere kritisieren oder mindestens kommentieren.

Die Botschaft, die man mit seinem Äusseren ausstrahlt, ist nicht zuletzt, dem anderen gegenüber Respekt zu zollen und zu zeigen, dass man ihn ernst nimmt. Eine gute Erscheinung stärkt zudem das Selbstwertgefühl und Selbstvertrauen, und das trägt man automatisch in eine Sitzung.

Bei meinen Gesprächen gab es nur eine Frau, die das äussere Erscheinungsbild überhaupt nicht wahrnimmt, weil sie kein visueller Typ ist. Sie realisiert kaum, wie die Leute aussehen, und gewichtet es auch nicht stark. Sie erkennt besser, ob ihr jemand sympathisch ist und sie das Gefühl hat, gut mit dieser Person zusammenarbeiten zu können. Das Optische im Sinne von schön oder nicht schön zieht sie nicht in Betracht. Sie ist sich bewusst, dass diese Persönlichkeitsstruktur nicht typisch weiblich ist.

Nach dem ersten Eindruck durch das äussere Erscheinungsbild einer Person kommt im Verwaltungsratsgremium sofort auch der zweite Eindruck oder eine nächste Stufe des Erscheinens zum Tragen. Was bringt diese Person, wie verhält sie sich, macht es Sinn, was sie sagt, ist sie aktiv und engagiert, wie ist ihr Gesichtsausdruck, wie diskutiert sie innerhalb und ausserhalb des Verwaltungsrates, wie kommt diese Person herüber? In diesem Stadium tritt das äussere Erscheinungsbild stark in den Hintergrund und wird sekundär. Das ist auch gut so!

Ein Verwaltungsrat erzählte von einem Mitglied, welches eher ungepflegt aussehe, und daneben eine Kollegin, die sich immer in den teuersten und schönsten Kleidern präsentiere. Trotzdem passten die beiden bestens zusammen und respektierten sich gegenseitig, weil jeder durch seine Fachkompetenz brilliere und nicht durch sein Äusseres.

Es kann auch vorkommen, dass man einem Menschen Unrecht tut, wenn man ihn nach seinem Äusserlichen beurteilt. Es darf einfach nicht beim ersten Eindruck bleiben. Wichtiger ist, zuerst Vertrauen zu schenken. Das ist vielleicht ein Risiko, das sich aber in den meisten Fällen tausendfach auszahlt. Die wenigen Enttäuschungen muss man akzeptieren und wegstecken können.

Mit dem äusseren Erscheinungsbild hängen eng die guten Umgangsformen zusammen. Für viele Leute ist der Umgang mit gesitteten und gepflegten Menschen schlicht einfacher als wenn sie ungesittet und ungepflegt daherkommen. In jedem Verwaltungsrat gibt es ungeschriebene Regeln, wie ungefähr man angezogen sein sollte. Und die Mitglieder halten sich daran, was zeigt, dass das äussere Erscheinungsbild nicht unwichtig ist.

11. Politik im Verwaltungsrat

Eine Verwaltungsrätin empfiehlt den Frauen, im Gremium auch Politik zu machen. Sie meint damit nicht die typisch männliche Art von Politik, sondern Gremiumspolitik. Eine Frau soll sich ja nicht anbiedern, das schreckt die Männer sofort ab. Mit dem Alter habe sie gemerkt, dass die Männer es nicht ungern haben, wenn eine Frau ein bisschen «Mama spielt»; sie lassen sich gerne betreuen. Manchmal müssen Männer sogar ihre Hemmungen ablegen, um eine Frau einzuladen. Aber wenn Frauen einmal spontan einen Kaffee oder ein Bier mit ihnen trinken gehen, kann das Wunder wirken.

12. Geliebt werden – Grübeln – Authentizität

Frauen haben ein natürliches Bedürfnis, geliebt zu werden, im privaten Umfeld, im Beruf und von ihrer Umgebung. Dieser Anspruch könnte dazu führen, dass sie zurückhaltender sind und weniger aggressiv auftreten. Sie hinterfragen ihre Handlungen, sich selbst und kommen so sehr schnell ins Grübeln. Wenn Frauen zu sehr darauf setzen, im Beruf geachtet und geliebt zu werden, dann kann sich das direkt auf ihr Selbstvertrauen auswirken. Weshalb? Wenn man immer geliebt und geachtet werden möchte, dann ist man seinem Gegenüber in einer ständigen Erwartungshaltung. Man sucht Bestätigung. Bleibt diese aber aus, schwindet automatisch das Vertrauen in sich selbst oder wird zumindest verringert.

Dieses eher weibliche Verlangen, geliebt zu werden, hat auch positive Auswirkungen im Beruf. Es befähigt dazu, auf Bedürfnisse von anderen zu reagieren, sie zu motivieren, und hilft schlussendlich in der Kommunikation mit Mitarbeitern, Kunden, Vorgesetzten und Gleichrangigen.

Allzu oft stellen wir Frauen uns die Frage, was wir falsch gemacht haben, und laden damit eine Schuld auf uns. Besser wäre es, zu sagen, dass die Umstände schwierig waren. Auch den Erfolg sollten wir uns selber zuschreiben und annehmen, aber nicht als schicksalsbedingt betrachten. Die Männer tun dies mit aller Selbstverständlichkeit.

Eine Untersuchung in den USA, in der es um die Jobsuche von Studentinnen und Studenten geht, zeigt auf, wie unterschiedlich die Geschlechter reagieren, wenn sie kein Stellenangebot erhalten. Die männlichen Bewerber sagen: «Die haben meine Bewerbung nicht fair behandelt», oder «Es ist eine schwierige Zeit für eine Jobsuche.» Die weiblichen Bewerber sagen: «Oh, meine Bewerbung ist nicht genügend.» Für die Männer sind äussere Kräfte schuld, sicher nicht ihre Fähigkeiten, sie stecken die Enttäuschung mit einem Achselzucken weg. Die Frauen zweifeln an ihrer Begabung, ihr Selbstvertrauen leidet, und sie überlegen es sich zwei Mal, nochmals eine Bewerbung loszuschicken.

Eine der wichtigsten Eigenschaften, nicht nur für Frauen, ist, immer und überall authentisch zu sein. Nur wer authentisch ist, wirkt glaubwürdig und ehrlich. Eine der bedeutendsten Leadership-Qualitäten ist die Authentizität. Verschiedene Verwaltungsräte brachten in den Gesprächen immer wieder die Authentizität im Zusammenhang mit den Frauen auf. Sie bedauern allesamt, wenn Frauen versuchen, «vermännlicht» zu sein und nicht Frau sind. Gleichzeitig müssen sie aber eingestehen, dass die meisten Frauen, die es in grosse Verwaltungsräte geschafft haben, sich natürlich auf diese Männerwelt eingestellt haben und eher ein Männerverhalten an den Tag legen. Das sei auch gut, aber nicht das Wichtigste. Die Männer konstatieren, dass viele Frauen durch ihre Präsenz in der Männerwelt gewisse weibliche Aspekte verloren haben. Meine männlichen Gesprächspartner schätzen die Andersartigkeit der Frauen ausgesprochen, sei es in den Sitzungen, in ihren Denkweisen, ihren Perspektiven, ihren anderen Prioritäten, ganz einfach den naturbedingten Unterschied.

Ein Verwaltungsrat erwähnte, dass der Leistungswille schon von der Frau selbst kommen müsse. Auch müsse sie sich selber entscheiden, was ihr der Beruf oder die Familie oder beides wert sei. Die Rahmenbedingungen sollten geschaffen werden, in denen jede Frau aus eigenem Antrieb selber entscheiden könne, was für sie stimme. Aber ganz wichtig sei, dass die Frau nicht ihre Authentizität aufgebe. Wenn man dann am Schluss immer noch weniger Frauen habe, die Karriere machen möchten, aus welchem Grund auch immer, sei das auch gut so, solange die Frau authentisch bleibe.

Die Frauen sind meist beruflich und privat authentisch; den Männern wird nachgesagt, dass sie im Beruf und im Privaten unterschiedlich sein können. Eine Verwaltungsrätin hatte beruflich mit einem Kollegen eher Mühe, bis sie an einem Nachtessen privat neben ihm sass. Und plötzlich entpuppte er sich als witziger unterhaltsamer Kerl. In meinen Augen sollte dies nicht sein. Ein Mensch ist ein Mensch, der einen Charakter, eine Wesensart hat, und sollte immer und überall identisch sein. Es wird oft als Entschuldigung herangezogen, jemand sei privat ein ganz anderer Mensch, viel umgänglicher, viel netter als im Beruf. Schade, bei einem solchen Sachverhalt hätte man sich schneller, besser verstehen können.

13. Erziehung zu Selbstvertrauen – ein Beispiel

Christine Lagarde, ehemaliger Managing Director des Internationalen Währungsfonds (IWF), und heute Chefin der Europäischen Zentralbank, spricht im Buch «The Confidence Code» von Kay und Shipman über ihre Jugend und ihr Selbstvertrauen. Mit vier Jahren schon wurde sie von ihren Eltern gebeten, ihren kleinen Baby-Bruder zu hüten, wenn sie abends ins Konzert gingen. Sie erinnert sich an einen Abend, als die Eltern nicht zur abgemachten Zeit wieder zuhause erschienen. Lagarde hatte Angst, zündete zur Beruhigung sämtliche Lichter im Hause an und ging in das Zimmer ihres kleinen Bruders. Dort fanden sie die Eltern bei ihrer verspäteten Heimkehr mit einem Buch in der Hand. Heute lacht Lagarde ob dieser Absurdität, ein so kleines Mädchen auf ihren Bruder aufpassen zu lassen. Und gleichzeitig sagt sie mit voller Überzeugung, dass ihre Eltern bei ihr damit einen Prozess von Verantwortungsbewusstsein und Erfolg ausgelöst haben. In jungen Jahren konnte sie dank ihrer Eltern Selbstvertrauen aufbauen, welches sie heute auf der Weltbühne so richtig brauchen kann. Es hat übrigens nicht mit dem Babysitting-Job geendet. Mit 16 Jahren lud ihre Mutter sie bei der Autobahn in Le Havre ab, damit sie per Autostopp nach Lyon reisen konnte, um dort Freunde zu besuchen. Mit 20 wurde Lagarde mit einem Flugticket und einer Buskarte in ein Flugzeug in die USA gesetzt, um ein Sommerlager zu besuchen. Das sind nur ein paar wenige Beispiele, wie sie in jungen Jahren Selbstvertrauen aufbauen und Erfahrungen sammeln konnte, alles immer unter dem sie begleitenden Motto der Mutter «You can do it!» («Du schaffst es!»).

Dieses «I can do it!» sollten wir Frauen beherzigen, und zwar im familiären wie im beruflichen Umfeld und ganz besonders in risikohaften Situationen. Auch wenn etwas schiefgehen sollte: Versuchen wir, es als Positivum zur Bildung unseres Selbstvertrauens dankbar anzunehmen. Nur aus Misserfolgen, Fehleinschätzungen, Scheitern und Enttäuschungen können wir lernen. Die

Angst vor dem Versagen darf für uns kein Grund sein, etwas nicht zu tun. Mit einem unverzichtbaren Gewinn werden wir vielleicht nicht kurzfristig, aber auf die Dauer belohnt.

Wie Sie sehen, wurde Lagarde schon in jungen Jahren Risiken ausgesetzt. Je früher desto besser, und desto einfacher wird es später im Leben. Lagarde schaut auf eine grossartige berufliche Karriere zurück, zuerst der prestigeträchtige Posten beim IWF und jetzt bei der Europäischen Zentralbank. Sicher ist nicht nur alles ihrer Erziehung zuzuschreiben, aber gewiss ein wesentlicher Anteil davon, jedenfalls nach ihrer eigenen Auffassung.

Eine Verwaltungsrätin bezeugte ebenfalls, dass sie nicht da wäre, wo sie heute ist, wenn sie nicht viele Fehler begangen und auch zu kämpfen gelernt hätte. Auch sie hat sich so, mit der ständigen Überzeugung, dass sie es schon schaffen werde, immer wieder ihr Selbstvertrauen aufgebaut. Abgesehen davon findet sie, dass die Kinder heute verweichlicht würden. Zu gross sei die Aufmerksamkeit für sie, zu vieles werde ihnen aus dem Weg geräumt, und gleichzeitig zu viel im ausserschulischen Bereich angeboten. Die Kinder sollen von Gefahren und Risiken verschont bleiben. Das sei zwar gut gemeint, aber irgendwann im Leben komme die Realität, und die sei mit lauter Risiken und Unvorhergesehenem verbunden. Für das brauche es Kräfte. Man sollte die Möglichkeit haben, sich diese so früh wie möglich anzueignen, nicht zuletzt in der Familie.

Interessanterweise betonte eine Verwaltungsrätin, dass, wenn eine Frau auf einem wichtigen Posten sitze, man mit absoluter Sicherheit davon ausgehen könne, dass sie für die Firma irgendeine schwierige Situation zu bewältigen habe.

Ich möchte Ihnen anhand von zwei kulturellen Unterschiedlichkeiten schildern, wie in der schulischen Erziehung verschiedene Methoden angewendet werden. Dabei wird sichtbar, wie mit vermeintlichen Schwächen von Kindern im Schulalter umgegangen werden kann. In einer japanischen Schule hat ein Kind Mühe im Zeichnen eines dreidimensionalen Kubus. Der Lehrer bittet das Kind an die Wandtafel, um dort vor und mit Hilfe der ganzen Klasse zu versuchen, den Kubus zu zeichnen. In den USA wäre dies schon gar nicht möglich, weil es als Blossstellung des Kindes vor einer ganzen Klasse gewertet würde. Nicht so in Japan. Als das Kind in Japan nach geraumer Zeit fähig ist, den dreidimensionalen Kubus zu zeichnen, wird ihm von seinen Kameraden applaudiert. Das Kind ist stolz und sein Selbstvertrauen automatisch gestärkt. Das Beispiel zeigt, was eine sogenannt politisch korrekte «Blossstellung» positiv bewirken kann.

Zurück zu Lagarde. Sie macht für uns Frauen ein klares Statement und sagt im erwähnten Buch «The Confidence Code» Folgendes: «Wir Frauen sollten aus unserer Unterschiedlichkeit zu den Männern eine Tugend machen, anstatt diese zu verstecken, auszuradieren oder zu ändern.» Lagarde wird auf der ganzen Welt gerne die Rolle eines inoffiziellen Beraters für weibliche Führungskräfte zugesprochen. «Frauen, getraut euch unterschiedlich zu sein, und macht dies zu einem Verkaufsargument!» Und weiter: «Versucht nicht, Euch selber, Eure Leistung und Eure Popularität gegenüber Standards und Massstäben zu messen, die die Männer zuvor gebraucht haben, weil Ihr von einer unterschiedlichen Perspektive startet, Ihr eine unterschiedliche Plattform habt, und Ihr auch unterschiedliche Initiativen fördern möchtet. Bei all dem solltet Ihr authentisch bleiben.» Sie fügt an: «Aber Ihr sollt auch Vertrauen in Eure Unterschiedlichkeit haben.» Was für unterstützende Worte!

14. Kombination von Weiblichem und Männlichem

Eine Studie der Stanford University Business School in Kalifornien besagt, dass denjenigen Frauen die grössten beruflichen Erfolgsaussichten beschieden sind, die ihre weiblichen mit den männlichen Fähigkeiten kombinieren können. Unter weiblichen Qualitäten verstehen die Wissenschaftler Zusammenarbeit, Kollaboration, Orientierung an der Sache, Überzeugungskraft und Bescheidenheit. Zu den männlichen Eigenschaften zählen sie Aggression, Bestimmtheit und Selbstvertrauen. Fazit der Studie ist, dass Frauen, die einige von den sogenannt männlichen Eigenschaften besitzen und diese mit den sogenannt weiblichen Fähigkeiten kombinieren, 1,5 Mal häufiger befördert werden als die meisten Männer, zwei Mal mehr als Männer mit nur weiblichen Eigenschaften, drei Mal öfter als Frauen mit nur männlichen Eigenschaften und 1,5 Mal so oft wie Frauen mit nur weiblichen Qualitäten.

Die Untersuchung führt sehr schön vor Augen, dass der Erfolg von Frauen und Männern nicht in einem Schwarz-weiss-Schema festgesetzt ist. Wichtig ist, dass beide Geschlechter natürlich und authentisch bleiben, sich jedoch bewusst sind, dass die Verknüpfung von sogenannt weiblichen und männlichen Eigenschaften die grössten beruflichen Erfolgsaussichten beinhalten.

Wenn Frauen in der Corporate-Welt eine Karriere anstreben, das heisst in die Etagen der Geschäftsleitung und des Verwaltungsrates kommen möchten, dann müssen sie bereit sein, bis zu einem gewissen Grad das Spiel der Männer mitzuspielen. Eine Verwaltungsrätin sagte dazu, wichtig sei, dass man wisse, wie die Männer funktionierten, wann es beispielsweise gut sei, einen freien Stuhl zu verteidigen und wann es besser sei, etwas generöser zu sein und jemanden darauf sitzen zu lassen. Die Männer tendieren stets dazu, den Stuhl zu verteidigen, ob sie ihn brauchen oder nicht. Die Frauen sollten sich bewusst sein, dass es dieses Spiel gibt und sie es nicht ignorieren können. Auf die Frage, ob es nicht besser wäre, den Männern dieses Spiel vor Augen zu halten und den Stuhl zu verteidigen, antwortete sie: «Wozu? Weswegen?» Man verschwende nur viel Energie, diesen Stuhl zu verteidigen, den man im Grunde gar nicht brauche. Stärke zu zeigen sei das Richtige, und nicht aus einer Situation der Schwäche zu sprechen. Eine Frau sollte aber auch den Mut und die Weisheit haben, im richtigen Moment den Stuhl zu verteidigen, auch wenn sie dafür zehn Minuten aufwenden müsste. Was einfach aus den Köpfen verschwinden sollte, ist, dass Frauen dies nicht können.

Aus der Praxis erzählte ein Verwaltungsrat, dass eine Frau, die in der Firma aufsteigen möchte, sich praktisch immer an Männer verkaufen müsse. Wenn die Frau ihre weiblichen Fähigkeiten herausstreiche, dann hätte sie schlichtweg keine Chancen, weil die Männer diesen Teil von ihr nicht verstünden. In seinem Betrieb habe man Kurse für die Männer organisiert, wie sie mit Frauen umgehen sollten, wenn sie mit ihnen ein Gespräch führen. Wichtig in diesen Seminaren sei gewesen, den Männern aufzuzeigen, dass die Frauen anders sind. Oft hätten die Männer aber immer noch Mühe damit.

Ich glaube, dass grundsätzlich die meisten Frauen weiblich sein möchten und ihre Weiblichkeit auch in einem Betrieb zu bewahren trachten. Das ist schon fast ein Dilemma, weil sie nie recht wissen, wie viel es verträgt und was kontraproduktiv für sie sein könnte. Dafür braucht es viel Fingerspitzengefühl und ein gesundes Selbstbewusstsein; es ist auf jeden Fall ein Balanceakt. Dieser sollte von den Frauen als positive Herausforderung angenommen werden, und auf keinen Fall dürfen sie ihre eigene Persönlichkeit und ihr von der Natur gegebenes Wesen ignorieren und unterdrücken.

15. Mitglied einer Kommission

Wenn sich eine Frau in einem Verwaltungsrat für eine bestimmte Kommission interessiert, insbesondere für die wichtigen wie das Nominations- und Kompensationskomitee, dann sollte sie nicht warten, bis sie vorgeschlagen wird, sondern frühzeitig aktiv ihr Interesse bekunden. Das wäre ein kleiner, aber wichtiger Schritt, sich Gehör zu verschaffen und ganz nebenbei auch das Selbstbewusstsein zu fördern. Eine Verwaltungsrätin sagte fast ein bisschen wehmütig, sie hätte sich gewünscht, dass sie in vielen Bereichen manchmal mehr Selbstbewusstsein an den Tag gelegt hätte, denn die Chancen seien vorhanden gewesen, sie hätte sie nur ergreifen müssen.

16. Seminare für zukünftige Verwaltungsrätinnen

Ein Verwaltungsrat machte mich darauf aufmerksam, dass es in der Schweiz eine Firma gibt, die als Gastgeberin Treffen zwischen Verwaltungsratspräsidenten, Vizepräsidenten und potentiellen Frauen für ein Verwaltungsratsmandat organisiert. Die Idee dahinter ist, den Frauen die Möglichkeit zu geben, zusammen mit den Männern ein Netzwerk aufzubauen. Er selber steht ausschliesslich weiblichen Netzwerken generell sehr skeptisch gegenüber.

17. Starke Frauen

Viele Männer haben immer noch Probleme, wenn sie starken Frauen gegenüberstehen. Das könnte damit zu tun haben, dass die Männer durch eine starke weibliche Führung an ihre Mutter erinnert werden und dann anfangen zu rebellieren – alles natürlich unterbewusst. Stärke sind sich die Männer von ihrer Mutter gewöhnt, aber nicht von irgendeiner anderen Frau. Die von den Männern in ihrer Kindheit gelernte Geschlechterrolle kommt plötzlich ins Wanken und wird auf den Kopf gestellt.

Somit sollten sich eigentlich die Männer zuerst kritisch hinterfragen, von wo diese unterbewusste Ablehnung von weiblichen Führungskräften herkommen könnte. Es wäre doch ein erster Schritt, zu versuchen, nicht jede weibliche Vorgesetzte mit den Augen eines Sohnes zu betrachten und zu behandeln, sondern mit den Augen eines erwachsenen, mündigen Menschen auf gleicher Augenhöhe.

Die Frauen sind in einer ähnlichen Geschlechterrolle gefangen. Für sie ist es ganz normal, einen männlichen Chef zu haben; das war früher der Vater. Sie bekunden aber Mühe damit, einen Vorgesetzten zu haben, der nicht mit den nötigen Fähigkeiten ausgestattet ist, die seine Macht und Führungsposition im Unternehmen rechtfertigen. In solchen Situationen fangen die Frauen zurecht mehr und mehr an zu rebellieren.

Hilfreich ist bestimmt, dass sich die Frauen und die Männer dieser aus der Jugend stammenden Zusammenhänge bewusst sind. Dadurch wächst das gegenseitige Verständnis. Und dieses Bewusstsein kann auch dazu dienen, sich nicht gleich von Reaktionen, Einstellungen, Handlungen, Behauptungen vom jeweils anderen Geschlecht in seiner Persönlichkeit in Frage gestellt zu fühlen und alles auf die Goldwaage zu legen.

18. Möglichkeiten heute

Wie ich schon mehrfach in diesem Buch betont habe und wie mir alle Verwaltungsräte bestätigten, sind für Frauen heute die Möglichkeiten, eine Karriere zu machen und in einen Verwaltungsrat gewählt zu werden, so gross wie noch nie; die Chancen sind unglaublich. Dies nicht nur wegen der unzähligen speziellen Förderprogramme für Frauen; allgemein werden in der Wirtschaft, in der Politik und in der Kultur überall Frauen gesucht. Das wird so auch täglich in den Medien propagiert. Schade dabei ist, dass diese Möglichkeiten oftmals auf das Geschlecht reduziert werden und dabei völlig vergessen geht, dass die Frauen grossartige Ausbildungen und hervorragende berufliche Erfahrungen haben und Persönlichkeiten sind, was weit über den Gendergedanken hinausgeht.

Fazit

Der Ursprung dieses Buches «Herz und Verstand im Verwaltungsrat» beruht auf meiner These, und die lautet: Das unterschiedliche Denken und Handeln von Frauen und Männern könnten zusätzliche Gründe sein, mehr Frauen in einen Verwaltungsrat zu wählen. Die Unterschiedlichkeit und nicht die Gleichheit unter den Geschlechtern und auch nicht eine Quote sollen die Basis für mehr weibliche Verwaltungsräte liefern. Meine Behauptung könnte übrigens auf jede Art von Gruppe angewendet werden, von einer Geschäftsleitung bis hin zu einem kleinen Quartierverein. Ich gebe dabei gerne zu, dass ich versuchen wollte, mich von den immer gleichen Argumenten aus der Politik, der Gesellschaft und den Medien zu emanzipieren.

Und nie hätte ich gedacht, als ich vor ein paar Jahren am Anfang meines Buchprojekts stand, dass sich die öffentliche Wahrnehmung für das weibliche Geschlecht so rasant verändern würde. Es gab noch keine MeToo-Debatten, keine Wiederholung des Frauenstreiks, über Quoten wurde allmählich diskutiert, und ein Klimahype war geradezu unvorstellbar. Ja, es war ruhiger. Heute sind diese Themen aus unserem täglichen Leben nicht mehr wegzudenken; sie sind mit unaufhaltsamer Geschwindigkeit virulent präsent. Vergessen wird meines Erachtens aber, dass darüber nur gesprochen und berichtet werden kann, weil Frauen und Männer die Saat für diese Diskussionen überhaupt legten.

Den Fokus auf Verwaltungsräte habe ich in meiner These deshalb gelegt, weil sich ein VR-Mandat auch in einem Teilpensum absolvieren lässt, was Frauen eher anspricht. Es wurde mir schon nach den ersten Gesprächen bewusst, dass ich meinen Betrachtungswinkel erheblich erweitern muss. Erkenntnisse liessen nicht lange auf sich warten, dazu mein *erstes* Fazit. Ein VR-Mandat kann nämlich nicht einfach so schnell, schnell erreicht werden, quasi als lockere Teilzeitbeschäftigung! Nein, gar nicht! Bevor nämlich Frauen – die Männer übrigens auch – in ein VR-Gremium gewählt werden, müssen sie die Fähigkeiten dazu haben, eine berufliche Karriere aufweisen, über ein exzellentes Curriculum verfügen, in einer leitenden Stellung gearbeitet haben, viel Erfahrung mitbringen, je nach Unternehmen auch im Ausland gearbeitet haben, und nicht zuletzt sich durch einen guten Charakter auszeichnen. Es geht um grosse Verantwortung, die höchste Kompetenz verlangt und nicht um eine einfache Nebenbeschäftigung. Am Rande vermerkt sei, dass das Verzichten-Können – sehr oft auf Familie oder Kinder –, zugunsten einer beruflichen Karriere für viele erfolgreiche Menschen zum Alltag gehört.

Wie lässt sich meine ursprüngliche These der geschlechterspezifischen Unterschiedlichkeit am ehesten verifizieren? Sofort war mir klar: Indem ich mit den Menschen, den Verwaltungsräten, spreche, mich mit ihnen zusammensetze, ihnen zuhöre und weitestgehend versuche, ihre Ansichten, Meinungen, Behauptungen und Sichtweisen zu ordnen und anschliessend zu analysieren. Hieraus ergibt sich mein *zweites* Fazit. Als schwierig, um nicht zu sagen fast unmöglich, erwies es sich für mich, die Gespräche gemäss meiner ursprünglichen These auszusortieren und zu kategorisieren. Weil ich schnell feststellen musste, dass sich die Unterschiede überhaupt nicht auf ein Frau-Mann Schema, also auf die Geschlechter, reduzieren und einordnen lassen. Das Individuum steht im Zentrum.

An diese Feststellung reiht sich mein *drittes* Fazit. Mir gegenüber sassen Menschen, die unterschiedlicher nicht hätten sein können, jeder mit seiner eigenen Geschichte, Gefühlen, Erfahrungen, Herkunft, Ausbildung und sozialen Zugehörigkeit. Es war keine homogene Gruppe, die sich glatt und gleich präsentierte. Es gab keine Unterscheidung in Gut und Böse, intelligent und dumm, schön und hässlich, forschend und brav, gewissenhaft und nachlässig, arrogant und respektvoll, gierig und bescheiden, geduldig und hektisch, erfolgreich und gescheitert, emotional und rational, zuvorkommend und unverschämt. Etwas aber einte sie alle und schenkt mir bis heute grosse Freude und Dankbarkeit: Das Interesse, sich mit einem unbekannten Menschen, nämlich mit mir, über meine anfängliche These zu unterhalten und unverblümt offen und ehrlich ihre Einschätzungen dazu zu sagen. Schon nach den ersten Minuten ging es in den Gesprächen nicht mehr nur um Frauen und Männer, sondern um eine gelebte Diversität im Verwaltungsrat.

Wie verschieden die Ansichten der Verwaltungsräte zu den jeweiligen gleichen Themen sind, darüber haben Sie im Buch mehrfach gelesen. Um nochmals anschaulich zu zeigen, wie individuell die Reaktionen unter ihnen ausfallen können, pflücke ich hier ein letztes anschauliches Beispiel heraus.

Es geht um die Ernennung eines neuen CEOs in einer Firma, welcher vom Verwaltungsrat gewählt wird. Auf meine Frage, ob die Verwaltungsräte während des Auswahlverfahrens mit einem Kandidaten essen gehen und dazu seinen Partner einladen würden, um ein bisschen das Umfeld kennenzulernen, variierten die Auffassungen. Eine Verwaltungsrätin sagte, auf keinen Fall, das Privatleben gehe niemanden etwas an. Und wenn man von ihr so etwas wünsche, wäre das der Anlass, ihre Kandidatur zurückzuziehen. Eine andere Verwaltungsrätin sagte, ach, das hätte sie noch nie gehört, das fände sie jedoch eine grossartige Idee, welche sie gleich umsetzen würde bei der Wahl des nächsten CEOs. Ein Verwaltungsrat sagte, das würde er immer tun, weil der private Umkreis doch wichtig sei. Es gäbe ein abgerundetes Bild einer Person, aber ausschlaggebend für eine Wahl wären solche Treffen nicht. Ein anderer Verwaltungsrat hatte Bedenken, obwohl das ihm selbst auch schon passiert sei und er und seine Ehefrau es mit Bravour bestanden hätten – ein feines Schmunzeln konnte er sich dabei nicht verkneifen! Eine andere Verwaltungsrätin hatte dies schon gemacht und aufgrund eines solchen Treffens sich für eine Nichtwahl des Kandidaten eingesetzt. Sie sehen hier, wie schwierig es für mich war, unter den Frauen oder den Männern einen gemeinsamen Nenner zu definieren und die Aussagen zu gliedern. Jede Meinung ist gültig und kann durch triftige Argumente belegt werden. Nebenbei: Ich persönlich würde ein solches Essen auf jeden Fall organisieren!

Allerdings, das ist mein *viertes* Fazit, gibt es Tendenzen, die es trotzdem erlauben, von einem Unterschied zwischen den Geschlechtern zu sprechen. Eindeutigkeiten jedoch gibt es keine. Dazu gebe ich Ihnen zum Schluss ein weiteres Beispiel. Auf meine Frage nämlich, ob die Frauen oder die Männer besser vorbereitet zu einer Sitzung erscheinen, ist die Tendenz unter den Verwaltungsratsmitgliedern ziemlich eindeutig. Die Frauen natürlich! Warum? Weil es sich die Frauen gar nicht leisten können, unvorbereitet teilzunehmen und sich so eine Blösse zu geben. Sie sind in den meisten Gremien immer noch in der Minderheit und ihre Voten fallen deshalb mehr auf. Ändert sich dies wohl, wenn die Frauen gleich oder sogar in der Überzahl in einem Verwaltungsrat vertreten sind? Vielleicht!

Mein *fünftes* Fazit ist als Zusammenfassung meiner Konklusion zu verstehen. Denn meine Erkenntnisse aus den Gesprächen führen zum Schluss, dass (i) es kein wirklich klar unterscheidbares weibliches und männliches Denken und Handeln gibt, (ii) sich die Vielfalt auf die jeweilige Person, nämlich das Individuum, und nicht auf das Geschlecht bezieht, (iii) die Diversität wirklich hochgehalten und gelebt werden und (iv) ein Verwaltungsrat mit den am besten geeigneten Mitgliedern bestückt werden soll. Das Argument, eine Frau zu wählen, fällt in sich zusammen. Weshalb? Weil in all diesen Bedingungen die Frauen *und* die Männer miteinbezogen sind und nicht ausschliesslich die einen oder die anderen. Eine Gleichbehandlung aller für ein Amt zur Verfügung stehenden Personen ist selbstverständlich und etabliert eine Grundbedingung. Kurzum, die jeweiligen Fähigkeiten einer Persönlichkeit, eben des Individuums, sind ausschlaggebend, und nicht das Geschlecht.

Wird diese fast schon logische Schlussfolgerung auch in der Praxis angewendet? Ja und nein! Denn wenn zwei Kandidaten zur Verfügung stehen mit einem gleichen Curriculum – was es meines Erachtens gar nie geben kann, sagen wir deshalb mit einem annähernd gleichen Curriculum –, dann wird heute eindeutig der Frau der Vorrang gegeben. Und weshalb? Ganz einfach, weil der öffentliche Druck, die Frauen zu fördern, sie nicht von führenden Positionen in der Wirtschaft auszuschliessen, so gross geworden ist, dass sich das Wahlgremium kaum mehr getraut, sich unter den beschriebenen Voraussetzungen für einen Mann zu entscheiden. Es wird die Frau gewählt.

Daraus folgt hier mein *sechstes* Fazit. Die Chancen für eine Frau, in einen Verwaltungsrat gewählt zu werden oder ganz allgemein Karriere zu machen, waren noch nie so gross wie heute. Verwaltungsräte suchen Frauen, dringend. Sie können es sich gar nicht mehr leisten, auch aus Reputationsgründen, weiterhin als reiner Männerklub zu funktionieren, ohne an den Pranger gestellt zu werden. *Das* ist die Realität!

Es stellt sich für mich sogar die Frage: Sind diese aussergewöhnlichen beruflichen Chancen für uns Frauen auch wirklich von Vorteil? Auf den ersten Blick schon, trotzdem kommen bei mir auch Zweifel. Denn als Frau möchte ich die volle Gewissheit und Befriedigung haben, dass ich wegen meiner Fähigkeiten, meiner Persönlichkeit und meines Charakters und nicht wegen meines Geschlechts in ein Gremium gewählt worden bin. Deshalb ärgert es mich, immer wieder in den Medien zu lesen und zu erfahren, jemand sei «als erste Frau gewählt». Ich wünsche mir keine Sonderstellung und ich fühle mich auch nicht als Opfer, nur, weil ich eine Frau bin. Ich wünsche mir eben eine echte Gleichbehandlung, ohne Wenn und Aber und ohne ständige Hervorhebung des Geschlechts. Ich möchte mich der Konkurrenz, egal ob Frau oder Mann, kraftvoll stellen. Solange jedoch die Frauen eine derartige Medienpräsenz bekommen, wohlverstanden auch von gewissen Frauengruppen absichtlich forciert, wird es für wirklich frei und unabhängig denkende Frauen schwierig, weil ihnen immer, wenn auch nur unterschwellig, der Makel angehängt wird, aus ihrem Geschlecht Profit geschlagen zu haben. Das bedaure ich sehr.

Mein *letztes* persönliches Fazit hat nicht direkt mit der Diversität in einem Verwaltungsrat zu tun, jedoch mit der Stellung der Frau im Beruflichen und Privaten. Obwohl im Buch bereits erwähnt, möchte ich es hier nochmal explizit betonen. Ich stelle nämlich ganz generell fest, dass mit eifriger Unterstützung der Politik und der Medien eine schleichende Umerziehung der Geschlechter im Gange ist. Die Berufswahl, die Karriere- und Familienplanung werden immer mehr zum Spielball der Politik. Das liberale Gedankengut, unter dem jeder frei entscheiden kann, wie er sein Leben bestmöglich zu seinem Nutzen und für sein Wohlbefinden und auch für dasjenige seiner Nächsten gestalten möchte, gerät mehr und mehr unter Druck.

Modern sein heisst für mich nicht, sich einfach unreflektiert einem Mainstream anzupassen. Auf die Frauen bezogen also beispielsweise unbedingt eine Karriere machen zu müssen, und auf die Männer bezogen etwa sich unbedingt für einen Vaterschaftsurlaub einzusetzen. Modern sein heisst für mich, sich die Freiheit zu nehmen und auch den Mut zu haben, für sein eigenes Lebensmodell einzustehen und es mutig umzusetzen. Gleichzeitig auch alle Andersdenkenden anzuerkennen, von denen anerkannt zu werden und die jeweiligen Lebensmuster zu respektieren. Es geht nicht an, anderen Menschen seine Vorstellung vom Leben aufzuzwängen, oder falls sie dies nicht tun, sie auszugrenzen, zu diffamieren oder dafür sogar Gesetze einzuführen. Ich bin ein freiheitsliebender Mensch und lasse mir nur ungern dreinreden, wo auch immer. Nicht nur *ein* Lebensmodell, *ein* Berufsmodell, *ein* Familienmodell gibt es. Dazu gehören viele, viele Nuancen und Farben, die jeder ohne Zwang, weder von politischer noch von gesellschaftlicher und schon gar nicht von medialer Seite her, zu seinem eigenen Gesamtkunstwerk zusammenfügen, ändern und stets erneuern kann.

Ganz zum Schluss. Das Ziel dieses Buches ist es, die Verwaltungsräte bei ihrer Arbeit als Menschen, und nicht – wie sie so oft dargestellt werden –, als ein abstraktes Gefüge, dem vom Gesetz her eine bestimme Rolle zugeteilt ist, zu Worte kommen zu lassen. Das war auch nur deshalb möglich, weil ich mich ihnen ohne jegliche Absicht, ohne einen Auftraggeber und ohne eine Interessensvertretung im Hintergrund gegenübersetzen konnte, und sie sich deshalb frei äusserten. Ich interessierte mich für sie in ihrer Funktion und als Mensch. Ja, ich gestehe: Mein Wunsch, ein Buch darüber zu schreiben, begleitete mich über all die Jahre.

Dieser hat sich hiermit erfüllt.

Mein herzlicher Dank

Ich bin unendlich dankbar, dass das Buch «Herz und Verstand im Verwaltungsrat» überhaupt entstehen konnte. Mein grosser Dank geht in erster Linie an alle diejenigen Menschen, die mir die empirischen Grundlagen für den Inhalt meines Buches überhaupt geliefert haben – das sind sämtliche weiblichen und männlichen Gesprächsteilnehmer, alles Führungspersönlichkeiten aus der Schweizer Wirtschaft:

Dr. Carole Ackermann, Dr. Josef Ackermann, Dr. Doris Aebi, Jens Alder, Prof. Dr. Pius Baschera, Prof. Dr. Andreas Binder, Anette Bollag-Rothschild, Monique Bourquin, Dr. Susanne Brandenberger, Dr. Felix Ehrat, Dr. Reto Fassbind, Eftychia Fischer, Barend Fruithof, Dr. Katja Gentinetta, Dr. Eric von Graffenried, Oswald J. Grübel, Andres Gruner, Dr. Susanne Haury-von Siebenthal, Prof. Dr. Erwin Heri, Dr. Beat Hess, Michael Hilti, Dr. Gabi Huber, Antoinette Hunziker-Ebneter, Dr. Stefan Jaecklin, Jesper Jensen, Etienne Jornod, Dr. Irene Kaufmann-Brändli, Heinz Karrer, Andrea Kracht, Dipl. Ing. Prof. Dr. Dr. h.c. Margit Osterloh, Michael Pieper, Monika Ribar, Prof. Dr. Isabelle Romy, Dr. Jean-Pierre Roth, Monika Rühl, Dr. Eveline Saupper, Prof. Dr. Renate Schubert, Dr. Claudia Steinfels, Dr. Franziska Tschudi, Valentin Vogt, Peter Voser, Prof. Dr. Klaus Wellershoff, Dr. Jürg Witmer und Martina Zehnder.

Sie alle waren interessiert an meinem Thema, gaben mir bereichernde Einblicke in ihr Denken und haben mir – das Wichtigste – nicht nur ihre Zeit spontan und grosszügig geschenkt, sondern auch gezeigt, wie Herz und Verstand ein wunderbares Wechselspiel sein können und zu ungeahntem Erfolg führen. Ein herzlichstes Dankeschön an alle meine beeindruckenden Gesprächspartner!

Dem Weber Verlag, insbesondere seiner Verlegerin Annette Weber-Hadorn, danke ich sehr herzlich. Annette ermöglicht mir eine dritte Auflage meines Buches «Herz und Verstand im Verwaltungsrat», nicht nur, weil die Nachfrage besteht, sondern auch aus purer Begeisterung für das Thema. Sie gibt sogar eine englische Fassung unter dem Titel «A Feminine Voice» heraus! Annette arbeitet höchst professionell und die Zusammenarbeit mit ihr ist äusserst unkompliziert und stimulierend, dies nicht zuletzt wegen ihrer feinen kultivierten Art. Von ihrem ganzen Expertenteam wurde ich unaufhörlich kompetent und fachkundig betreut und unterstützt. Vielen, vielen Dank!

Über das Vorwort von Oswald J. Grübel freue ich mich ganz besonders. Ich fühle mich geehrt, dass seine wichtige Stimme aus der Wirtschaft in meinem Buch prominent vorkommen darf. Er hat sich intensiv mit dem Inhalt beschäftigt und dafür Zeit aufgewendet. Mein aufrichtiges Dankeschön für seine Anerkennung!

Unkompliziert und ohne Wenn und Aber haben mir Antoinette Hunziker-Ebneter, Dipl. Ing. Prof. Dr. Dr. h.c. Margit Osterloh und Yves Kugelmann zugesagt, mein Buch in einem Zitat zu würdigen. Dafür haben sie sich zusätzlich mit der Materie befassen müssen und Mühe aufgewendet. Ihnen allen mein herzlicher Dank!

Der Georg und Bertha Schwyzer-Winiker Stiftung danke ich von Herzen für die grosszügige finanzielle Unterstützung meines Werkes. Das ist nicht selbstverständlich, und ich weiss es überaus zu schätzen.

Gebührend danken möchte ich all den Menschen, die mich über die vielen Jahre meines Schreibens immer wieder motiviert und unterstützt haben, sich interessiert zeigten für die Eigenheiten von Geschlechterunterschieden und mir Kraft gaben, das Werk überhaupt zu vollbringen. Jeder Leser, der schon ein Buch geschrieben hat, weiss, dass es Augenblick gibt, wo man zweifelt, ob sich überhaupt jemand für dessen Thema interessiert und sich der ganze Aufwand lohnt. In einem solchen Moment haben mein Ehemann und ich mit Dr. Claudia Steinfels und Christian Norgren ein paar Tage in Südfrankreich verbracht. Sie haben mich gewarnt, dass wenn man ein Werk zu lange am «Köcheln» behält, man die Gefahr laufe, mit der Zeit das Interesse am Thema zu verlieren. Für diesen Weckruf bin ich Ihnen noch heute unendlich verbunden.

Ein spezieller Dank gilt meiner alten Freundin aus der Gymnasialzeit, Martina Zehnder; mit ihr konnte ich ein erstes Probegespräch führen. Auf mein Manuskript hat sie dann als eine der ersten Leser ein kritisches Auge geworfen und mir aus ihren Erfahrungen in der Wirtschaft viele ungeschminkte und weise Ratschläge gegeben. Unsere Gespräche waren eine Bereicherung, umso mehr, da wir diese oft mit etwas Vergnüglichem verbunden haben! Herzlichen Dank, liebe Martina!

Mein Freund Dr. David Aschmann hat sich ebenso spontan bereit erklärt, mein Manuskript zu lesen, als er hörte, dass ich ein Buch schreibe. Ich durfte von seiner hochkomplexen, intelligenten und logischen Denkweise enorm profitieren. Für all seine akribischen Bemerkungen, kritischen Würdigungen und die spannenden Gespräche danke ich ihm aus vollem Herzen.

Meine Freundin Lorenza Buff-Bernasconi hat mein Manuskript aus der Sicht einer Frau gelesen, und zwar einer nicht aus der Wirtschaft kommenden Biologin. Sie hat den Inhalt kritisch und intelligent aus einer anderen Sichtweise auf nicht nachvollziehbare Gedanken hinterfragt. Herzlichen Dank auch Dir, liebe Lorenza!

Meiner ersten Fassung des Manuskripts hat sich Margie Schmidli mit ihrem professionellen lektorischen Fachwissen angenommen und den Text in einen fliessend lesbaren Inhalt verwandelt. Liebe Margie, Dir gebührt mein grosser Dank!

Und schlussendlich das Wichtigste: Das Buch hätte ohne einen Menschen in meinem Leben gar nie entstehen können: mein grossartiger Ehemann Edgar. Die Motivation zum Schreiben, zum Denken, zum Durchhalten, und den Ansporn, mich immer wieder von neuem mit kritischen Gedanken auseinanderzusetzen – all das habe ich vollends ihm zu verdanken. Ohne seine allumfassende Unterstützung und auch die Erfüllung und Liebe, die mir meine drei Kinder über die Jahre meiner schöpferischen Tätigkeit geschenkt haben, wäre «Herz und Verstand im Verwaltungsrat» heute nicht im Buchhandel. Deshalb gehört meiner ganzen Familie mein herzhaft inniger Dank!

Gabriele M. Paltzer-Lang, M.A.E., ist Salonière des von ihr 2003 gegründeten «Salon de l'Esprit». Nach der Matura hat sie an der *New School for Social Research* in New York studiert und an der Universität Zürich einen *Master in Advanced Studies in Applied Ethics* absolviert. Ihre Masterarbeit widmete sie dem unterschiedlichen Denken und Handeln von Frauen und Männern, insbesondere der Unterrepräsentation von Frauen in den Entscheidungsgremien der Wirtschaft und Gesellschaft. Unter Berücksichtigung der feministischen Ethik argumentierte sie moralisch relevante Gründe für einen erhöhten Frauenanteil. Sie hat dazu auch Gastkommentare geschrieben. Ihre These der Masterarbeit wollte sie hinsichtlich ihrer Gültigkeit prüfen und herausfinden, ob die Verschiedenartigkeit auch tatsächlich in der Praxis existiert und gelebt wird. Sie hat aus ihren Gesprächen über Leadership die überraschenden Ergebnisse des vorliegenden Buches zu einem aktuellen und umstrittenen Thema erarbeitet. Sie lebt in Zürich, ist verheiratet und Mutter von drei erwachsenen Kindern. Ihr offenes gastfreundliches Haus, wo stetig menschliche Begegnungen, angeregte Gespräche und Diskussionen stattfinden, ist ihr Lebenselixier. Kraft und Energie gewinnt sie aus der Musik, im täglichen Orgelspiel mit Bach.